TOSEL®

JUNIOR

VOCA 2

International TOSEL Committee

CONTENTS

BROCHURES

Junior 1권

Junior 2권

TOSEL® Level Chart TOSEL 단계표

COCOON
아이들이 접할 수 있는 공식 인증 시험의 첫 단계로써, 아이들의 부담을 줄이고 즐겁게 흥미를 유발할 수 있도록 컬러풀한 색상과 디자인으로 시험지를 구성하였습니다.

Pre-STARTER
친숙한 주제에 대한 단어, 짧은 대화, 짧은 문장을 사용한 기본적인 문장표현 능력을 측정합니다.

STARTER
흔히 접할 수 있는 주제와 상황과 관련된 주제에 대한 짧은 대화 및 짧은 문장을 이해하고 일상생활 대화에 참여하며 실질적인 영어 기초 의사소통 능력을 측정합니다.

BASIC
개인 정보와 일상 활동, 미래 계획, 과거의 경험에 대해 구어와 문어의 형태로 의사소통을 능력을 측정합니다.

JUNIOR
일반적인 주제와 상황을 다루는 회화와 짧은 단락, 실용문, 짧은 연설 등을 이해하고 간단한 일상 대화에 참여하는 능력을 측정합니다.

HIGH JUNIOR
넓은 범위의 사회적, 학문적 주제에서 영어를 유창하고 정확하게, 효과적으로 사용할 수 있는 능력 및 중문과 복잡한 문장을 포함한 다양한 문장구조의 사용 능력을 측정합니다.

ADVANCED
대학 및 대학원에서 요구되는 영어능력과 취업 또는 직업근무환경에 필요한 실용영어 능력을 측정합니다.

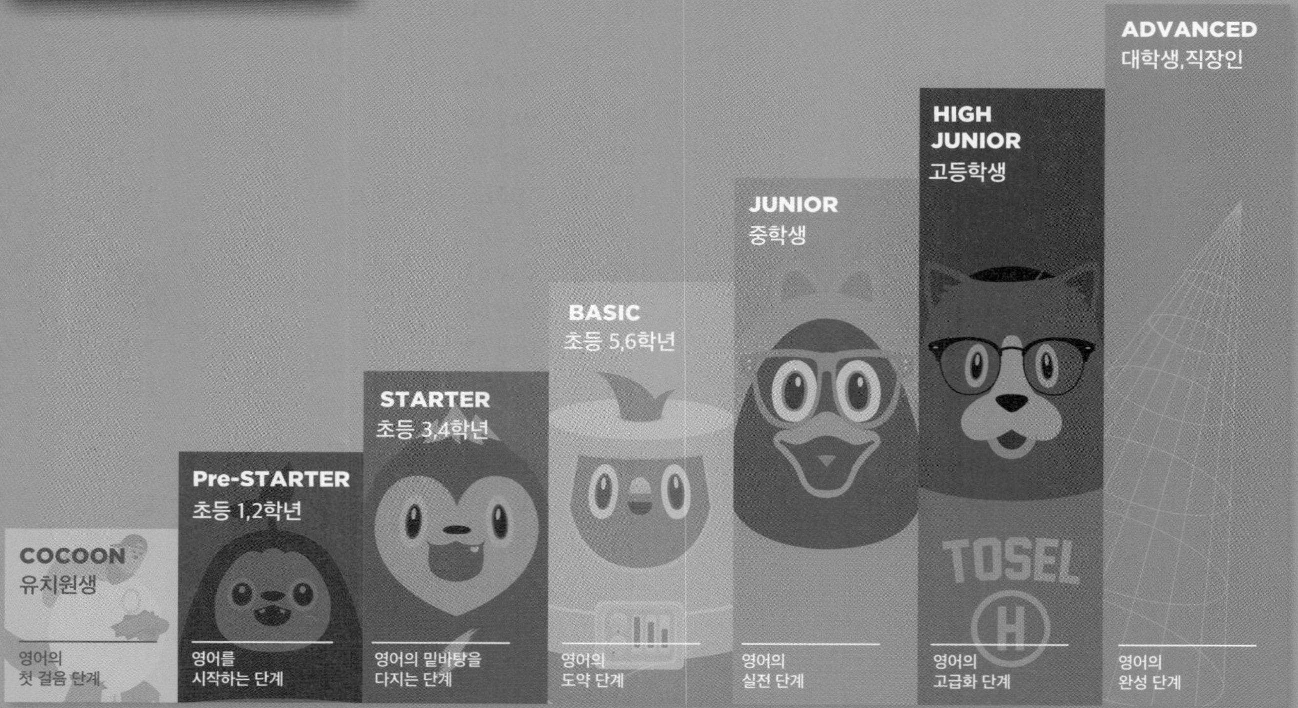

TOSEL
교재 Series

교과 과정 및 교재별 연계

TOSEL LEVEL	Age	Vocabulary Frequency	Readability Score	교과 과정 연계	VOCA	Reading	Listening	Grammar
Cocoon	K5-K7	500	0-1	Who is he? (국어 1단원 1-1)	150	Picking Pumpkins (Phonics Story)	사물 묘사	There is · There are
Pre-Starter	P1-P2	700	1-2	How old are you? (통합교과 1-1)	300	Me & My Family (Reading series Ch.1)	상대방 소개하기	be + adjective
Starter	P3-P4	1000-2000		Spring, Summer, Fall, Winter (통합교과 3-1)	800	Ask More Questions (Reading Series Ch.1)	날씨/시간 표현	Simple Past
Basic	P5-P6	3000-4000	3-4	Show and Tell (사회 5-1)	1700	Culture (Reading Series Ch.3)	의견 묻고 답하기	Superlative
Junior	M1-M2	5000-6000	5-6	중 1, 2 과학, 기술가정	4000	Humans and Animals (Reading Series Ch.1)	사물 소개하기	to-infinitive
High Junior	H1-H3			고등학교 - 체육	7000	Health (Reading Series Ch.1)	상태 묘사	2nd Conditional

■ TOSEL의 세분화된 레벨은 각 연령에 맞는 어휘와 읽기 지능 및 교과 과정과의 연계가 가능하도록 설계된 교재들로 효과적인 학습 커리큘럼을 제공합니다.

■ TOSEL의 커리큘럼에 따른 학습은

정확한 레벨링 → 레벨에 적합한 학습 → 영어 능력 인증 시험 TOSEL에서의 공신력 있는 평가를 통해 진단 → 학습 → 평가의 선순환 구조를 실현합니다.

About TOSEL®

TOSEL에 대하여

TOSEL은 각급 학교 교과과정과 연령별 인지단계를 고려하여 단계별 난이도와 문항으로 영어 숙달 정도를 측정하는 영어 사용자 중심의 맞춤식 영어능력인증 시험제도입니다. 평가유형에 따른 개인별 장점과 단점을 파악하고, 개인별 영어학습 방향을 제시하는 성적분석자료를 제공하여 영어능력 종합검진 서비스를 제공함으로써 영어 사용자인 소비자와 영어능력 평가를 토대로 영어교육을 담당하는 교사 및 기관 인사관리자인 공급자를 모두 만족시키는 영어능력인증 평가입니다.

TOSEL은 인지적-학문적 언어 사용의 유창성 (Cognitive-Academic Language Proficiency, CALP)과 기본적-개인적 의사소통능력 (Basic Interpersonal Communication Skill, BICS)을 엄밀히 구분하여 수험자의 언어능력을 가장 친밀하게 평가하는 시험입니다.

대상	목적	용도
유아, 초, 중, 고등학생, 대학생 및 직장인 등 성인	한국인의 영어구사능력 증진과 비영어권 국가의 영어 사용자의 영어구사능력 증진	실질적인 영어구사능력 평가 + 입학전형 및 인재선발 등에 활용 및 직무역량별 인재 배치

연혁

2002.02	국제토셀위원회 창설 (수능출제위원역임 전국대학 영어전공교수진 중심)
2004.09	TOSEL 고려대학교 국제어학원 공동인증시험 실시
2006.04	EBS 한국교육방송공사 주관기관 참여
2006.05	민족사관고등학교 입학전형에 반영
2008.12	고려대학교 편입학시험 TOSEL 유형으로 대체
2009.01	서울시 공무원 근무평정에 TOSEL 점수 가산점 부여
2009.01	전국 대부분 외고, 자사고 입학전형에 TOSEL 반영 (한영외국어고등학교, 한일고등학교, 고양외국어고등학교, 과천외국어고등학교, 김포외국어고등학교, 명지외국어고등학교, 부산국제외국어고등학교, 부일외국어 고등학교, 성남외국어고등학교, 인천외국어고등학교, 전북외국어고등학교, 대전외국어고등학교, 청주외국어고등학교, 강원외국어고등학교, 전남외국어고등학교)
2009.12	청심국제중 • 고등학교 입학전형 TOSEL 반영
2009.12	한국외국어교육학회, 팬코리아영어교육학회, 한국음성학회, 한국응용언어학회 TOSEL 인증
2010.03	고려대학교, TOSEL 출제기관 및 공동 인증기관으로 참여
2010.07	경찰청 공무원 임용 TOSEL 성적 가산점 부여
2014.04	전국 200개 초등학교 단체 응시 실시
2017.03	중앙일보 주관기관 참여
2018.11	관공서, 대기업 등 100여 개 기관에서 TOSEL 반영
2019.06	미얀마 TOSEL 도입 발족식 베트남 TOSEL 도입 협약식
2019.11	2020학년도 고려대학교 편입학전형 반영
2020.04	국토교통부 국가자격시험 TOSEL 반영
2021.07	소방청 간부후보생 선발시험 TOSEL 반영

About TOSEL® — TOSEL에 대하여

What's TOSEL?

"Test of Skills in the English Language"

**TOSEL은 비영어권 국가의 영어 사용자를 대상으로 영어구사능력을 측정하여
그 결과를 공식 인증하는 영어능력인증 시험제도입니다.**

영어 사용자 중심의 맞춤식 영어능력 인증 시험제도

맞춤식 평가

**획일적인 평가에서
세분화된 평가로의 전환**

TOSEL은 응시자의 연령별 인지단계에 따라 별도의 문항과 난이도를 적용하여 평가함으로써 평가의 목적과 용도에 적합한 평가 시스템을 구축하였습니다.

공정성과 신뢰성 확보

국제토셀위원회의 역할

TOSEL은 고려대학교가 출제 및 인증기관으로 참여하였고 대학입학수학능력시험 출제위원 교수들이 중심이 된 국제토셀위원회가 주관하여 사회적 공정성과 신뢰성을 확보한 평가 제도입니다.

수입대체 효과

외화유출 차단 및 국위선양

TOSEL은 해외시험응시로 인한 외화의 유출을 막는 수입대체의 효과를 기대할 수 있습니다. TOSEL의 문항과 시험제도는 비영어권 국가에 수출하여 국위선양에 기여하고 있습니다.

Why TOSEL® — 왜 TOSEL인가

01 학교 시험 폐지

일선 학교에서 중간, 기말고사 폐지로 인해 객관적인 영어 평가 제도의 부재가 우려됩니다. 그러나 전국단위로 연간 4번 시행되는 TOSEL 평가시험을 통해 학생들은 정확한 역량과 체계적인 학습방향을 꾸준히 진단받을 수 있습니다.

02 연령별/단계별 대비로 영어학습 점검

TOSEL은 응시자의 연령별 인지단계 및 영어 학습 단계에 따라 총 7단계로 구성되었습니다. 각 단계에 알맞은 문항유형과 난이도를 적용해 모든 연령 및 학습 과정에 맞추어 가장 효율적으로 영어실력을 평가할 수 있도록 개발된 영어시험입니다.

03 학교내신성적 향상

TOSEL은 학년별 교과과정과 연계하여 학교에서 배우는 내용을 학습하고 평가할 수 있도록 문항 및 주제를 구성하여 내신영어 향상을 위한 최적의 솔루션을 제공합니다.

04 수능대비 직결

유아, 초, 중등시절 어렵지 않고 즐겁게 학습해 온 영어이지만, 수능시험준비를 위해 접하는 영어의 문항 및 유형 난이도에 주춤하게 됩니다. 이를 대비하기 위해 TOSEL은 유아부터 성인까지 점진적인 학습을 통해 수능대비를 자연적으로 해나갈 수 있습니다.

05 진학과 취업에 대비한 필수 스펙관리

개인별 '학업성취기록부' 발급을 통해 영어학업성취이력을 꾸준히 기록한 영어학습 포트폴리오를 제공하여 영어학습 이력을 관리할 수 있습니다.

06 자기소개서에 토셀 기재

개별적인 진로 적성 Report를 제공하여 진로를 파악하고 자기소개서 작성시 적극적으로 활용할 수 있는 객관적인 자료를 제공합니다.

07 영어학습 동기부여

시험실시 후 응시자 모두에게 수여되는 인증서는 영어학습에 대한 자신감과 성취감을 고취시키고 동기를 부여합니다.

08 AI 분석 영어학습 솔루션

200만 명의 응시데이터를 기반으로 영어인증시험 제도 중 세계 최초로 인공지능이 분석한 개인별 AI 정밀진단 성적표를 제공합니다. 최첨단 AI 정밀진단 성적표는 최적의 영어학습 솔루션을 제시하여 영어 학습에 소요되는 시간과 노력을 획기적으로 절감해줍니다.

09 명예의 전당, 우수협력기관 지정

우수교육기관은 'TOSEL 우수 협력 기관'에 지정되고, 각 시/도별, 최고득점자를 명예의 전당에 등재합니다.

Evaluation —— 평가

평가의 기본원칙

TOSEL은 PBT(Paper Based Test)를 통하여 간접평가와 직접평가를 모두 시행합니다.

TOSEL은 언어의 네 가지 요소인 읽기, 듣기, 말하기, 쓰기 영역을 모두 평가합니다.

문자언어: 읽기능력, 쓰기능력 + 음성언어: 듣기능력, 말하기능력

↓

대한민국 대표 영어능력 인증 시험제도

TOSEL®

Reading 읽기	모든 레벨의 읽기 영역은 직접 평가 방식으로 측정합니다.
Listening 듣기	모든 레벨의 듣기 영역은 직접 평가 방식으로 측정합니다.
Speaking 말하기	모든 레벨의 말하기 영역은 간접 평가 방식으로 측정합니다.
Writing 쓰기	모든 레벨의 쓰기 영역은 간접 평가 방식으로 측정합니다.

TOSEL은 연령별 인지단계를 고려하여 아래와 같이 7단계로 나누어 평가합니다.

1 단계	TOSEL® COCOON	5~7세의 미취학 아동
2 단계	TOSEL® Pre-STARTER	초등학교 1~2학년
3 단계	TOSEL® STARTER	초등학교 3~4학년
4 단계	TOSEL® BASIC	초등학교 5~6학년
5 단계	TOSEL® JUNIOR	중학생
6 단계	TOSEL® HIGH JUNIOR	고등학생
7 단계	TOSEL® ADVANCED	대학생 및 성인

Grade Report 성적표 및 인증서

개인 AI 정밀진단 성적표

십 수년간 전국단위 정기시험으로 축적된 빅데이터를
교육공학적으로 분석 · 활용하여 산출한 개인별 성적자료

정확한 영어능력진단 / 섹션별 · 파트별 영어능력 및 균형 진단 / 명예의 전당 등재 여부 / 온라인 최적화된 개인별 상세 성적자료를 위한 QR코드 / 응시지역, 동일학년, 전국에서의 학생의 위치

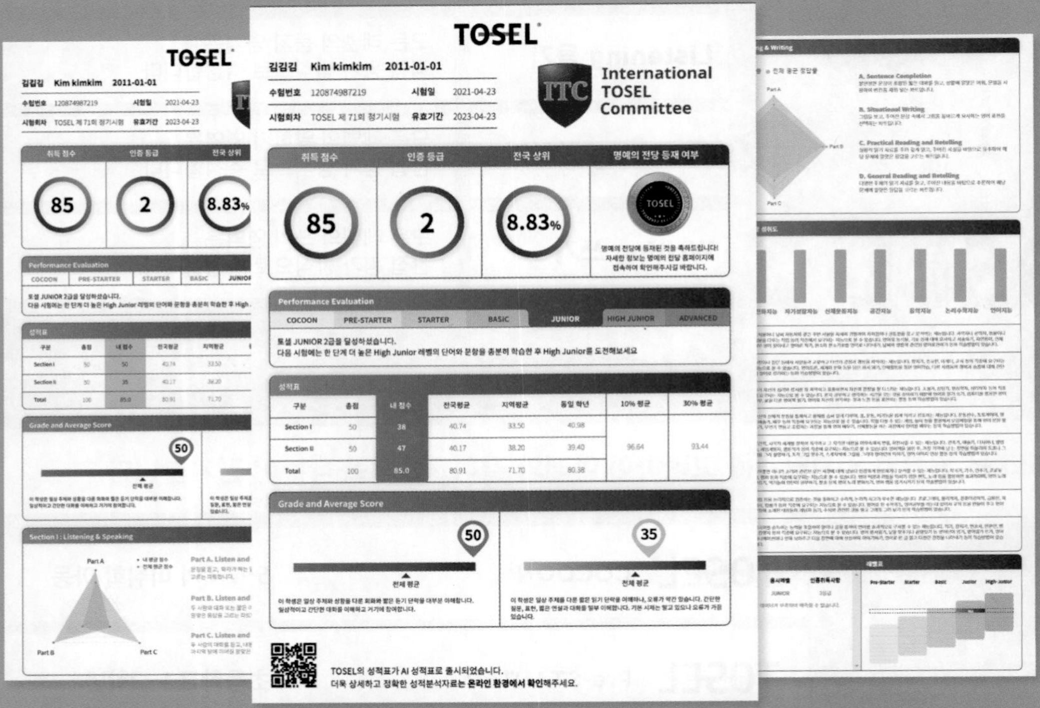

단체 및 기관 응시자 AI 통계 분석 자료

십 수년간 전국단위 정기시험으로 **축적된 빅데이터를**
교육공학적으로 분석 · 활용하여 산출한 응시자 통계 분석 자료

- 단체 내 레벨별 평균성적추이, LR평균 점수, 표준편차 파악
- 타 지역 내 다른 단체와의 점수 종합 비교 / 단체 내 레벨별 학생분포 파악
- 동일 지역 내 다른 단체 레벨별 응시자의 평균 나이 비교
- 동일 지역 내 다른 단체 명예의 전당 등재 인원 수 비교
- 동일 지역 내 다른 단체 최고점자의 최고 점수 비교
- 동일 지역 내 다른 응시자들의 수 비교

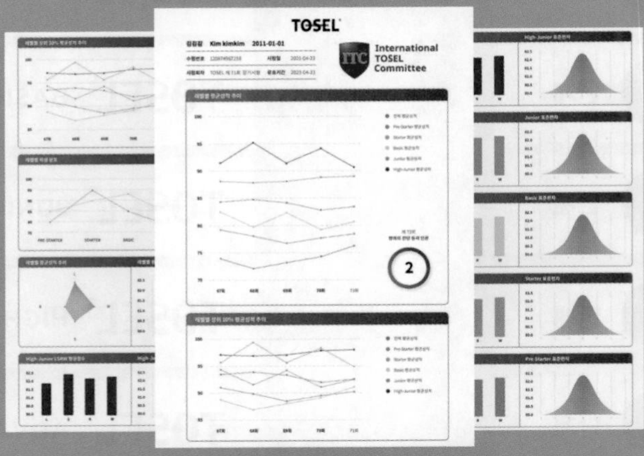

'토셀 명예의 전당' 등재

특별시, 광역시, 도 별 **1등 선발**
(7개시 9개도 **1등 선발**)

*홈페이지 로그인 - 시험결과 - 명예의 전당에서
해당자 등재 증명서 출력 가능

'학업성취기록부'에 토셀 인증등급 기재

개인별 **'학업성취기록부' 평생 발급**
진학과 취업을 대비한 **필수 스펙관리**

인증서

대한민국 초,중,고등학생의 영어숙달능력 평가 결과 공식인증

고려대학교 인증획득 (2010. 03) 팬코리아영어교육학회 인증획득 (2009. 10) 한국응용언어학회 인증획득 (2009. 11)
한국외국어교육학회 인증획득 (2009. 12) 한국음성학회 인증획득 (2009. 12)

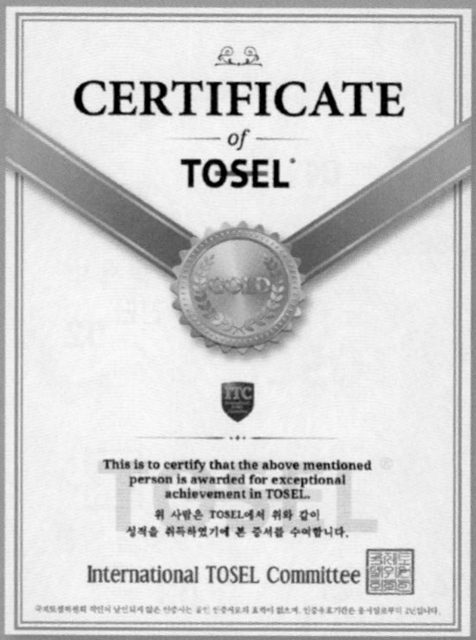

Voca Series — 특장점

TOSEL 시험을 기준으로 빈출 지표를 활용한 단어 선정 및 예문과 문제 구성

TOSEL 시험에 출제된 빈출 단어를 기준으로 단어 선정

TOSEL 시험에 활용된 문장을 사용하여 예문과 문제를 구성

TOSEL 기출 문제 풀이를 통한 TOSEL 및 실전 영어 시험 대비 학습

세분화된 레벨링

20년 간 대한민국 영어 평가 기관으로서
연간 4회 전국적으로 실시되는 정기시험에서
축적된 성적 데이터를 기반으로
정확하고 세분화된 레벨링을 통한
영어 학습 콘텐츠 개발

언어의 4대 영역 균형 학습

1 TOSEL 평가: 학생의 영어 능력을 정확하게 평가

2 결과 분석 및 진단: 시험 점수와 결과를 분석하여 학생의 강점, 취약점, 학습자 특성 등을 객관적으로 진단

3 학습 방향 제시: 객관적 진단 데이터를 기반으로 학습자 특성에 맞는 학습 방향 제시 및 목표 설정

4 학습: 제시된 방향과 목표에 따라 학생에게 적합한 어휘 학습법 소개 및 단어 암기 훈련

5 학습 목표 달성: 학습 후 다시 평가를 통해 목표 달성 여부 확인 및 성장을 위한 다음 학습 목표 설정

Voca Series

Level

TOSEL의 Voca Series는 레벨에 맞게 단계적으로
단어를 학습할 수 있도록 구성되어 있습니다.

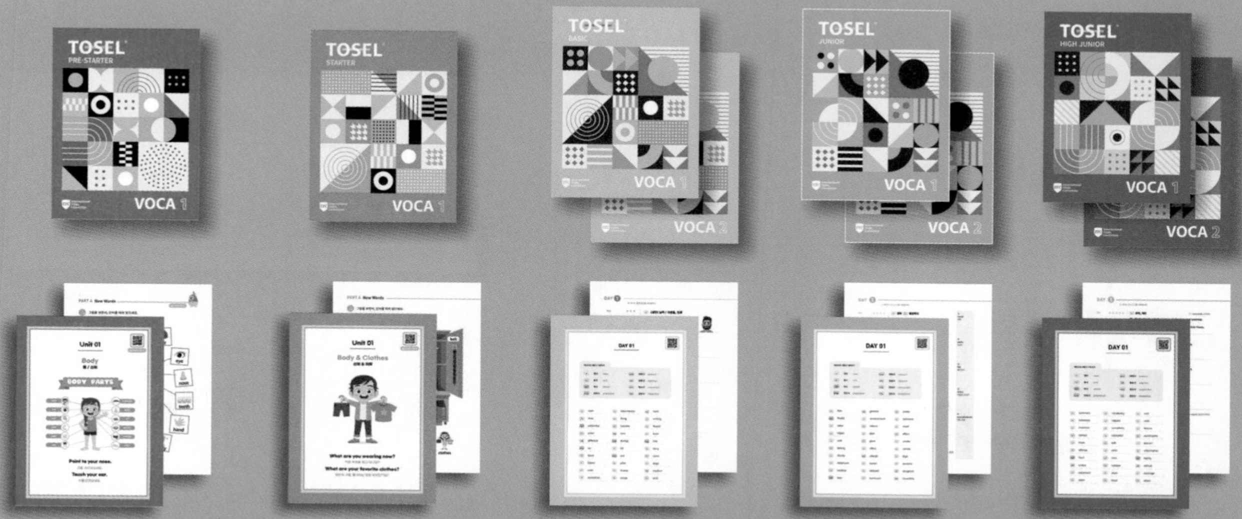

Pre-Starter	Starter	Basic	Junior	High Junior

- 그림을 활용하여 단어에 대한 이해도 향상
- 다양한 활동을 통해 단어 반복 학습 유도
- TOSEL 기출 문제 연습을 통한 실전 대비

- TOSEL 기출의 빈도수를 활용한 단어 선정으로 효율적 학습
- 실제 TOSEL 지문의 예문을 활용한 실용적 학습 제공
- TOSEL 기출 문제 연습을 통한 실전 대비

최신 수능 출제 단어를 포함하여 수능 대비 가능

TOSEL LEVEL	PS	S	B	J	HJ
총 단어 수	300	500	900	2300	3000
누적 단어 수	300	800	1700	4000	7000
권 수	1권	1권	2권	2권	2권
하루 단어 암기량	20	30	30	30	30
목차 구성	15 unit	15 units	30 days	70 days	100 days
unit 당 학습 기간	3일	3일	3일	2일	2일
총 학습 기간 (1권 / 2권)	45일 (약1.5개월)	45일 (약 1.5개월)	45일 / 90일 (2권 총합 약 2개월)	70일 / 140일 (2권 총합 약 4개월)	100일 / 200일 (2권 총합 약 6개월)

1시간 학습 Guideline

01 Preview

10분

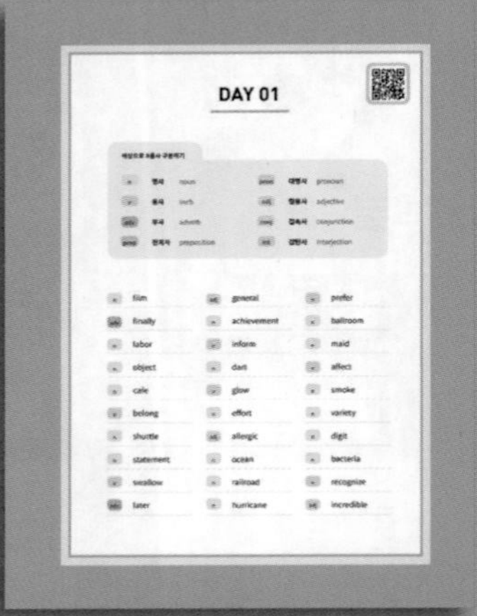

- 해당 단원에서 학습할 단어를 미리 학습
- 품사에 맞는 단어 학습 가능

02 품사 구분하기

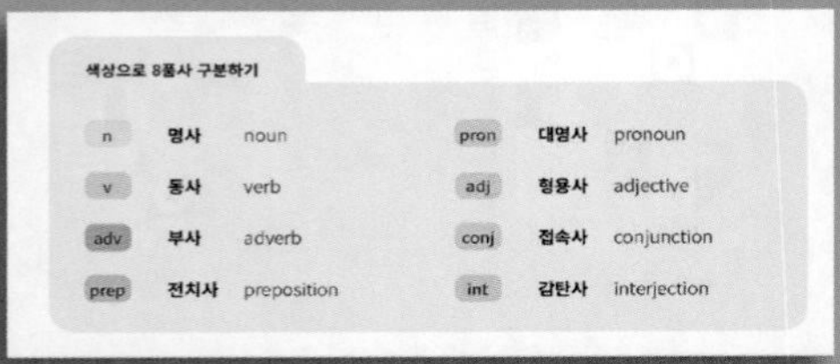

색상으로 8품사 구분하기

n	명사	noun	pron	대명사	pronoun
v	동사	verb	adj	형용사	adjective
adv	부사	adverb	conj	접속사	conjunction
prep	전치사	preposition	int	감탄사	interjection

색상으로 8품사 구분하기

n	명사 noun	pron	대명사 pronoun
v	동사 verb	adj	형용사 adjective
adv	부사 adverb	conj	접속사 conjunction
prep	전치사 preposition	int	감탄사 interjection

05 Practice

10분

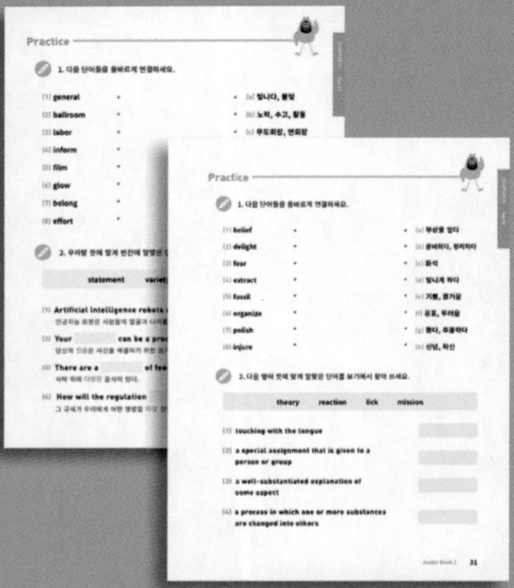

연결하기 문제 예시
일치하는 단어와 올바르게 연결하기

단어 맞추기 문제 예시
영어 뜻에 알맞은 단어 찾아서 쓰기

빈칸 채우기 문제 예시
빈칸에 맞는 단어 찾아서 쓰기

- 해당 단어 표현에 대해서는 우리말 보다는 영어로 말할 수 있도록 지도하기
- 문제의 정답률보다는 단어의 활용에 초점을 두어 교수하기

03

발음 듣기

film	general	prefer
finally	achievement	ballroom
labor	inform	maid
object	dart	affect
cafe	glow	smoke
belong	effort	variety
shuttle	allergic	digit
statement	ocean	bacteria
swallow	railroad	recognize
later	hurricane	incredible

- QR코드를 활용하여 단어의 올바른 발음 듣기
- 소리 내어 읽으면서 단어 학습
- 단어의 구체적 의미보다는 발음과 스펠링에 집중하여 학습

04

단어 학습

20분

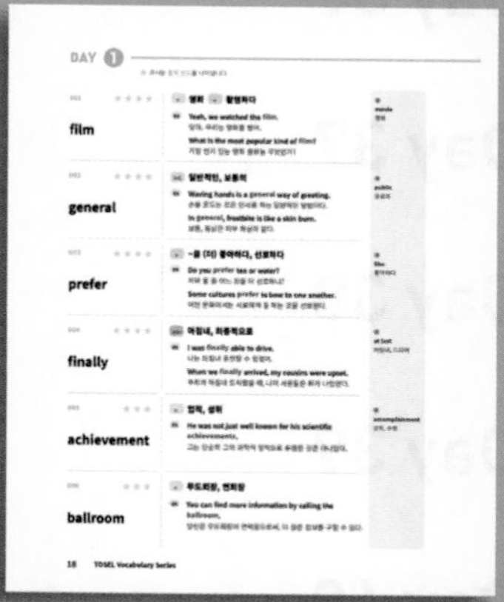

DAY 1

film

general

prefer

finally

achievement

ballroom

18 TOSEL Vocabulary Series

- 단어의 스펠링과 우리말 뜻에 유의하며 학습
- 한 번 읽어본 이후에는 우리말 뜻을 가리고 학습하며 단어의 의미 상기하기

06

Self Test

10분

SELF TEST

01	prefer	16	
02		17	later
03	finally	18	
04		19	digit
05	ocean	20	
06		21	shuttle
07	swallow	22	
08		23	glow
09	railroad	24	
10		25	affect
11	statement	26	
12		27	inform
13	effort	28	
14		29	general
15	belong	30	

07

TOSEL 실전문제

10분

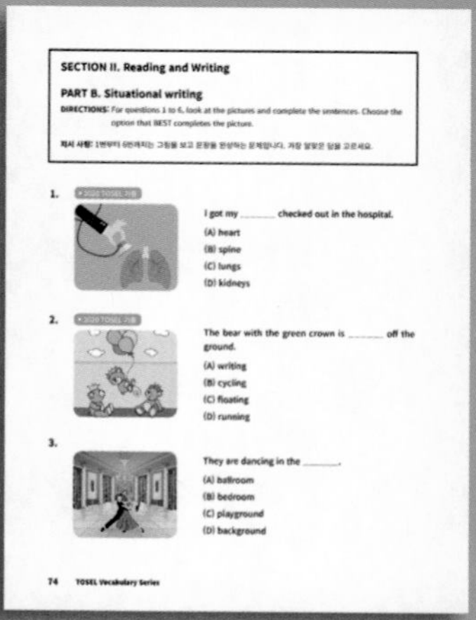

SECTION II. Reading and Writing

PART B. Situational writing

1. I got my ______ checked out in the hospital.
(A) heart
(B) spine
(C) lungs
(D) kidneys

2. The bear with the green crown is ______ off the ground.
(A) writing
(B) cycling
(C) floating
(D) running

3. They are dancing in the ______.
(A) ballroom
(B) bedroom
(C) playground
(D) background

74 TOSEL Vocabulary Series

- 실제 TOSEL 기출 문제를 통한 실전 대비 학습
- 실제 시험 시간과 유사하게 풀이할 수 있도록 지도하기
- 틀린 문제에 대해서는 해당 단원에서 복습하도록 지도하기

CHAPTER 06

DAY 36

색상으로 8품사 구분하기

n	**명사**	noun	pron	**대명사**	pronoun
v	**동사**	verb	adj	**형용사**	adjective
adv	**부사**	adverb	conj	**접속사**	conjunction
prep	**전치사**	preposition	int	**감탄사**	interjection

n	sculpture	n	vinegar	n	wind
adv	apart	v	produce	adj	scientific
prep	versus	adj	unusual	v	sting
v	punch	adj	bumpy	adj	futuristic
n	herbivore	adj	crispy	n	gentleman
n	interior	v	mash	v	comprehend
adj	needy	adv	lately	n	coil
n	response	v	advertise	v	deceive
v	permit	adj	boring	n	boundary
n	fellow	adv	altogether	n	congress

DAY 36

★ 표시는 출제 빈도를 나타냅니다.

001 ★★★★

sculpture

n 조각품

ex Michaelangelo created amazing **sculptures**.
미켈란젤로는 놀라운 조각품들을 만들었다.

What's this **sculpture** made of?
이 조각품은 무엇으로 만들어졌는가?

참고 **sculptor** 조각가

002 ★★★★

vinegar

n 식초

ex Then put the fresh **vinegar** into recycled wine bottles.
그리고 나서 신선한 식초를 재활용된 와인병에 넣어라.

Can we clean coins with **vinegar**?
식초로 동전을 세척할 수 있는가?

003 ★★★★

wind

n 바람

ex Cool **wind** is blowing outside.
밖에는 시원한 바람이 불고 있다.

A cold **wind** usually comes from the north.
차가운 바람은 주로 북쪽으로부터 온다.

004 ★★★★

apart

adv 떨어져, 따로

ex He decided to live **apart** from his parents.
그는 그의 부모님과 떨어져 살기로 결정했다.

You will never be able to tear us **apart**!
넌 절대로 우리를 떼어놓을 수 없을 거야!

005 ★★★

produce

v 생산하다, 낳다

ex Electric cars will **produce** no pollution.
전기차는 공해를 일으키지 않을 것이다.

The tree **produces** big fruit.
그 나무는 큰 열매를 생산한다.

참고 **production** n. 생산

006 ★★★

scientific

adj 과학적인

ex It is safe to perform **scientific** experiments inside a lab.
연구실 안에서 과학실험을 하는 것이 안전하다.

The brain still remains a **scientific** mystery.
뇌는 여전히 과학적인 미스터리로 남아있다.

007 ★★

versus

prep …대 / …에 비해

ex We are expecting to watch the final match of France **versus** Croatia.
우리는 프랑스 대 크로아티아의 결승전을 보기를 기대하고 있다.

---

008 ★★

unusual

adj 특이한, 드문

ex The weather these days is quite **unusual**.
요즘 날씨가 꽤 특이하다.

She showed an **unusual** talent in playing the guitar.
그녀는 기타 연주에 흔치 않은 재능을 보였다.

유 extraordinary 비범한

---

009 ★★

sting

v 쏘다 n 침[가시]

ex People who are allergic to wasp **stings** must avoid those insects.
말벌 침에 알러지가 있는 사람들은 그 종류의 곤충을 피해야 한다.

참고 wasp 말벌

---

010 ★★

punch

v 주먹으로 치다

ex You may **punch** pillows when you are very upset.
당신은 당신이 매우 화났을때 베개를 칠 수 있다.

In this class, you don't actually **punch** anyone.
이 수업에서는, 당신은 실제로 누군가를 주먹으로 때리지 않는다.

---

011 ★★

bumpy

adj 울퉁불퉁한

ex I like driving on **bumpy** roads.
나는 울퉁불퉁한 도로에서 운전하는 것을 좋아한다.

It has a **bumpy** surface so she will not fall off.
그것은 표면이 울퉁불퉁해서 그녀가 떨어지지 않을 것이다.

유 uneven 울퉁불퉁한

---

012 ★

futuristic

adj 초현대적인

ex Dubai is a city known for its **futuristic** achievements.
두바이는 초현대적인 업적으로 잘 알려진 도시이다.

DAY 36

★ 표시는 출제 빈도를 나타냅니다.

013 **herbivore** ★

n **초식동물**

ex They are **herbivores** and like to eat grass.
그들은 초식동물이고 풀을 먹는 것을 좋아한다.

Herbivores usually have large and flat teeth.
초식동물들은 보통 크고 납작한 이빨을 가지고 있다.

참고 **carnivore** 육식동물

---

014 **crispy** ★

adj **바삭바삭한**

ex This will make the outside **crispy** and keep the inside soft.
이것은 겉을 바삭바삭하게 만들고 안은 부드럽게 만들 것이다.

---

015 **gentleman** ★

n **신사**

ex A **gentleman** is always kind to women and children.
신사는 항상 여성들과 아이들에게 친절하다.

I try my best to be a **gentleman** at all times.
나는 모든 순간에 신사가 되기 위해 최선을 다한다.

참고 **lady** 숙녀

---

016 **interior** ★

n **내부**

ex The **interior** of her house was beautiful.
그녀의 집 내부는 아름다웠다.

Her major was **interior** design in college.
대학 때 그녀의 전공은 실내 디자인이었다.

---

017 **mash** ★

v **으깨다**

ex **Mash** the potatoes before mixing them with sauce.
소스와 잘 섞기 전에 감자를 으깨라.

I like vegetables except for the **mashed** potatoes.
나는 으깬 감자를 제외하고는 야채를 좋아한다.

---

018 **comprehend** ★

v **이해하다**

ex The user agreement is impossible to **comprehend**.
사용자 동의서를 이해하는 것은 불가능하다.

I couldn't **comprehend** the content I learned today.
나는 오늘 배운 내용을 이해할 수 없었다.

유 **perceive** 알아차리다

019 ★

needy

adj **어려운, 궁핍한**

ex I donated some money to **needy** children.
나는 어려운 아이들에게 돈을 기부했다.

You should give a hand to the **needy**.
당신은 어려운 사람들을 도와야 한다.

---

020 ★

lately

adv **최근에**

ex What have you been listening to **lately**?
최근에 무엇을 듣고 있니?

Lately I feel like I'm too addicted to social media.
최근에 내가 소셜미디어에 너무 중독된 것 같아.

유 **recently** 요즈음

021

coil

n **고리** v **감다, 휘감다**

ex He rounded a rope in a **coil**.
그는 밧줄을 고리 모양으로 동그랗게 감았다.

Don't touch those dangerous **coils**.
저 위험한 코일들을 만지지 마라.

022

response

n **대답, 응답**

ex She is waiting for his **response** to her letter.
그녀는 그녀의 편지에 대한 그의 답장을 기다리는 중이다.

Her **response** was totally unexpected.
그녀의 대답은 완전히 예상 밖이었다.

023

advertise

v **광고하다**

ex Some companies **advertise** their products on the internet.
몇몇 회사들은 그들의 상품들을 인터넷에 광고한다.

024

deceive

v **속이다**

ex An honest person never **deceives** anyone.
정직한 사람은 아무도 속이지 않는다.

He used a fake object to **deceive** her.
그는 그녀를 속이기 위해 가짜 물건을 사용했다.

참고 **deception** n. 속임, 기만

DAY 36

★ 표시는 출제 빈도를 나타냅니다.

025

permit

v 허락하다 n 허가증

ex Your illegal act is never **permitted.**
너의 불법적인 행동은 허용될 수 없다.

All students must have a work **permit.**
모든 학생들은 취업허가증이 있어야 한다.

㊌ **allow** 인정하다

026

boring

adj 지루한

ex Is that book as **boring** as it looks?
그 책이 보이는 것처럼 지루하니?

I thought being a librarian was **boring.**
나는 사서가 되는 것이 지루할 것이라고 생각했다.

㊎ **interesting** 흥미로운

027

boundary

n 경계

ex Our nation has land and sea **boundaries.**
우리 나라는 육지와 해상의 경계를 가지고 있다.

The three countries share a common **boundary.**
그 세 개의 나라는 같은 국경을 공유한다.

028

fellow

n 동료

ex You must treat your **fellow** students with kindness.
당신은 당신의 학우들을 친절함으로 대해야 한다.

She also married her **fellow** actor.
그녀 또한 그녀의 동료 배우와 결혼을 했다.

029

altogether

adv 완전히, 모두 합쳐

ex Guess how many books I have **altogether.**
내가 모두 합쳐 얼마나 많은 책을 가지고 있는지 추측해 봐.

There were thirty people **altogether** at the party.
그 파티에는 모두 합쳐 서른 명의 사람들이 있었다.

030

congress

n 회의, 의회

ex After a long debate, **congress** didn't approve the proposal.
긴 토의 후, 의회는 그 제안을 승인하지 않았다.

참고 **parliament** 의회

Practice

1. 다음 단어들을 올바르게 연결하세요.

(1) boring	(a) 과학적인
(2) altogether	(b) 초식동물
(3) mash	(c) 신사
(4) herbivore	(d) 으깨다
(5) permit	(e) 이해하다
(6) scientific	(f) 허락하다
(7) comprehend	(g) 지루한
(8) gentleman	(h) 완전히, 모두 합쳐

2. 다음 영어 뜻에 맞게 알맞은 단어를 보기에서 찾아 쓰세요.

advertise bumpy produce needy

(1) poor and not having enough food, clothes, etc.

(2) to make something or bring something into existence

(3) to make something known generally or in public, especially in order to sell it

(4) not smooth

SELF TEST

01	altogether	
02		신사
03	congress	
04		초식동물
05	fellow	
06		바삭바삭한
07	boring	
08		울퉁불퉁한
09	boundary	
10		초현대적인
11	permit	
12		쏘다, 침[가시]
13	advertise	
14		주먹으로 치다
15	deceive	
16		특이한, 드문
17	response	
18		...대, ...에 비해
19	lately	
20		생산하다, 낳다
21	coil	
22		과학적인
23	needy	
24		바람
25	mash	
26		떨어져, 따로
27	comprehend	
28		식초
29	interior	
30		조각품

DAY 37

색상으로 8품사 구분하기

n	**명사**	noun	pron	**대명사**	pronoun
v	**동사**	verb	adj	**형용사**	adjective
adv	**부사**	adverb	conj	**접속사**	conjunction
prep	**전치사**	preposition	int	**감탄사**	interjection

n	speed	n	visitor	n	yard
n	aluminum	n	bend	v	compete
n	package	n	sir	v	marry
v	imagine	v	sever	n	architecture
n	cheetah	n	detective	adj	bitter
n	gardener	adj	illegal	adj	careful
n	instructor	n	crosswalk	n	warrant
n	paddle	n	recruitment	n	conflict
v	approve	n	demand	adj	hopeful
n	nightmare	v	bless	v	pat

DAY 37

★ 표시는 출제 빈도를 나타냅니다.

001 ★★★★

speed

n 속도

ex I have not tried driving a car at full **speed**.
나는 한번도 차를 최대 속도로 운전해보지 않았다.

You are exceeding the average **speed**.
너는 평균 속도를 넘고 있다.

002 ★★★★

visitor

n 손님, 방문객

ex We welcomed the **visitors** into our house.
우리는 손님들을 우리 집으로 맞이했다.

On Sunday afternoon, a band plays for all the **visitors**.
일요일 오후에, 밴드가 모든 방문객들을 위해 연주한다.

003 ★★★★

yard

n 마당

ex My cousin's house is small with almost no **yard**.
나의 사촌 집은 마당이 거의 없고 좁다.

Could you sweep the front **yard** with a broom?
빗자루로 앞마당을 쓸어줄 수 있겠니?

004 ★★★★

aluminum

n 알루미늄

ex **Aluminum** can be combined with elements like copper and silicon.
알루미늄은 구리와 규소와 같은 성분과 합쳐질 수 있다.

005 ★★★

bend

n 굽은 곳 v 굽히다

ex You should be careful when you are driving roads with **bends**.
굽은 곳들이 있는 도로를 운전할 때는 주의해야 한다.

006 ★★★

compete

v 경쟁하다

ex The famous ice skater **competed** in the Olympics.
유명한 스케이트 선수는 올림픽에 참가했다.

Artists can **compete** in more than one category.
예술가들은 1개 이상의 부분에 참가할 수 있다.

참고
competent
adj. 능숙한

007 ★★

package

n **소포, 상자, 포장물**

ex The **package** was delivered to the wrong address.
그 소포는 잘못된 주소로 배송되었다.

I'm expecting **packages** from my relatives.
나는 친척들로부터 오는 소포들을 기대하고 있다.

---

008 ★★

sir

n **(상점, 식당 등에서) 이름을 모르는 남자에 대한 경칭**

ex What would you like to drink with your meal, **sir**?
식사와 함께 무엇을 마시겠습니까, 손님?

Sir, I think you left your phone on the table.
선생님, 테이블 위에 핸드폰을 놓고 가신 것 같습니다.

참고 **ma'am** 부인

---

009 ★★

marry

v **결혼하다**

ex Her parents did not permit her to **marry** him.
그녀의 부모는 그녀가 그와 결혼하는 것을 허락하지 않았다.

My sister is going to **marry** her fiance next week.
나의 여동생은 그녀의 약혼자와 다음 주에 결혼할 것이다.

참고 **fiance** 약혼자

---

010 ★★

imagine

v **상상하다**

ex You can **imagine** how happy I was then.
너는 그때 내가 얼마나 행복했는지 상상할 수 있을 것이다.

Imagine a world where there is no chocolate.
초콜릿이 없는 세상을 상상해 보아라.

---

011 ★★

sever

v **자르다 / 단절하다**

ex He tried to **sever** a tangled rope.
그는 엉킨 밧줄을 끊으려고 노력했다.

We **severed** all the diplomatic links with that country.
우리는 그 나라와의 모든 외교 관계를 끊었다.

참고 **severance** n. 단절

---

012 ★

architecture

n **건축학, 건축(물)**

ex Bauhaus is most known for its **architecture** design.
바우하우스는 건축 디자인으로 가장 잘 알려져 있다.

Greece boasts its grand and aesthetic **architecture**.
그리스는 웅장하고 미적인 건축물을 자랑한다.

참고 **crane** 학

DAY 37

★ 표시는 출제 빈도를 나타냅니다.

013 ★ **cheetah**

n **치타**

ex **Cheetahs** are fast, like a rocket.
치타는 로켓처럼 빠르다.

A **cheetah** is the fastest land animal.
치타는 가장 빠른 육상동물이다.

---

014 ★ **detective**

n **형사, 탐정**

ex The **detective** didn't ask me anything.
형사는 나에게 아무것도 물어보지 않았다.

I read a book about a **detective** solving every crime.
나는 모든 범죄를 해결하는 형사에 관한 책을 읽었다.

참고 **detect** v. 발견하다

---

015 ★ **bitter**

adj **맛이 쓴 / 격렬한**

ex I don't like drinking the medicine because it's too **bitter**.
그 약은 너무 맛이 써서 그것을 마시고 싶지 않다.

---

016 ★ **gardener**

n **정원사**

ex A good **gardener** must have gentle hands.
훌륭한 정원사는 조심스러운 손을 가져야 한다.

The **gardener** planted some flowers in the garden.
정원사는 정원에 꽃을 심었다.

---

017 ★ **illegal**

adj **불법적인**

ex It is **illegal** to keep a gun in your home.
집에 총을 소지하는 것은 불법이다.

The practice is unethical, not **illegal**.
그 관행은 비윤리적이지 불법은 아니다.

반 **legal** 합법적인

---

018 ★ **careful**

adj **조심스러운, 신중한**

ex Be **careful** when you put the oil into this bottle.
이 병으로 기름을 넣을 때 조심해라.

Careful acts will lead to a meaningful result.
신중한 행동은 의미 있는 결과를 가져올 것이다.

참고 **carefully** adv. 조심스럽게, 신중하게

019 ★

instructor

n **강사, 교사**

ex The **instructor** almost sent out a search party.
그 강사가 수색대를 거의 보낼 뻔했다.

These books include videos for **instructors**.
이 책들은 강사들은 위한 영상을 포함한다.

---

020 ★

crosswalk

n **횡단보도**

ex The woman is walking on the **crosswalk**.
그 여자는 횡단보도를 걷고 있다.

They ran into each other at the **crosswalk**.
그들은 횡단보도에서 우연히 만났다.

021

warrant

n **영장**

ex The police have a **warrant** to search his house.
경찰은 그의 집을 수색할 영장을 가지고 있다.

To arrest him, a **warrant** was issued.
그를 체포하기 위해 영장이 발부되었다.

참고
warranty
n. 품질 보증서

022

paddle

n **노 / 라켓** v **노를 젓다**

ex They used the **paddles** to turn the boat around.
그들은 보트를 돌리기 위해 노를 이용했다.

I love my new ping-pong **paddle**.
나는 나의 새로운 탁구 라켓을 좋아한다.

023

recruitment

n **신규 모집, 채용**

ex You should refer to the website to get information about the **recruitment** schedule.
당신은 채용 일정에 대한 정보를 얻기 위해 웹사이트를 참고해야 한다.

024

conflict

n **갈등**

ex The **conflict** erupted due to the ruler's succession plans.
그 갈등은 지배자의 승계 계획 때문에 발생했다.

★ 표시는 출제 빈도를 나타냅니다.

025

approve

v **찬성하다 / 승인하다**

ex Schedule changes must be **approved** by the project manager.
일정 변경은 프로젝트 관리자에 의해 승인되어야만 한다.

유 **permit** 허락하다

026

demand

n **요구, 수요** v **요구하다**

ex If you cannot meet **demands**, you need to leave.
만약 당신이 요구들을 맞출 수 없다면, 당신은 떠나야 한다.

I **demand** a full refund.
나는 전액 환불을 요구한다.

027

hopeful

adj **(사람이) 희망에 찬, 기대하는**

ex All athletes felt **hopeful** that they would win the championship.
모든 운동선수들이 그들이 챔피언십에서 이길 것이라고 희망에 차 있었다.

유 **optimistic** 낙천주의의

028

nightmare

n **악몽**

ex Many people say having **nightmares** is bad luck.
많은 사람들은 악몽을 꾸는 것이 불운하다고 말한다.

I had a **nightmare** last night.
나는 지난밤에 악몽을 꿨다.

029

bless

v **(신의) 가호[축복]를 빌다**

ex Our family members **bless** each other on special days.
우리 가족 구성원들은 특별한 날에 서로에게 신의 축복을 빌어준다.

030

pat

v **쓰다듬다** n **쓰다듬기**

ex I love **patting** the head of my boyfriend.
나는 내 남자친구의 머리를 쓰다듬는 것을 좋아한다.

She **patted** her child to make her relax.
그녀는 그녀의 딸을 진정시키기 위해 그녀를 쓰다듬었다.

Practice

1. 다음 단어들을 올바르게 연결하세요.

(1) imagine	(a) 횡단보도
(2) nightmare	(b) 형사, 탐정
(3) approve	(c) 악몽
(4) demand	(d) 찬성하다
(5) crosswalk	(e) 자르다, 단절하다
(6) detective	(f) 요구, 수요
(7) sever	(g) 상상하다
(8) bitter	(h) 맛이 쓴, 격렬한

2. 우리말 뜻에 맞게 빈칸에 알맞은 단어를 보기에서 찾아 쓰세요.

package　　warrant　　illegal　　careful

(1) The ______ was delivered to the wrong address.
그 소포는 잘못된 주소로 배송되었다.

(2) It is ______ to keep a gun in your home.
집에 총을 소지하는 것은 불법이다.

(3) The police have a ______ to search his house.
경찰은 그의 집을 수색할 영장을 가지고 있다.

(4) ______ acts will lead to a meaningful result.
신중한 행동은 의미 있는 결과를 가져올 것이다.

SELF TEST

01	bless	
02		속도
03	pat	
04		손님
05	sir	
06		알루미늄
07	demand	
08		마당
09	hopeful	
10		굽은 곳, 굽히다
11	approve	
12		경쟁하다
13	recruitment	
14		소포, 상자
15	conflict	
16		악몽
17	paddle	
18		상상하다
19	crosswalk	
20		결혼하다
21	warrant	
22		자르다, 단절하다
23	instructor	
24		건축학, 건축(물)
25	careful	
26		치타
27	illegal	
28		형사, 탐정
29	gardener	
30		맛이 쓴, 격렬한

DAY 38

색상으로 8품사 구분하기

n	**명사**	noun	pron	**대명사**	pronoun
v	**동사**	verb	adj	**형용사**	adjective
adv	**부사**	adverb	conj	**접속사**	conjunction
prep	**전치사**	preposition	int	**감탄사**	interjection

n	stomach	v	apply	n	billion
n	cabinet	v	spread	adj	scary
n	Rome	v	maintain	adv	fairly
adv	exactly	v	retire	n	auditorium
v	characterize	v	face	n	bookcase
adj	crude	n	generation	n	immigrant
n	conductor	v	refer	v	rob
n	threat	v	quit	n	harm
n	anger	n	tear	adj	pleased
n	shame	adj	considerate	adj	indifferent

DAY 38

★ 표시는 출제 빈도를 나타냅니다.

001 ★★★★

stomach

n 위, 복부, 배, 속

ex Eating too much food on an empty **stomach** is bad for your health.
빈 속에 너무 많이 먹는 것은 당신의 건강에 좋지 않다.

002 ★★★★

apply

v 지원하다 / 바르다

ex Don't forget to **apply** some sunscreen on your skin.
피부에 선크림 바르는 것을 잊지 말아라.

My brother is **applying** for a job.
내 남자형제는 일자리에 지원하고 있다.

참고 **application** n. 지원

003 ★★★★

billion

n 10억

ex There are about 7 **billion** humans on Earth.
지구에 약 70억 명의 사람들이 있다.

There are a **billion** stars in the night sky.
밤하늘에는 10억 개의 별들이 있다.

004 ★★★★

cabinet

n 보관함, 캐비닛

ex I think my jacket is in the **cabinet**.
내 자켓이 캐비닛 안에 있는 것 같아.

I forgot the password for the lock on my **cabinet**.
내 캐비닛 자물쇠 비밀번호를 잊어버렸어.

005 ★★★

spread

v 펼치다 n 확산

ex The eagle **spreads** its wings.
독수리는 그것의 날개를 펼친다.

The poison began to **spread** all over his body.
독은 그의 몸 전체에 퍼지기 시작했다.

유 **stretch** 펴다

006 ★★★

scary

adj 무서운

ex This roller coaster looks very **scary**.
이 롤러코스터는 매우 무서워 보인다.

Some children wear **scary** masks on Halloween.
어떤 아이들은 할로윈에 무서운 가면을 쓴다.

007 ★★

Rome

n 로마

ex His uncle lived in **Rome** for more than 10 years.
그의 삼촌은 10년 넘게 로마에서 살았다.

There's also the **Rome** city tax, which is 4 euros.
또한 4유로의 로마 도시 세금이 있다.

008 ★★

maintain

v 유지하다

ex To **maintain** success, the company needs change.
성공을 유지하기 위해, 회사에는 변화가 필요하다.

But we still **maintain** our traditions.
그러나 우리는 여전히 우리의 전통을 유지한다.

참고 **maintenance** n. 유지

009 ★★

fairly

adv 상당히, 꽤

ex That food was **fairly** average.
그 음식은 꽤 평범했다.

That sounds **fairly** typical for a pre-teen.
그것은 십대 이전의 아이들치고는 꽤 전형적으로 들린다.

유 **quite** 꽤

010 ★★

exactly

adv 정확히

ex He always arrives **exactly** on time.
그는 항상 정확히 정각에 도착한다.

How **exactly** did diamonds become so expensive?
어떻게 다이아몬드가 그렇게 비싸지게 되었는가?

011 ★★

retire

v 은퇴하다

ex He became such a couch potato after he **retired**.
그는 은퇴 후에 소파에 앉아 TV만 보는 사람이 되었다.

참고 **couch potato** 오랫동안 가만히 앉아 텔레비전만 보는사람

012 ★

auditorium

n 강당

ex Our school **auditorium** can fit five hundred people.
우리 학교 강당은 500명을 수용할 수 있다.

The incident happened in the school **auditorium**.
그 일은 학교 강당에서 일어났다.

참고 **incident** 일, 사건

DAY 38

★ 표시는 출제 빈도를 나타냅니다.

013 ★ **characterize**

v **특징짓다**

ex His paintings are **characterized** by the use of vivid colors.
그의 그림은 생생한 색깔을 사용하는 것으로 특징지어진다.

유 feature 특징으로 삼다

014 ★ **face**

v **마주보다, 직면하다**

ex He is **facing** the wrong direction.
그는 잘못된 방향을 보고 있다.

Sometimes it is hard to **face** the truth.
가끔 진실은 직면하기 힘들다.

015 ★ **bookcase**

n **책장**

ex There are many **bookcases** in Dr. Kim's laboratory.
김 박사의 연구실에는 책장이 많다.

016 ★ **crude**

adj **미가공의 / 대충의**

ex He told the process of extracting **crude** oil from oil reserves.
그는 비축유로부터 원유를 추출하는 과정을 말해주었다.

017 ★ **generation**

n **세대**

ex It is sad that this **generation** has grown up without the Spice Girls.
이 세대는 Spice Girls 없이 성장했다는 것이 슬프다.

018 ★ **immigrant**

n **이민자**

ex Japanese **immigrants** started to serve these cookies in the 19th century.
일본 이민자들이 이 쿠키를 19세기부터 대접하기 시작했다.

019 ★

conductor

n 지휘자 / 안내원

ex They did not have their own official **conductor**.
그들은 그들만의 공식적인 지휘자가 없었다.

He was appointed as the **conductor**.
그는 안내원으로 임명되었다.

참고
conduct
v. (특정한 활동을) 하다, 지휘하다

020 ★

refer

v 언급하다, 나타내다

ex Global warming is now being **referred** to as climate change.
지구 온난화는 오늘날 기후 변화로 불린다.

참고
be referred to as
~로 불리다

021

rob

v 털다[도둑질하다]

ex They were sent to prison because they **robbed** a bank.
그들은 은행을 털었기 때문에 감옥으로 보내졌다.

One day, they stole a car and **robbed** a bank.
어느 날, 그들은 차를 훔쳤고 은행을 털었다.

022

threat

n 위협

ex War is a **threat** to humanity.
전쟁은 인류에게 위협이다.

Cats are a major **threat** to birds.
고양이는 새에게 큰 위협이다.

참고
threaten
v. 위협하다

023

quit

v 그만두다, 그만하다

ex I **quit** my job because of the unfair treatment.
나는 부당한 대우 때문에 직장을 그만뒀다.

Larry **quit** smoking for health reasons.
Larry는 건강상의 이유로 담배를 끊었다.

024

harm

n 손해, 해

ex Please try to keep out of **harm** by being wise.
현명하게 행동해서 해를 입지 않도록 노력하세요.

Parents protect their children from **harm**.
부모들은 아이들을 해로부터 지킨다.

★ 표시는 출제 빈도를 나타냅니다.

025

anger

n 화, 분노 v 화나게 하다

ex People generally wish to avoid feeling fear or **anger**.
사람들은 일반적으로 두려움이나 분노를 느끼는 것을 피하고 싶어 한다.

026

tear

n 눈물 v 찢다

ex I saw a little **tear** in his eye when they played that last song.
그들이 마지막 곡을 연주했을 때 나는 그의 눈에서 약간의 눈물을 보았다.

027

pleased

adj 기뻐하는

ex They will be **pleased** to know that they won the first prize.
그들이 1등을 한 것을 알면 그들은 기뻐할 것이다.

참고 **pleasant** adj. 쾌적한, 상냥한

028

shame

n 수치심

ex We must not bring **shame** to our family name.
우리는 우리 가족의 이름을 부끄럽게 해서는 안 된다.

I felt **shame** when I couldn't sing properly.
나는 내가 제대로 노래할 수 없을 때 수치심을 느꼈다.

029

considerate

adj 사려 깊은

ex Our teacher is a very **considerate** man.
우리의 선생님은 매우 사려 깊은 사람이다.

You should be more **considerate** as you age.
나이가 들수록 더 사려 깊게 행동해야 해.

참고 **considerable** adj. 많은

030

indifferent

adj 무관심한

ex He remained **indifferent** towards their plan.
그는 그들의 계획에 대해 여전히 무관심 했다.

I was very angry at his **indifferent** attitude.
나는 그의 무관심한 태도에 화가 났었다.

유 **unconcerned** 관심을 가지지 않는

Practice

1. 다음 단어들을 올바르게 연결하세요.

(1) anger •	• (a) 상당히, 꽤
(2) threat •	• (b) 강당
(3) characterize •	• (c) 특징짓다
(4) quit •	• (d) 이민자
(5) pleased •	• (e) 위협
(6) immigrant •	• (f) 그만두다
(7) fairly •	• (g) 분노, 화나게 하다
(8) auditorium •	• (h) 기뻐하는

2. 다음 영어 뜻에 맞게 알맞은 단어를 보기에서 찾아 쓰세요.

generation　　shame　　considerate　　indifferent

(1) careful not to cause inconvenience or hurt to others

(2) having no particular interest or sympathy

(3) all of the people born and living at about the same time, regarded collectively

(4) an uncomfortable feeling of guilt because of your own or someone else's bad behavior

SELF TEST

01	indifferent	
02		책장
03	shame	
04		마주보다
05	considerate	
06		특징짓다
07	tear	
08		은퇴하다
09	pleased	
10		강당
11	anger	
12		상당히, 꽤
13	quit	
14		정확히
15	harm	
16		유지하다
17	threat	
18		로마
19	refer	
20		펼치다
21	rob	
22		무서운
23	conductor	
24		10억
25	immigrant	
26		보관함, 캐비닛
27	generation	
28		지원하다
29	crude	
30		위, 복부

DAY 39

색상으로 8품사 구분하기

n	**명사**	noun	pron	**대명사**	pronoun
v	**동사**	verb	adj	**형용사**	adjective
adv	**부사**	adverb	conj	**접속사**	conjunction
prep	**전치사**	preposition	int	**감탄사**	interjection

n	supply	n	breath	v	chop
v	develop	n	dust	v	boost
n	alley	n	critique	n	destruction
n	religion	adj	convenient	n	update
n	trophy	n	web	n	yawn
n	sewage	n	rib	n	promise
adj	overweight	n	length	n	passage
n	passport	n	upstair	n	valley
n	measurement	n	terminal	n	geography
n	pit	n	warehouse	v	unplug

DAY 39

★ 표시는 출제 빈도를 나타냅니다.

001 ★★★★

supply

n 공급 v 공급하다

ex I volunteered to improve the water **supply** to the rural area.
나는 시골 지역의 물 공급을 개선하는 자원봉사를 했다.

참고 **demand** 수요

002 ★★★★

breath

n 입김, 숨

ex Hold your **breath** until the bell rings.
벨이 울릴 때까지 숨을 참아보아라.

I enjoyed a **breath** of sea air.
나는 해변의 공기 한 모금을 즐겼다.

참고 **breathe** v. 숨 쉬다

003 ★★★★

chop

v 썰다, 자르다

ex Be sure to cut vegetables in half before **chopping**.
야채를 썰기 전에 반드시 반으로 잘라라.

The ability to **chop** wood is important for lumberjacks.
벌목꾼들에게 나무를 자르는 능력은 중요하다.

004 ★★★★

develop

v 개발하다

ex I have **developed** a skill that allows me to see underwater.
나는 수중을 볼 수 있게 하는 기술을 개발했다.

005 ★★★

dust

n 먼지

ex There is so much **dust** in this room.
이 방에 먼지가 너무 많다.

I am allergic to **dust** and dirt.
나는 먼지와 때에 알러지가 있다.

006 ★★★

boost

n 격려, 부양책 / 증가 v 신장시키다

ex A grant like this is a great **boost** to your college life.
이와 같은 보조금은 너의 대학생활에 큰 격려가 된다.

Winning the award is a great **boost** for sales.
상을 받는 것은 판매에 엄청난 증가를 불러온다.

유 **increase** 증가

007 ★★

alley

n 골목

ex The **alley** is very narrow so be careful when walking.
그 골목은 매우 좁으므로 걸을 때 조심해라.

Ms. Jenkins saw me in the **alley**.
Jenkins 씨는 나를 골목에서 보았다.

---

008 ★★

critique

n 평론

ex His pieces are a masterful **critique** of modern perspectives on society.
그의 작품들은 사회에 대한 현대적 관점에 대한 훌륭한 평론이다.

---

009 ★★

destruction

n 파괴

ex Only two tsunamis cause **destruction** each year.
오직 일 년에 두 개의 쓰나미만 파괴를 일으킨다.

It is expected to result in even worse **destruction**.
심지어 더 심한 파괴를 초래할 것으로 예상된다.

㊒ **devastation** 황폐

---

010 ★★

religion

n 종교

ex Ramadan is the holiest month in the **religion** of Islam.
라마단은 이슬람 종교에서 가장 신성한 달이다.

No conversations about politics or **religion**.
정치 또는 종교에 대한 대화는 금지이다.

---

011 ★★

convenient

adj 편리한

ex Shopping online is **convenient**.
온라인으로 쇼핑하는 것은 편리하다.

Messaging applications are very **convenient**.
메시지 앱은 매우 편리하다.

㊒ **practical** 실용적인

---

012 ★

update

n 업데이트 v 갱신하다

ex I turned off the automatic **update**.
나는 자동 업데이트를 꺼놨다.

Always **update** your phone's operating system.
항상 너의 핸드폰 운영 체제를 업데이트해라.

DAY 39

★ 표시는 출제 빈도를 나타냅니다.

013 **trophy** ★

n 트로피

ex Ana is showing off her **trophy**.
Ana는 그녀의 트로피를 자랑하고 있다.

The ice hockey team failed to get the **trophy**.
아이스 하키팀은 트로피를 얻는 것에 실패했다.

014 **web** ★

n 거미줄 / 웹

ex Arachne still weaves her beautiful **webs** today.
Arachne은 오늘도 여전히 아름다운 거미줄을 친다.

You can find a **web** address on the back.
웹 주소를 뒷면에서 찾을 수 있다.

015 **yawn** ★

n 하품 v 하품하다

ex **Yawns** are an involuntary reaction.
하품은 무의식적인 반응이다.

For humans, **yawning** is contagious.
인간에게, 하품은 전염성이 있다.

016 **sewage** ★

n 하수, 오물

ex There was a water leak from the **sewage** last week.
지난주에 하수에서 물이 샜었다.

These chemicals reenter the **sewage** systems.
이 화학약품들은 하수처리시설에 다시 들어간다.

참고
sewer
n. 하수관

017 **rib** ★

n 갈비(뼈), 늑골 / 갈비

ex I broke my **rib** when I had a car accident.
나는 차 사고 때 갈비뼈가 부러졌다.

Our family prepared smoked **ribs** for today's gathering.
우리 가족은 오늘의 모임을 위해 훈제 갈비를 준비했다.

018 **promise** ★

v 약속하다 n 약속

ex He left but **promised** to return as soon as he can.
그는 떠났지만, 가능한 한 빨리 돌아오기로 약속했다.

The children **promised** not to fight anymore.
아이들은 더 이상 싸우지 않겠다고 약속했다.

019 ★

overweight

adj **과체중의**

ex They are **overweight** because they are eating too much and not exercising enough.
그들은 너무 많이 먹고 충분히 운동하지 않아서 과체중이다.

반 **underweight** 저체중의

---

020 ★

length

n **길이, 거리**

ex We swam at the pool only for a short **length**.
우리는 수영장에서 짧은 거리를 수영했다.

The rope is ten meters in **length**.
이 밧줄은 길이가 10미터이다.

021

passage

n **통로, 관, 통과 / 지문**

ex He found a narrow **passage** to the river.
그는 강으로 가는 좁은 통로를 발견했다.

Large trees blocked the **passage** of light.
큰 나무들이 빛의 통과를 막았다.

유 **corridor** 복도

022

passport

n **여권**

ex One cannot travel abroad without a **passport**.
여권 없이는 해외를 여행할 수 없다.

They need your **passport** in the lobby.
그들은 로비에서 당신의 여권이 필요하다.

023

upstair

n **위층** adj **위층으로**

ex This morning I'll take you **upstairs**.
이번 아침에는 내가 너를 위층으로 데려갈게.

Could you help me carry this box **upstairs**?
이 박스를 위층으로 나르는 것을 도와줄 수 있니?

024

valley

n **계곡, 골짜기**

ex There is a beautiful house nearby the **valley**.
계곡 근처에 아름다운 집이 있다.

The **valley** narrowed more and more.
그 골짜기는 더욱 더 좁아졌다.

DAY 39

★ 표시는 출제 빈도를 나타냅니다.

025

measurement

n 측정, 치수

ex Find out the **measurement** of the table using a ruler.
자를 이용해 책상의 치수를 알아내어라.

Obviously no **measurement** is perfect.
분명히 어떤 측정도 완벽하지는 않다.

유 **calculation** 계산

026

terminal

n 터미널 / 종점

ex There are many people waiting in the **terminal** station.
터미널 역에서 많은 사람들이 기다리고 있다.

I'm so lost in this **terminal**.
나는 이 터미널에서 완전히 길을 잃었다.

027

geography

n 지리학

ex My book about **geography** contains maps and pictures.
지리학에 관한 나의 책은 지도와 그림을 포함하고 있다.

Frank is having a hard time in **geography** class.
Frank는 지리학 수업을 어려워한다.

028

pit

n 구덩이

ex Hides are dyed naturally in deep **pits**.
가죽은 깊은 구덩이에서 자연적으로 염색된다.

Do you know how to make a snow **pit**?
너 어떻게 눈 구덩이를 만드는지 알고 있니?

유 **hollow** 움푹한 곳

029

warehouse

n 창고

ex He works in a clothing **warehouse**.
그는 의류 창고에서 일한다.

It's delayed at the **warehouse**.
그것은 창고에서 연착되었다.

030

unplug

v 플러그를 뽑다

ex Make sure you **unplug** the computer before you leave.
떠나기 전에 컴퓨터의 플러그를 꼭 뽑아라.

Unplug the toaster when you're done using it.
토스터기를 다 쓰면 플러그를 뽑아라.

Practice

1. 다음 단어들을 올바르게 연결하세요.

(1) geography •	• (a) 트로피
(2) passage •	• (b) 종교
(3) promise •	• (c) 먼지
(4) rib •	• (d) 평론
(5) critique •	• (e) 갈비
(6) dust •	• (f) 약속, 약속하다
(7) religion •	• (g) 지리학
(8) trophy •	• (h) 통로, 관, 통과

2. 우리말 뜻에 맞게 빈칸에 알맞은 단어를 보기에서 찾아 쓰세요.

upstairs pit overweight update

(1) **I turned off the automatic ________.**
나는 자동 업데이트를 꺼놨다.

(2) **They are ________ because they are eating too much and not exercising enough.**
그들은 너무 많이 먹고 충분히 운동하지 않아서 과체중이다.

(3) **Could you help me carry this box ________?**
이 박스를 위층으로 나르는 것을 도와줄 수 있니?

(4) **Do you know how to make a snow ________?**
너 어떻게 눈 구덩이를 만드는지 알고 있니?

SELF TEST

01		하수, 오물
02	destruction	
03		갈비(뼈)
04	religion	
05		약속, 약속하다
06	undate	
07		과체중의
08	convenient	
09		길이
10	passage	
11		트로피
12	web	
13		여권
14	yawn	
15		위층, 위층으로
16	alley	
17		계곡, 골짜기
18	critique	
19		측정
20	boost	
21		터미널, 종점
22	develop	
23		지리학
24	dust	
25		구덩이
26	supply	
27		창고
28	breath	
29		플러그를 뽑다
30	chop	

DAY 40

색상으로 8품사 구분하기

n	명사	noun	pron	대명사	pronoun
v	동사	verb	adj	형용사	adjective
adv	부사	adverb	conj	접속사	conjunction
prep	전치사	preposition	int	감탄사	interjection

v	communicate	n	drawing	v	fit
v	occur	adj	historical	n	sensor
n	residence	n	purse	adj	impressive
n	freezer	n	association	v	chirp
v	diversify	n	fisherman	n	hardness
n	creation	v	endanger	n	interview
n	leadership	adj	solar	adj	latest
v	delay	n	goods	n	mercury
n	evaluation	adj	itchy	n	suffocation
adj	blind	n	sweat	n	sculptor

DAY 40

★ 표시는 출제 빈도를 나타냅니다.

001 ★★★★

communicate

v 의사소통을 하다

ex Parents need to **communicate** with their children often.
부모들은 아이들과 종종 의사소통을 해야 할 필요가 있다.

002 ★★★★

drawing

n 그림

ex I was impressed by the fluid lines of the **drawing**.
나는 그 그림의 부드러운 선들에 감명받았다.

This **drawing** is a present from my friend.
이 그림은 나의 친구로부터 받은 선물이다.

003 ★★★★

fit

v 맞다 adj 건강한

ex Only four passengers can **fit** inside our car.
오직 4명의 승객만이 우리 차 안에 들어갈 수 있다.

The shoe did not **fit** my foot.
신발이 내 발에 맞지 않았다.

004 ★★★★

occur

v 일어나다, 발생하다

ex A fire **occurred** at the student center.
학생 회관에서 화재가 발생했다.

An accident **occurred** because of methane gas.
사고는 메탄가스 때문에 일어났다.

유 **happen** 일어나다

005 ★★★

historical

adj 역사상의

ex People collect stamps for their beauty and **historical** value.
사람들은 아름다움과 역사적 가치 때문에 우표를 모은다.

참고 **historic** 역사적으로 중요한

006 ★★

sensor

n 센서

ex Please press your thumb against the fingerprint **sensor**.
지문센서에 엄지손가락을 꾹 눌러주세요.

007 ★★

residence

n 주택, 거주지

ex Students will visit an old-fashioned **residence**.
학생들은 구식 주택에 방문할 것이다.

The document includes **residence** information.
서류는 거주지 정보를 포함한다.

참고
resident
n. 주민

008 ★★

purse

n 지갑

ex I prefer to have a light **purse**.
나는 가벼운 지갑을 가지고 다니는 것을 선호한다.

Grab my **purse** for me and I'll give you the money.
내 지갑을 가져오면 너에게 돈을 줄게.

009 ★★

impressive

adj 인상적인

ex The giant boulder is an **impressive** environmental mystery.
대형 바위는 인상적인 자연환경의 미스터리이다.

010 ★★

freezer

n 냉동고

ex Put the ice cream and chocolates in the **freezer**.
아이스크림과 초콜릿을 냉동고에 넣어라.

What is the temperature inside the **freezer**?
이 냉동고 안의 온도는 어떻게 되는가?

011 ★

association

n 협회 / 연관

ex There is an **association** between cancer and passive smoking.
암과 간접 흡연 사이에는 연관이 있다.

012 ★

chirp

v 짹짹거리다

ex Music lovers enjoyed hearing a barking dog and **chirping** birds.
음악을 좋아하는 사람들은 개 짖는 소리와 새가 짹짹거리는 소리를 듣는 것을 즐겼다.

DAY 40

★ 표시는 출제 빈도를 나타냅니다.

013 ★

diversify

v 다양해지다

ex Our goal is to **diversify** our products to meet new demands.
우리의 목표는 새로운 수요를 맞추기 위해 상품을 다양화하는 것이다.

014 ★

fisherman

n 어부

ex Magindara are vicious mermaids who attack **fishermen**.
Magindara는 어부들을 공격하는 악랄한 인어들이다.

015 ★

hardness

n 단단함, 경도

ex The **hardness** of the diamond cannot be matched.
다이아몬드의 경도는 다른 것과 맞먹을 수 없다.

This structure gives strength and **hardness** to carbon.
이 구조는 탄소에 내구력과 경도를 준다.

016 ★

creation

n 창작, 창작품

ex The homemaker's work led to the **creation** of bandages.
그 주부의 노력은 붕대 창작을 이르게 했다.

I went to the post office to send my **creation**.
나는 나의 창작품을 보내기 위해 우체국에 갔다.

참고 **bandage** 붕대

017 ★

endanger

v 위험에 빠뜨리다

ex We need to save **endangered** animals.
우리는 멸종 위기 동물들을 구해야 한다.

Throwing trash into the ocean **endangers** animals.
바다에 쓰레기를 버리는 것은 동물들을 위험에 빠뜨린다.

참고 **endangered** adj. 멸종 위기에 처한

018 ★

interview

n 면접 v 면접을 보다

ex His honesty made an impression on the **interview**.
그의 정직함은 면접에서 인상을 남겼다.

You will be **interviewed** online.
당신은 온라인으로 면접을 보게 될 것입니다.

019 ★

leadership

n **지도력**

ex People say that I have very good **leadership** skills.
사람들은 내가 굉장히 좋은 지도력을 가지고 있다고 말한다.

Leadership skills are important to have.
지도력은 가지고 있어야할 중요한 능력이다.

020

solar

adj **태양의**

ex We can produce electricity from **solar** power.
우리는 태양열 발전으로부터 전기를 생산할 수 있다.

There was a **solar** eclipse last year.
작년에 일식이 있었다.

참고 **lunar** 달의

021

latest

adj **최신의**

ex The magazine features the **latest** fashion.
그 잡지는 최신의 패션을 특집으로 하고 있다.

It can't support the **latest** games at all.
그것은 최신의 게임은 전혀 지원하지 못한다.

022

delay

v **연기하다** n **지연**

ex Our school bus was **delayed** by traffic.
우리의 학교버스는 교통체증에 의해 지연되었다.

My flight was **delayed**, so I had to wait at the airport.
나의 비행편은 연기되었기 때문에 공항에서 기다려야 했다.

유 **postpone** 연기하다

023

goods

n **상품**

ex A large boat carries the **goods** across the river.
큰 배는 강을 가로질러 상품을 나른다.

Be careful while handling fragile **goods**.
부서지기 쉬운 상품을 다룰 때 조심해라.

024

mercury

n **수은 / (대문자 M일 때) 수성**

ex **Mercury** is a poisonous liquid metal.
수은은 독성있는 액체 금속이다.

I learned that **Mercury** is the closest planet to the sun.
나는 수성이 태양에서 가장 가까운 행성이라는 것을 배웠다.

DAY 40

★ 표시는 출제 빈도를 나타냅니다.

025 **evaluation**

n 평가

ex All soldiers will have an **evaluation** after their training.
모든 군인들은 훈련 이후에 평가를 받게 될 것이다.

She received a bad **evaluation** from others.
그녀는 다른 사람들로부터 나쁜 평가를 받았다.

유 **assessment** 평가

---

026 **itchy**

adj 가려운

ex My skin is **itchy** for some reason.
내 피부가 어떤 이유에서인지 가렵다.

My long hair was too **itchy**.
내 긴 머리가 너무 가려웠어.

---

027 **suffocation**

n 질식

ex Ventilation holes are essential in order to prevent **suffocation**.
환기구는 질식을 막기 위해 필수적이다.

참고 **ventilation** 통풍, 환기

---

028 **blind**

adj 눈이 먼

ex There are guide dogs to help people who are **blind**.
눈이 먼 사람들을 돕는 안내견들이 있다.

I'm sad to see two **blind** children.
나는 2명의 눈이 먼 아이들을 보아서 슬프다.

---

029 **sweat**

n 땀 v 땀을 흘리다

ex My clothes are all wet because of the **sweat**.
내 옷들은 땀 때문에 전부 젖었다.

Pigs can't **sweat** no matter how hot it is.
돼지들은 얼마나 덥든지 간에 땀을 흘릴 수 없다.

---

030 **sculptor**

n 조각가

ex He's a famous **sculptor** from Germany.
그는 독일에서 온 유명한 조각가이다.

The talented **sculptor** worked with clay.
재능 있는 조각가는 찰흙을 이용해 작업했다.

Practice

1. 다음 단어들을 올바르게 연결하세요.

(1) blind •	• (a) 어부
(2) itchy •	• (b) 눈이 먼
(3) endanger •	• (c) 가려운
(4) mercury •	• (d) 위험에 빠뜨리다
(5) suffocation •	• (e) 짹짹거리다
(6) hardness •	• (f) 단단함, 경도
(7) chirp •	• (g) 질식
(8) fisherman •	• (h) 수은, 수성

2. 다음 영어 뜻에 맞게 알맞은 단어를 보기에서 찾아 쓰세요.

impressive	historical	evaluation	latest

(1) the making of a judgment about the amount, number, or value of something

(2) of most recent date

(3) evoking admiration through size, quality, or skill

(4) of or concerning history; concerning past events

SELF TEST

01	sculptor	
02		주택, 거주지
03	blind	
04		센서
05	sweat	
06		역사상의
07	itchy	
08		일어나다
09	suffocation	
10		맞다, 건강한
11	evaluation	
12		그림
13	delay	
14		의사소통을 하다
15	goods	
16		지갑
17	mercury	
18		인상적인
19	solar	
20		냉동고
21	latest	
22		협회, 연관
23	leadership	
24		짹짹거리다
25	endanger	
26		다양해지다
27	interview	
28		어부
29	creation	
30		단단함, 경도

DAY 41

색상으로 8품사 구분하기

n	**명사**	noun	pron	**대명사**	pronoun
v	**동사**	verb	adj	**형용사**	adjective
adv	**부사**	adverb	conj	**접속사**	conjunction
prep	**전치사**	preposition	int	**감탄사**	interjection

v	found	n	criminal	n	difference
n	flu	n	opening	adj	necessary
v	improve	adv	lastly	n	infographic
adj	extinct	n	layer	n	cyclist
v	analyze	n	dealer	n	fillet
adj	correct	n	heater	n	location
n	acorn	n	confidence	adj	homemade
adj	unsafe	n	dose	n	fudge
n	eyebrow	n	checkup	n	wine
v	roast	n	germ	v	vomit

DAY 41

★ 표시는 출제 빈도를 나타냅니다.

001 ★★★★

found

v 설립하다, 세우다

ex This company was **founded** in 1918.
이 회사는 1918년도에 설립되었다.

She **founded** the institute all by herself.
그녀는 기관을 그녀 혼자서 세웠다.

유 establish 설립하다

002 ★★★★

criminal

n 범죄자

ex We need to track this **criminal** down as soon as possible.
우리는 가능한 한 빨리 이 범죄자를 추적해야 한다.

003 ★★★★

difference

n 차이

ex It is difficult to know the **difference** between good and bad.
선과 악의 차이를 아는 것은 어렵다.

004 ★★★★

flu

n 독감

ex This **flu** is killing me.
이 독감 때문에 나는 아파서 죽을 지경이다.

They said it's actually a **flu** virus.
그들은 그것이 사실은 독감 바이러스라고 말했다.

005 ★★★

opening

n 시작 / 시작 부분

ex Would you be able to help me write the **opening**?
시작 부분을 쓰는 것을 도와줄 수 있나요?

He gave a speech at a company **opening**.
그는 회사의 개업날 연설을 하였다.

006 ★★★

necessary

adj 필요한

ex I will come again if **necessary**.
필요하다면 다시 오겠다.

We brought the **necessary** materials to the workshop.
우리는 워크숍에 필요한 자료들을 가져왔다.

유 essential 필수적인

007 ★★★

improve

v 개선되다, 나아지다

ex Yoga can also **improve** the breathing of those who practice it.
요가는 또한 그것을 연습하는 사람들의 호흡도 나아지게 할 수 있다.

유 **enhance** 향상시키다

---

008 ★★

lastly

adv 마지막으로

ex **Lastly**, growing onions takes a long time.
마지막으로, 양파를 키우는 것은 시간이 오래 걸린다.

Lastly, mix the two ingredients together.
마지막으로, 두 재료를 함께 섞어라.

---

009 ★★

infographic

n 인포그래픽 (데이터 시각화)

ex Where is the **infographic** least likely to be found?
인포그래픽이 가장 발견되지 않을 것 같은 곳은 어디인가?

Refer to the **infographic** for more information.
더 많은 정보를 보려면 인포그래픽을 참고해라.

---

010 ★★

extinct

adj 멸종된

ex By studying fossils, scientists can learn about **extinct** animals.
화석을 공부함으로써, 과학자들은 멸종된 동물에 대해 배울 수 있다.

---

011 ★★

layer

n 막, 층, 겹

ex Put on two to three **layers** and let the paper dry.
두세 겹을 올리고 종이가 마르도록 두어라.

The next **layer** is made up of compact bone.
다음 층은 치밀뼈로 이루어져 있다.

---

012 ★

cyclist

n 사이클리스트 / 자전거 타는 사람

ex The **cyclist** is wearing a helmet.
사이클리스트는 헬멧을 쓰고 있다.

They could be safer for pedestrians and **cyclists**.
그것들은 보행자와 자전거 타는 사람들에게 더 안전할 수 있다.

참고 **pedestrian** 보행자

DAY 41

★ 표시는 출제 빈도를 나타냅니다.

013 **analyze** ★

v **분석하다**

ex He **analyzed** the text psychologically.
그는 글을 심리학적으로 분석했다.

The company requires you to **analyze** them in detail.
그 회사는 네가 그것들을 구체적으로 분석하는 것을 요구한다.

참고 **analysis** n. 분석

---

014 **dealer** ★

n **딜러[중개인]**

ex The manuscript got its name from a book **dealer** in Poland.
그 원고는 폴란드의 책 딜러로부터 이름 지어졌다.

참고 **manuscript** 원고

---

015 **fillet** ★

n **살코기**

ex I'd like to have a **fillet** of cod.
나는 대구살 한 토막을 먹고 싶다.

My all-time favorite food is salmon **fillet**.
내가 제일 좋아하는 음식은 연어 살코기이다.

---

016 **correct** ★

adj **맞는, 정확한**

ex Did you enter the **correct** code?
올바른 코드를 입력했는가?

A student must learn **correct** information.
학생은 정확한 정보를 배워야 한다.

---

017 **heater** ★

n **난방기**

ex You may turn off the **heater**.
너는 난방기를 꺼도 된다.

I think the **heater** is out of order.
난방기가 고장난 것 같다.

---

018 **location** ★

n **장소, 위치**

ex This is our secret **location** where we gather to hang around.
이곳은 우리가 모여 놀 수 있는 우리의 비밀 장소이다.

019 ★

acorn

n **도토리**

ex A lot of **acorns** fell from the tree.
많은 도토리가 나무에서 떨어졌다.

Squirrels eat bark, eggs, nuts, and **acorns**.
다람쥐들은 나무껍질, 계란, 견과, 그리고 도토리를 먹는다.

---

020 ★

confidence

n **자신감**

ex The woman has **confidence** in her writing.
그 여자는 그녀의 작문 실력에 자신감이 있다.

Practice will raise your **confidence**.
연습은 당신의 자신감을 키워줄 것이다.

참고 **confidential** 기밀의, 신임하는

021

homemade

adj **집에서 만든**

ex The dishes served are all **homemade**.
제공된 식사들은 전부 집에서 만들었다.

My mother makes **homemade** soup for me.
나의 어머니는 나를 위해 집에서 수프를 만들어주신다.

022

unsafe

adj **위험한**

ex It is **unsafe** to travel when there is a storm.
폭풍이 있을 때 여행하는 것은 위험하다.

The roads will probably be icy and **unsafe**.
길은 아마 미끄럽고 위험할 수도 있다.

유 **dangerous** 위험한

023

dose

n **복용량, 양**

ex The **dose** is two pills a day with every meal.
복용량은 하루에 매 끼니마다 2알씩이다.

Take the first **dose** at least 45 minutes before the meal.
적어도 식사하기 45분 전에 첫 번째 복용을 해라.

024

fudge

n **퍼지(연한 사탕)** v **얼버무리다**

ex I ate chocolate **fudge** as a snack.
나는 간식으로 초콜릿 퍼지를 먹었다.

The ice cream was topped with **fudge**.
아이스크림 위에 퍼지가 올려져 있었다.

DAY 41

★ 표시는 출제 빈도를 나타냅니다.

025

eyebrow

n 눈썹

ex I need to buy a new **eyebrow** pencil.
나는 새로운 아이브로우 펜슬을 사야 한다.

He doesn't raise his **eyebrow** at most things.
그는 거의 모든 일에 눈살을 찌푸리지 않는다.

참고 **raise an eyebrow** 눈살을 찌푸리다

026

checkup

n 건강검진

ex You should go to the doctor and get a **checkup**.
너는 병원에 가서 건강검진을 받아야 한다.

When was your last **checkup**?
너의 마지막 건강검진은 언제니?

027

wine

n 와인, 포도주

ex Can you pour some **wine** for me, please?
나에게 와인 조금을 따라줄 수 있습니까?

The museum introduced the history of **wine**.
그 박물관은 와인의 역사를 소개했다.

028

roast

v 굽다

ex My mother **roasted** a chicken for dinner.
나의 어머니는 저녁에 치킨을 구워주었다.

Someone's **roasting** chestnuts over there.
어떤 사람이 저기서 밤을 굽고 있다.

029

germ

n 세균

ex Wash your hands with water and soap to get rid of **germs**.
세균을 없애기 위해 물과 비누로 손을 씻어라.

참고 **sanitize** 살균하다

030

vomit

v 토하다

ex The cat **vomited** on the carpet.
그 고양이는 카펫 위에 토했다.

Practice

1. 다음 단어들을 올바르게 연결하세요.

(1) **criminal** •	• (a) **차이**
(2) **checkup** •	• (b) **건강검진**
(3) **analyze** •	• (c) **굽다**
(4) **lastly** •	• (d) **세균**
(5) **necessary** •	• (e) **필요한**
(6) **difference** •	• (f) **마지막으로**
(7) **germ** •	• (g) **범죄자**
(8) **roast** •	• (h) **분석하다**

2. 우리말 뜻에 맞게 빈칸에 알맞은 단어를 보기에서 찾아 쓰세요.

extinct correct confidence wine

(1) **Did you enter the ________ code?**
올바른 코드를 입력했는가?

(2) **The woman has ________ in her writing.**
그 여자는 그녀의 작문 실력에 자신감이 있다.

(3) **Can you pour some ________ for me please?**
나에게 와인 조금을 따라줄 수 있습니까?

(4) **By studying fossils, scientists can learn about ________ animals.**
화석을 공부함으로써, 과학자들은 멸종된 동물에 대해 배울 수 있다.

SELF TEST

01	germ	
02		살코기
03	vomit	
04		딜러[중개인]
05	roast	
06		분석하다
07	checkup	
08		자전거 타는 사람
09	wine	
10		멸종된
11	eyebrow	
12		층
13	fudge	
14		설립하다, 세우다
15	dose	
16		인포그래픽
17	unsafe	
18		마지막으로
19	improve	
20		자신감
21	homemade	
22		필요한
23	acorn	
24		시작, 시작 부분
25	heater	
26		독감
27	location	
28		차이
29	correct	
30		범죄자

DAY 42

색상으로 8품사 구분하기

n	**명사**	noun	pron	**대명사**	pronoun
v	**동사**	verb	adj	**형용사**	adjective
adv	**부사**	adverb	conj	**접속사**	conjunction
prep	**전치사**	preposition	int	**감탄사**	interjection

n	distance	adv	especially	n	Greek
n	flamingo	n	mixture	n	quarter
v	advise	n	ceramic	n	defense
n	bunch	conj	although	adj	classical
adj	global	n	housewarming	n	orchestra
v	consume	pron	plenty	v	rip
n	definition	adj	polite	n	cigarette
n	quarantine	n	astronomy	v	qualify
adj	challenging	n	career	n	assistant
n	journalist	n	abuse	adj	improbable

DAY 42

★ 표시는 출제 빈도를 나타냅니다.

001 ★★★★

distance

n 거리

ex Native Americans kept the **distance** with the intruders.
원주민들은 침입자들에게 거리를 두었다.

The shopping mall is within walking **distance**.
쇼핑몰은 걸어갈 수 있는 거리에 있다.

002 ★★★★

especially

adv 특히

ex Work can be **especially** tiring depending on the condition.
일은 상태에 따라 특히 피곤할 수 있다.

유 specially 특별히

003 ★★★★

Greek

n 그리스인 / 그리스어

ex **Greeks** built the first outdoor theater.
그리스인들은 최초의 야외극장을 지었다.

Americans actually know some of **Greek** words.
미국인들은 사실 그리스어 단어를 몇 개 알고 있다.

004 ★★★★

flamingo

n 홍학

ex No, I've never seen a **flamingo** up close.
아니, 나는 홍학을 한 번도 바로 가까이에서 본 적이 없어.

I am now drawing one more **flamingo** to the lawn.
나는 현재 잔디밭에 홍학 한 마리를 더 그리고 있다.

005 ★★★★

mixture

n 혼합물

ex The soup's taste is a **mixture** of sweet and sour.
그 수프의 맛은 달고 신맛의 혼합물이다.

Spread **mixture** onto bread.
혼합물을 빵 위에 발라라.

006 ★★★

quarter

n 4분의 1

ex There's only a **quarter** of the cake left.
케이크의 4분의 1밖에 남지 않았다.

I can only eat a **quarter** of that pizza.
나는 그 피자의 4분의 1밖에 먹지 못한다.

007 ★★

advise

v 조언하다

ex Sometimes you have to **advise** your child sternly.
때때로 당신은 당신의 아이에게 엄격하게 조언해야 한다.

My teacher **advised** me on my career path.
나의 선생님은 내 진로에 대해 조언해 주었다.

참고 **advice** n. 충고

008 ★★

ceramic

n 도자기 / 세라믹

ex It is made of **ceramic** materials.
그것은 세라믹 물질로 만들어졌다.

The value of this **ceramic** is priceless.
이 도자기의 가치는 값을 매길 수 없다.

009 ★★

defense

n 방어, 방어시설

ex The civil **defense** drill is a series of procedures designed to protect lives and property.
민방위 훈련은 생명과 재산을 보호하기 위해 고안된 일련의 과정이다.

참고 **defend** v. 방어하다

010 ★★

bunch

n 다발, 묶음 / 많음

ex She received a **bunch** of flowers from her husband.
그녀는 남편으로부터 꽃다발을 받았다.

He takes a whole **bunch** all at once.
그는 한꺼번에 많은 양을 가져간다.

유 **bundle** 묶음

011 ★★

although

conj …이긴 하지만

ex **Although** he was born in Korea, he grew up in Switzerland.
그는 한국에서 태어나긴 했지만 스위스에서 자랐다.

012 ★★

classical

adj 고전주의의, 고전적인

ex I play **classical** music as a hobby.
나는 취미로 고전음악을 연주한다.

Painters chose **classical** landscapes as a subject.
화가들은 고전적인 풍경을 주제로 선택했다.

참고 **classic** adj. 일류의, 전형적인

DAY 42

★ 표시는 출제 빈도를 나타냅니다.

013 **global** ★

adj **전 세계적인**

ex It has no longer been a working mine due to **global** decline on salt prices.
전 세계적으로 감소한 소금 가격 때문에 이것은 더 이상 작업되는 광산이 아니었다.

014 **housewarming** ★

n **집들이**

ex They had a **housewarming** party yesterday.
그들은 어제 집들이 파티를 했다.

We're having a **housewarming** party this Saturday.
우리는 이번주 토요일에 집들이 파티를 한다.

015 **orchestra** ★

n **오케스트라**

ex All **orchestra** members should come by 8 AM.
모든 오케스트라 멤버들은 오전 8시까지 와야 한다.

The performance of the **orchestra** was outstanding.
오케스트라의 연주는 매우 뛰어났다.

016 **consume** ★

v **먹다 / 소모하다**

ex Do not **consume** food past the expiration date.
유통 기한이 지난 음식을 먹지 말아라.

A person **consumes** an average of 5 kilograms a year.
한 사람은 1년에 평균 5kg 정도를 먹는다.

참고
consumer
n. 소비자

017 **plenty** ★

pron **충분한 양** adv **많이**

ex Plants give off **plenty** of oxygen.
식물들은 충분한 양의 산소를 발산한다.

I need **plenty** of sleep this weekend.
나는 이번 주말에 충분한 잠이 필요하다.

018 **rip** ★

v **찢다** n **찢어진 곳**

ex I found an envelope **ripped** by someone.
나는 어떤 사람에 의해 찢겨진 봉투를 발견했다.

The wallpaper is **ripped**.
벽지는 찢겨졌다.

019 ★

definition

n 정의, 의미

ex The man should write his own **definition.**
그 남자는 그만의 정의를 써야 한다.

Can I use someone else's **definition**?
다른 사람의 정의를 이용해도 되는가?

020 ★

polite

adj 예의 바른

ex We must be **polite** to everyone, not just to older people.
우리는 단지 나이든 사람들만이 아니라 모든 사람들에게 예의 바르게 해야 한다.

반 **rude** 버릇없는

021

cigarette

n 담배

ex Smoking **cigarettes** can be harmful.
담배를 피우는 것은 유해할 수 있다.

Tobacco leaves are used to make **cigarettes.**
담배 잎은 담배를 만드는 데 사용된다.

참고 **tobacco** 담배

022

quarantine

n 격리 v 격리하다

ex People from abroad are put in **quarantine** inside the airport.
외국에서 온 사람들은 공항 안에서 격리된다.

023

astronomy

n 천문학

ex Is Jim still hoping to go into **astronomy** when he's older?
Jim은 여전히 더 나이가 들어도 천문학을 공부하기를 희망하고 있니?

024

qualify

v 자격을 얻다

ex To **qualify** for recruitment on the team, players need to show a live stream of their gameplay.
팀 채용자격을 얻기 위해서, 선수들은 그들의 경기를 생중계로 보여주어야 한다.

참고 **qualification** n. 자격

DAY 42

★ 표시는 출제 빈도를 나타냅니다.

025

challenging

adj 도전적인

ex His profession as a doctor is **challenging** yet very rewarding.
의사로서의 그의 직업은 도전적이면서도 매우 보람 있다.

026

career

n 직업, 경력

ex I want to have a long and successful **career**.
나는 길고 성공적인 경력을 가지고 싶다.

Her film **career** began to peter out at that point.
그녀의 영화 경력은 그 시점부터 점차 사라지기 시작했다.

027

assistant

n 조수

ex An **assistant** will keep track of incoming calls.
조수는 오는 전화를 놓치지 않고 받을 것이다.

I am a virtual **assistant** at Howard Bank.
나는 Howard 은행의 가상 비서이다.

참고 **assistance** n. 도움

028

journalist

n 기자

ex Being a **journalist** is dangerous sometimes.
기자가 되는 것은 때때로 위험하다.

The **journalist** has an appointment with the president.
그 기자는 대통령과의 약속이 있다.

029

abuse

n 남용, 오용 v 남용하다

ex **Abuse** of power should be prohibited.
권력의 남용은 금지되어야 한다.

Drug **abuse** has been a serious problem.
약물 남용은 심각한 문제가 되어왔다.

참고 **prohibit** 금지하다

030

improbable

adj 사실 같지 않은 / 별난

ex I think that is an **improbable** story.
나는 그것은 사실 같지 않은 이야기라고 생각해.

The statistic you gave seems **improbable**.
네가 준 통계자료는 사실 같지 않아 보인다.

유 **implausible** 믿기 어려운

Practice

1. 다음 단어들을 올바르게 연결하세요.

(1) abuse	(a) 도자기, 세라믹
(2) astronomy	(b) 고전주의의
(3) classical	(c) 혼합물
(4) mixture	(d) 천문학
(5) ceramic	(e) 다발, 묶음
(6) although	(f) …이긴 하지만
(7) bunch	(g) 먹다, 소모하다
(8) consume	(h) 오용, 남용하다

2. 다음 영어 뜻에 맞게 알맞은 단어를 보기에서 찾아 쓰세요.

quarantine   career   quarter   advise

(1) one of four equal or almost equal parts of something

(2) the job or series of jobs that you do during your working life

(3) a specific period of time in which a person or animal that has a disease must stay or be kept away from others

(4) to give someone advice

SELF TEST

01	assistant		
02		소모하다, 먹다	
03	improbable		
04		오케스트라	
05	cigarette		
06		집들이	
07	qualify		
08		전 세계적인	
09	rip		
10		기자	
11	challenging		
12		…이긴 하지만	
13	classical		
14		다발, 묶음, 많음	
15	defense		
16		거리	
17	Greek		
18		도자기, 세라믹	
19	quarantine		
20		조언하다	
21	career		
22		4분의 1	
23	abuse		
24		혼합물	
25	astronomy		
26		홍학	
27	polite		
28		정의, 의미	
29	plenty		
30		특히	

TOSEL 실전문제 6

SECTION II. Reading and Writing

PART B. Situational Writing

DIRECTIONS: For questions 1 to 6, look at the pictures and complete the sentences. Choose the option that BEST completes each sentence.

지시 사항: 1번부터 6번까지는 그림을 보고 문장을 완성하는 문제입니다. 가장 알맞은 답을 고르세요.

1. • 2020 TOSEL 기출

After waking up from a long nap,
Mr. Turtle is still ________.

(A) sitting
(B) eating
(C) running
(D) yawning

2. • 2019 TOSEL 기출

I have mosquito bites. Now my arm is ________.

(A) icy
(B) itchy
(C) sandy
(D) smelly

3.

The guy with red hair lives ________ from his grandparents.

(A) by
(B) with
(C) apart
(D) between

4.

This ________ is the leaning tower of Pisa in Italy.

(A) auditorium

(B) generation

(C) destruction

(D) architecture

5.

My uncle ________.

(A) caught the flu

(B) get the advice

(C) had a checkup

(D) make the distance

6.

The family with the virus are kept in ________.

(A) quarantine

(B) evaluation

(C) geography

(D) recruitment

CHAPTER 07

DAY 43

색상으로 8품사 구분하기

n	명사	noun	pron	대명사	pronoun
v	동사	verb	adj	형용사	adjective
adv	부사	adverb	conj	접속사	conjunction
prep	전치사	preposition	int	감탄사	interjection

n	follicle	adj	grand	adj	pure
adj	rich	n	character	v	blend
n	downstairs	v	shuffle	v	ruin
n	scene	n	stool	n	applicant
n	grant	n	recital	n	sailor
adj	tearful	v	relive	n	spirit
n	towel	adj	private	n	specialty
n	decision	n	veteran	n	audition
adj	dental	n	carrier	n	stereo
n	transpiration	n	condensation	adj	significant

DAY 43

★ 표시는 출제 빈도를 나타냅니다.

001 ★★★★

follicle

n 모낭(털주머니)

ex **Follicles** are the pockets of skin from which hair grows.
모낭은 털이 자라나는 피부의 주머니이다.

We are each born with about 5 million hair **follicles**.
우리들은 5백만 개의 모낭을 가지고 태어난다.

002 ★★★★

grand

adj 웅장한

ex The king's palace is very **grand** and magnificent.
왕의 궁전은 매우 웅장하고 참으로 아름답다.

There is a **grand** mountain near my neighborhood.
나의 동네 근처에 웅장한 산이 있다.

003 ★★★★

pure

adj 순수한

ex I like drinking **pure** water rather than flavored water.
나는 맛이 나는 물보다는 순수한 물을 마시는 것을 좋아한다.

Alloys are harder than **pure** metal alone.
합금은 순수한 금속 혼자보다는 더 단단하다.

참고 **purity** n. 순수성, 순도

004 ★★★★

rich

adj 부유한

ex We will become **rich** in the future.
우리는 미래에 부유해질 것이다.

I read a story about a poor man who became **rich**.
나는 가난한 남자가 부유해진 이야기를 읽었다.

유 **affluent** 부유한

005 ★★★

character

n 캐릭터 / 성격, 특징

ex The main **character** in the movie is very kind.
영화의 주인공은 매우 착하다.

Who was your favorite **character** in the movie?
영화에서 네가 제일 좋아하는 등장인물이 누구였니?

006 ★★★

blend

v 섞다 n 혼합

ex She **blended** some eggs with milk.
그녀는 계란을 우유와 섞었다.

This **blend** of materials softens the tough leather.
이 재료의 혼합물은 거친 가죽을 부드럽게 한다.

참고 **compound** 혼합물

007 ★★

downstairs

n 아래층 adj 아래층으로

ex Come **downstairs**, the supper is ready.
아래층으로 내려와, 저녁이 준비되었어.

I heard a strange sound **downstairs**.
나는 아래층에서 이상한 소리를 들었다.

008 ★★

shuffle

v 발을 끌며 걷다 / 섞다

ex Have one audience member **shuffle** the cards.
한 관객에게 카드를 섞도록 해라.

They **shuffle** back and forth with their feet flat.
그들은 발을 평평하게 하면서 발을 앞뒤로 끌며 걷는다.

009 ★★

ruin

v 폐허로 만들다 n 몰락

ex The ancient capital was **ruined** by an earthquake.
고대 수도는 지진에 의해 폐허가 되었다.

The farm was in **ruins** after a bad hailstorm.
농장은 거센 우박을 동반한 폭풍으로 폐허가 되었다.

참고
hailstorm
우박을 동반한 폭풍

010 ★★

scene

n 장면

ex The crime **scene** was filled with blood.
범죄 현장은 피로 가득 차 있었다.

The final **scene** of the movie made many people cry.
영화의 마지막 장면은 많은 사람을 울렸다.

011 ★★

stool

n (등받이와 팔걸이가 없는) 의자

ex People sometimes sit on **stools**.
사람들은 때때로 등받이와 팔걸이가 없는 의자에 앉는다.

I need to fix the loose **stool**.
나는 헐거워진 의자를 고쳐야 한다.

012 ★★

applicant

n 지원자

ex **Applicants** will need to be able to work with children.
지원자들은 아이들과 일할 수 있어야 한다.

Applicants will be divided into three groups.
지원자들은 3개의 그룹으로 나누어질 것이다.

㊐
candidate
후보자

DAY 43

★ 표시는 출제 빈도를 나타냅니다.

013 **grant** ★

n 보조금 v 허락하다

ex Apply for this fantastic opportunity to get a **grant** of up to 1,200 EUR.
최대 1200 유로까지의 보조금을 받을 수 있는 이 환상적인 기회에 지원하여라.

014 **recital** ★

n 연주회

ex How was your piano **recital**?
너의 피아노 연주회는 어땠니?

Don't get too stressed out about your **recital.**
연주회에 대해 너무 스트레스를 많이 받지는 마.

015 **sailor** ★

n 선원

ex Many **sailors** are missing after the sinking.
침몰 후에 많은 선원들이 실종되었다.

He is a good **sailor** because he grew up on the coast.
그는 해안에서 자랐기 때문에 뛰어난 선원이다.

016 **tearful** ★

adj 울먹이는

ex They said **tearful** goodbyes.
그들은 눈물 어린 작별을 고했다.

I suddenly became very **tearful.**
나는 갑자기 매우 울먹였다.

017 **relive** ★

v 다시 체험하다

ex The music made us **relive** memories about the voyage to Europe last year.
그 음악은 우리로 하여금 작년에 간 유럽여행에 대한 기억을 돌이켜보게 했다.

018 **spirit** ★

n 정신, 영혼

ex I believe in things that can't be explained by science, such as **spirits** and ghosts.
나는 영혼이나 귀신 같이 과학으로 설명될 수 없는 것들이 있다고 믿는다.

㊌ **soul** 정신, 마음

019 ★

towel

n **수건, 타월**

ex There is a dry **towel** in the bathroom.
욕실에 마른 수건이 있다.

She threw the **towel** into the basket.
그녀는 바구니에 수건을 던져 넣었다.

020

private

adj **사적인, 사유의**

ex I'd like to speak to you in **private**.
나는 당신과 사적으로 이야기 나누고 싶다.

Their daughter goes to a **private** school.
그들의 딸은 사립학교에 다닌다.

㉥ **public** 공공의

021

specialty

n **전문 음식, 특산물**

ex Italian food is the chef's **specialty**.
이탈리아 음식은 셰프의 전문 음식이다.

There are **specialty** stores that sell really hot sauces.
매우 매운 소스들을 파는 전문점들이 있다.

022

decision

n **결정**

ex I am not sure I made the right **decision**.
내가 올바른 결정을 했는지 확실하지 않다.

I discussed what **decision** to make with my colleague.
나는 동료와 어떤 결정을 해야 할지 의논했다.

023

veteran

n **베테랑, 참전용사**

ex My grandfather was a war **veteran**.
나의 할아버지는 전쟁 참전용사였다.

Two of our **veteran** officers are leaving us.
두 명의 베테랑 장교가 우리를 떠난다.

024

audition

n **오디션**

ex Many actors went to the **audition** for a big movie role.
많은 배우들은 중요한 영화 배역을 위해 오디션에 갔다.

Why would you leave the **audition** like that?
왜 그러한 오디션을 두고 떠나는 거야?

DAY 43

★ 표시는 출제 빈도를 나타냅니다.

025

dental

adj **이의, 치과의**

ex She studies **dental** medicine at a famous university.
그녀는 유명한 대학에서 치의학을 공부한다.

I'm scheduled for a **dental** checkup on Friday.
나는 금요일에 치과 검진을 받을 예정이다.

참고 **dentistry** 치과 진료

026

carrier

n **나르는 사람 / 항공모함**

ex He works as a message **carrier** in this company.
그는 이 회사에서 메세지 전달자로 일한다.

This early Air Force had its own aircraft **carrier**.
이 초기의 공군은 자체 항공모함을 가지고 있었다.

027

stereo

n **입체 음향 / 스테레오**

ex He recorded the speech using a **stereo**.
그는 입체 음향을 이용해 강연을 녹음했다.

You can borrow my **stereo**.
너는 내 스테레오를 빌려갈 수 있다.

028

transpiration

n **증산**

ex Water gas from evaporation and **transpiration** rises up into the air.
증발과 증산으로 인한 수분은 공기 중으로 상승한다.

참고 **evaporation** 증발

029

condensation

n **응결, 압축**

ex When there is too much **condensation**, water drops in the clouds become too heavy.
너무 많은 응결이 생기면, 구름 속의 물방울들이 너무 무거워진다.

참고 **precipitation** 강수

030

significant

adj **중요한**

ex There was a **significant** problem remaining.
심각한 문제가 남아있었다.

Today is the most **significant** day of my life.
오늘은 내 인생에서 가장 중요한 날이다.

유 **important** 중요한

Practice

1. 다음 단어들을 올바르게 연결하세요.

(1) **applicant**	(a) **울먹이는**
(2) **audition**	(b) **응결, 압축**
(3) **condensation**	(c) **증산**
(4) **transpiration**	(d) **오디션**
(5) **decision**	(e) **장면**
(6) **tearful**	(f) **결정**
(7) **scene**	(g) **지원자**
(8) **private**	(h) **사적인, 사유**

2. 우리말 뜻에 맞게 빈칸에 알맞은 단어를 보기에서 찾아 쓰세요.

ruins spirits blend grand

(1) **I believe in things that can't be explained by science, such as ________ and ghosts.**
나는 영혼이나 귀신 같이 과학으로 설명될 수 없는 것들이 있다고 믿는다.

(2) **The farm was in ________ after a bad hailstorm.**
농장은 거센 우박을 동반한 폭풍으로 폐허가 되었다.

(3) **The king's palace is very ________ and magnificent.**
왕의 궁전은 매우 웅장하고 참으로 아름답다.

(4) **This ________ of materials softens the tough leather.**
이 재료의 혼합물은 거친 가죽을 부드럽게 한다.

SELF TEST

01	condensation	
02		모낭(털주머니)
03	significant	
04		웅장한
05	downstairs	
06		순수한
07	carrier	
08		부유한
09	dental	
10		캐릭터, 성격
11	stereo	
12		섞다, 혼합
13	shuffle	
14		증산
15	ruin	
16		오디션
17	veteran	
18		결정
19	private	
20		장면
21	specialty	
22		지원자
23	towel	
24		의자
25	relive	
26		허락하다
27	spirit	
28		연주회
29	tearful	
30		선원

DAY 44

색상으로 8품사 구분하기

n	명사	noun	pron	대명사	pronoun
v	동사	verb	adj	형용사	adjective
adv	부사	adverb	conj	접속사	conjunction
prep	전치사	preposition	int	감탄사	interjection

adv	forward	n	health	v	introduce
n	comparison	n	virus	n	upside
n	switch	v	recharge	adj	obvious
n	exploration	v	flatten	adv	meanwhile
n	pouch	adj	grateful	n	receipt
adj	scratchy	n	circulation	n	messenger
adj	idle	pron	whatever	n	handbag
n	mister	n	missus	n	helicopter
v	bounce	n	marathon	conj	if
n	cupboard	adj	absent	n	timber

DAY 44

★ 표시는 **출제 빈도**를 나타냅니다.

001 ★★★★

forward

adv **앞으로**

ex They had to move **forward** leaving the past behind.
그들은 과거를 뒤로하고 앞으로 나가야 했다.

Time always moves **forward**.
시간은 항상 앞으로 간다.

유 **forth** 앞으로

---

002 ★★★★

health

n **건강**

ex Take care of your **health** so you won't get sick.
아프지 않도록 건강관리 잘 해라.

My mother's **health** is excellent.
어머니의 건강은 아주 훌륭하다.

---

003 ★★★

introduce

v **소개하다**

ex How can I **introduce** my items to many people?
어떻게 내가 나의 물건들을 많은 사람들에게 소개할 수 있을까?

He will **introduce** me to his new friend today.
그는 나에게 오늘 그의 새로운 친구를 소개해 줄 것이다.

---

004 ★★★

comparison

n **비교**

ex It is quite difficult to make a **comparison** with his previous work.
그의 이전 작품과 비교를 하기에는 꽤 어렵다.

유 **contrast** 대조

---

005 ★★

virus

n **바이러스**

ex This is because of a **virus** that killed a lot of lions.
이것은 많은 사자를 죽인 바이러스 때문이다.

Do not use antibiotics if you have a **virus**.
바이러스가 있다면 항생제를 사용하지 말아라.

---

006 ★★

upside

n **괜찮은 면, 상부, 윗면**

ex The **upside** of the current situation is that we have enough time to correct it.
현재 상황의 긍정적인 면은 우리가 그것을 바로잡을 충분한 시간이 있다는 것이다.

007 ★★

switch

n 스위치 / 전환 v 바꾸다

ex Turn off the **switch** after you're done playing.
다 논 후에 스위치를 꺼라.

He asked the school if he can **switch** classes.
그는 그가 수업을 바꿀 수 있는지 학교에 문의했다.

---

008 ★★

recharge

v 재충전하다

ex I need to **recharge** the battery in 30 minutes.
나는 30분 안으로 배터리를 재충전해야 한다.

Recharging time will be shorter if you use this type.
이 종류를 사용한다면 재충전하는 시간이 짧아질 것이다.

---

009 ★★

obvious

adj 분명한, 명백한

ex Her reaction was so **obvious** that I knew something was wrong.
그녀의 반응이 너무 명백해서 나는 무언가 잘못됐다는 걸 알고 있었다.

㊌ **evident** 명백한

---

010 ★

exploration

n 탐사, 탐험

ex After the Age of **Exploration**, merchants from Portugal began going to India.
탐험의 시대 이후, 포르투갈의 상인들은 인도로 가기 시작했다.

---

011 ★

flatten

v 납작하게 만들다

ex The cookies **flattened** while they were cooked.
요리되는 동안 쿠키가 납작해졌다.

If you **flatten** the meatballs, they are patties!
만약 네가 미트볼을 납작하게 한다면, 그것이 바로 패티이다!

---

012 ★

meanwhile

adv 그동안에, 한편

ex I was working really hard; **meanwhile**, my friends were having fun at the movies.
내 친구들이 즐겁게 영화를 보는 동안에 나는 정말 열심히 일하고 있었다.

DAY 44

★ 표시는 출제 빈도를 나타냅니다.

013 ★

pouch

n 주머니

ex He stores them in the big **pouches** of his cheeks.
그는 그것을 그의 볼에 있는 큰 주머니에 저장한다.

She went to the store to find her missing **pouch**.
그녀는 잃어버린 주머니를 찾으러 가게에 갔다.

014 ★

grateful

adj 고마워하는

ex We'd be so **grateful** for your help.
우리는 당신의 도움을 정말 고마워할 것이다.

She was extremely **grateful** and happy about it.
그녀는 그것에 대해 매우 고마워하고 행복해했다.

참고
gratitude
n. 감사

015 ★

receipt

n 영수증

ex Just keep the **receipt**, basically.
기본적으로 영수증을 그냥 가지고 있어라.

You do not need to display the **receipt** in your vehicle.
너는 너의 차량 안에 있는 영수증을 보여줄 필요가 없다.

016 ★

scratchy

adj 가려운 / 지직거리는

ex The doctor gave me a pill for my **scratchy** throat.
의사는 따끔거리는 목 때문에 나에게 알약을 주었다.

Did you hear that **scratchy** sound?
너 저 지직거리는 소리를 들었니?

참고
scratch
v. 긁다
n. 긁힌 상처

017

circulation

n 순환 / 유통

ex The latest magazines are not in **circulation**.
최신판 잡지는 유통되지 않는다.

A cold shower can boost blood **circulation**.
찬물 샤워는 혈액 순환을 신장시킬 수 있다.

018

messenger

n 전달자 / 메신저

ex Also, turn off all **messenger** notifications.
또한, 모든 메신저 알림을 꺼라.

No, but I have him on **messenger**.
아니, 그렇지만 나는 메신저에 그가 있어.

참고
message
메시지

019

idle

adj **가동되지 않는 / 게으른**

ex It is a waste to leave a car **idle.**
차를 가동되지 않도록 내버려 두는 것은 낭비이다.

Being **idle** under the tree feels so relaxing.
나무 아래에서 게으름을 피우는 것은 편안하다.

020

whatever

pron **…한 무엇**

ex **Whatever** may happen, I will not change my mind.
무엇이 일어나든, 나는 내 마음을 바꾸지 않을 것이다.

Whatever I achieve won't satisfy my parents.
내가 성취하는 그 무엇도 나의 부모님을 만족시키지 못할 것이다.

021

handbag

n **핸드백, 손가방**

ex When did she have her **handbag** last?
그녀가 마지막으로 언제 핸드백을 가지고 있었니?

The thief tried to snatch my **handbag.**
도둑이 내 핸드백을 잡아채려고 했다.

022

mister

n **…씨 (남자)**

ex **Mr.** Park plays on the soccer team.
Park 씨는 축구 팀에서 활동한다.

I know **Mr.** Kim's granddaughter.
나는 Kim 씨의 손녀를 안다.

참고
줄임말
Mr.

023

missus

n **…부인**

ex **Mrs.** Johnson went to her office.
Johnson 부인은 그녀의 사무실로 갔다.

Mrs. Franklin thought the book was wonderful.
Franklin 부인은 그 책이 훌륭하다고 생각했다.

참고
줄임말
Mrs.

024

helicopter

n **헬리콥터**

ex The **helicopter** circled above the mountain.
헬리콥터는 산 위를 돌았다.

Helicopters fly slower than airplanes.
헬리콥터는 비행기보다 느리게 비행한다.

DAY 44

★ 표시는 출제 빈도를 나타냅니다.

025 **bounce**

v **튀다**

ex The cord made them **bounce** back up before they hit the ground.
끈은 그들이 땅에 착지하기 전에 다시 튀어오르게 만들었다.

참고 **cord** 끈, 줄

---

026 **marathon**

n **마라톤**

ex A **marathon** is a very long and difficult race.
마라톤은 매우 길고 어려운 경주이다.

Be careful of the injury on the **marathon**.
마라톤에서 부상을 조심해.

---

027 **if**

conj **(만약) …면**

ex **If** you can't sleep, try taking a hot bath.
잠을 잘 수 없다면, 따뜻한 목욕을 해봐라.

Call me **if** you need a ride.
(차를) 태워줘야 한다면 나를 불러라.

---

028 **cupboard**

n **찬장, 벽장**

ex The **cupboard** looks better in the right corner.
찬장은 오른쪽 모퉁이에 있을 때가 더 낫다.

He hid the cookie jar in the **cupboard**.
그는 쿠키 병을 찬장에 숨겼다.

---

029 **absent**

adj **결석한**

ex I was **absent** from school because I was sick.
나는 아파서 학교에 결석했다.

Please notify the day when you were **absent**.
결석했던 날을 알려주세요.

반 **present** 참석한

---

030 **timber**

n **목재, 재목**

ex Their **timber**, for instance, is used in many types of woodworking.
예를 들어, 그들의 목재는 많은 종류의 목공에 이용된다.

참고 **woodworking** 목공

Practice

1. 다음 단어들을 올바르게 연결하세요.

(1) comparison •	• (a) 그동안에, 한편
(2) circulation •	• (b) 비교
(3) grateful •	• (c) 고마워하는
(4) marathon •	• (d) 순환, 유통
(5) cupboard •	• (e) 핸드백, 손가방
(6) bounce •	• (f) 튀다
(7) handbag •	• (g) 마라톤
(8) meanwhile •	• (h) 찬장, 벽장

2. 다음 영어 뜻에 맞게 알맞은 단어를 보기에서 찾아 쓰세요.

exploration idle absent obvious

(1) not present in a place, at an occasion, or as part of something

(2) easily perceived or understood

(3) the action of traveling in or through an unfamiliar area in order to learn about it

(4) not working or being used

SELF TEST

01	absent		16		재충전하다
02		앞으로	17	missus	
03	timber		18		분명한
04		건강	19	whatever	
05	cupboard		20		탐사, 탐험
06		소개하다	21	handbag	
07	if		22		납작하게 만들다
08		비교	23	idle	
09	marathon		24		그동안에, 한편
10		바이러스	25	scratchy	
11	helicopter		26		주머니
12		괜찮은 면	27	circulation	
13	bounce		28		고마워하는
14		스위치, 바꾸다	29	messenger	
15	mister		30		영수증

DAY 45

색상으로 8품사 구분하기

n	**명사**	noun	pron	**대명사**	pronoun
v	**동사**	verb	adj	**형용사**	adjective
adv	**부사**	adverb	conj	**접속사**	conjunction
prep	**전치사**	preposition	int	**감탄사**	interjection

v	remind	v	involve	n	origin
adj	single	adj	awake	adj	extreme
n	inconvenience	n	participant	adj	rapid
n	safety	n	television	n	accessory
n	cleanser	n	relief	n	sleeve
adj	deadly	adj	steep	n	thriller
n	extraction	n	slope	v	swallow
v	resemble	n	coconut	n	surprise
adj	worse	adj	scared	adj	interested
n	drum	n	canal	n	frost

DAY 45

★ 표시는 출제 빈도를 나타냅니다.

001 ★★★★

remind

v 상기시키다

ex We would like to **remind** our visitors that the museum will close in half an hour.
방문객들에게 박물관이 30분 후에 마감한다는 것을 다시 한 번 알린다.

002 ★★★★

involve

v 수반하다 / 관련시키다

ex There is always risk **involved** in everything we do.
우리가 하는 모든 것에는 그에 수반되는 위험이 항상 존재한다.

New members are **involved** in our project.
우리의 프로젝트에 새로운 멤버들이 합류했다.

003 ★★★★

origin

n 기원, 근원

ex He followed a river to its **origin**.
그는 강의 기원을 따라갔다.

Kimchi is Korean in **origin**.
김치의 기원은 대한민국이다.

004 ★★★★

single

adj 단 하나의

ex My team has a reputation of not losing a **single** game.
나의 팀은 단 하나의 경기도 지지 않는다는 평판이 있다.

005 ★★★

awake

adj 깨어 있는

ex My mom was **awake** when I came home.
나의 어머니는 내가 집에 왔을 때 깨어 있었다.

I promised that I would stay **awake** during class.
나는 수업시간에 깨어있겠다고 약속했다.

006 ★★★

extreme

adj 극도의 / 지나친 n 극단

ex The **extreme** heat causes hydrogen and helium molecules to fly off.
극도의 열은 수소와 헬륨 분자가 날아가도록 만든다.

007 ★★

inconvenience

n **불편**

ex We apologize in advance for the **inconvenience**.
우리는 불편함에 대해 미리 사과한다.

We recognized the **inconvenience** of this situation.
우리는 이 상황의 불편함을 인식했다.

유 **discomfort** 불편

---

008 ★★

participant

n **참가자**

ex All **participants** will get a model airplane.
모든 참가자들은 모형 비행기를 받을 것이다.

Participants under 19 require a guardian's signature.
19세 이하의 참가자들은 후견인의 서명이 요구된다.

---

009 ★★

rapid

adj **빠른**

ex The number of cars in Seoul is going through a **rapid** increase.
서울에 있는 차의 수가 빠르게 증가하고 있다.

---

010 ★★

safety

n **안전**

ex **Safety** is important at all times.
안전은 언제나 중요하다.

You have to make sure the **safety** cord is secured.
너는 안전끈이 고정되어 있는지 확인해야 한다.

참고 **security** 보안

---

011 ★★

television

n **텔레비전**

ex Our **television** can pick up more than 300 channels.
우리 텔레비전은 300개가 넘는 채널을 수신할 수 있다.

What is the advantage does radio have over **television**?
텔레비전보다 나은 라디오의 장점이 무엇인가?

---

012 ★

accessory

n **액세서리** adj **부수적인**

ex We have some bicycle **accessories**.
우리는 몇몇 자전거 액세서리가 있다.

Avoid mixing **accessory** metals.
부수적인 금속을 섞는 것을 피해라.

DAY 45

★ 표시는 출제 빈도를 나타냅니다.

013 **cleanser** ★

n **클렌저, 세제**

ex If your skin is oily, a foam **cleanser** may be useful.
너의 피부가 지성이라면, 거품 클렌저가 유용할 것이다.

Strong **cleanser** is needed to clean his bathroom.
그의 화장실을 청소하기 위해 강력한 세제가 필요하다.

---

014 **relief** ★

n **안심 / 경감**

ex It's definitely a **relief** after all those gray days.
그렇게 흐린 날들을 보내고 나니 확실히 안심이 된다.

He smiled with **relief**.
그는 안도의 미소를 지었다.

참고 **relieve** v. 완화하다

---

015 **sleeve** ★

n **소매**

ex She likes to wear short-**sleeved** dresses.
그녀는 짧은 소매의 드레스 입는 것을 좋아한다.

Her dress has long **sleeves**.
그녀의 드레스는 긴 소매를 가지고 있다.

---

016 **deadly** ★

adj **치명적인**

ex Many snakes have **deadly** poison.
많은 뱀들은 치명적인 독을 가지고 있다.

These **deadly** waves are called "tsunamis."
이 치명적인 파도는 "쓰나미"라고 불린다.

---

017 **steep** ★

adj **가파른, 급격한**

ex Are you saying this road is too **steep**?
너는 이 도로가 너무 가파르다고 말하는 거니?

She invited him to join her in climbing a **steep** mountain.
그녀는 가파른 산을 등반하는데 합류하도록 그를 초대했다.

---

018 **thriller** ★

n **스릴러물**

ex Who was the only student to watch a **thriller**?
스릴러물을 본 유일한 학생이 누구인가?

Is it a sci-fi or a **thriller**?
그것은 공상과학소설인가 아니면 스릴러물인가?

참고 **suspense** 서스펜스, 긴장감

019 ★

extraction

n **추출**

ex I have experience in **extracting** salt from the sea.
나는 바다에서 소금을 추출한 경험이 있다.

Honey **extraction** is a delicate work.
꿀 추출은 세심한 작업이다.

---

020 ★

slope

n **경사지, 비탈면**

ex You can go skiing on the **slopes** of that mountain.
너는 그 산의 비탈면에서 스키를 탈 수 있다.

He slid down the **slopes** of the hill.
그는 언덕의 비탈면을 따라 미끄러져 내려갔다.

참고 **hill** 언덕

021

swallow

v **삼키다**

ex It's hard for me to **swallow** the big pills.
큰 알약을 삼키는 것은 내게 힘들다.

My throat hurts whenever I **swallow** something.
무언가를 삼킬 때마다 목구멍이 아프다.

022

resemble

v **닮다, 비슷하다**

ex In what ways do your sister and you **resemble**?
너와 너의 여자형제는 어떤 점에서 닮았니?

My habit **resembles** my father's.
나의 습관은 아빠의 것을 닮았다.

023

coconut

n **코코넛**

ex The juice from the **coconut** is very healthy to drink.
코코넛으로부터 나온 주스는 매우 몸에 좋다.

Coconut milk is the juice inside coconuts.
코코넛 우유는 코코넛 안의 과즙이다.

024

surprise

n **놀라움** v **놀라게 하다**

ex You always **surprise** me with unexpected gifts.
너는 예상치 못한 선물들로 나를 항상 놀라게 한다.

Our **surprise** party was very successful.
우리의 깜짝 파티는 아주 성공적이었다.

유 **astonish** 놀라게 하다

★ 표시는 출제 빈도를 나타냅니다.

025

worse

adj 더 나쁜

ex My mood got **worse** after I talked to him.
그와 말을 한 후 나의 기분은 더 나빠졌다.

They promised to be together for better or **worse**.
그들은 더 나아지던 더 나빠지던 함께하기로 약속했다.

026

scared

adj 무서워하는

ex There's no reason to be **scared** of the dark.
어둠속을 무서워할 이유가 없다.

She is **scared** of going out alone at night.
그녀는 밤에 혼자 나가는 것을 무서워한다.

㊌ **frightened** 깜짝 놀란

027

interested

adj 관심 있어 하는

ex He is not **interested** in whatever she is saying.
그는 그녀가 뭐라고 하든지 관심이 없다.

My sister is very **interested** in science.
나의 여동생은 과학에 매우 관심이 많다.

㊌ **curious** 알고 싶어 하는

028

drum

n 드럼, 북

ex **Drums** make big sounds.
드럼은 큰 소리를 낸다.

I know how to play the **drums**.
나는 드럼을 어떻게 연주하는지 안다.

029

canal

n 운하

ex The Suez **Canal** was open to shipping.
수에즈 운하는 배가 다니도록 개방이 되었다.

The **canal** was built several hundred years ago.
그 운하는 몇 백 년 전에 지어졌다.

030

frost

n 서리, 성에

ex There was a heavy **frost**.
심한 서리가 있었다.

It's supposed to have a "anti-**frost**" function.
그것은 "성에 방지" 기능이 있어야 한다.

Practice

1. 다음 단어들을 올바르게 연결하세요.

(1) **origin**	(a) **상기시키다**
(2) **awake**	(b) **기원, 근원**
(3) **remind**	(c) **치명적인**
(4) **relief**	(d) **깨어있는**
(5) **deadly**	(e) **안심, 경감**
(6) **slope**	(f) **관심 있어 하는**
(7) **extraction**	(g) **경사지, 비탈면**
(8) **interested**	(h) **추출**

2. 우리말 뜻에 맞게 빈칸에 알맞은 단어를 보기에서 찾아 쓰세요.

extreme **participants** **steep** **safety**

(1) **Are you saying this road is too ______ ?**
너는 이 도로가 너무 가파르다고 말하는 거니?

(2) **You have to make sure the ______ cord is secured.**
너는 안전끈이 고정되어 있는지 확인해야 한다.

(3) **______ under 19 require a guardian's signature.**
19세 이하의 참가자들은 후견인의 서명이 요구된다.

(4) **The ______ heat causes hydrogen and helium molecules to fly off.**
극도의 열은 수소와 헬륨 분자가 날아가도록 만든다.

SELF TEST

01	frost		16		참가자
02		소매	17	swallow	
03	canal		18		불편
04		안심, 경감	19	resemble	
05	drum		20		깨어있는
06		클렌저, 세제	21	extreme	
07	scared		22		추출
08		액세서리	23	slope	
09	interested		24		단 하나의
10		안전	25	steep	
11	worse		26		기원, 근원
12		텔레비전	27	thriller	
13	surprise		28		치명적인
14		빠른	29	involve	
15	coconut		30		상기시키다

DAY 46

색상으로 8품사 구분하기

n	명사	noun	pron	대명사	pronoun
v	동사	verb	adj	형용사	adjective
adv	부사	adverb	conj	접속사	conjunction
prep	전치사	preposition	int	감탄사	interjection

n	laboratory	adv	mostly	n	outlet
adj	nearby	v	wed	n	visa
n	attitude	n	chili	n	excitement
n	description	v	apologize	n	creativity
prep	plus	n	rider	v	surround
adj	teenage	n	rental	n	strategy
n	motto	adv	roughly	n	clip
adv	slowly	n	boots	v	guess
n	cardinal	n	hide-and-seek	n	marshal
n	comfort	adj	extensive	n	prisoner

DAY 46

★ 표시는 출제 빈도를 나타냅니다.

001 ★★★★

laboratory

n 실험실

ex The scientists work in a **laboratory**.
과학자들은 실험실에서 일한다.

I'm afraid our **laboratory** opportunities are all filled.
유감스럽게도 우리 연구실 기회는 모두 찼다.

002 ★★★★

mostly

adv 주로

ex It has a skeleton that is **mostly** cartilage.
그것은 대부분 연골로 이루어진 골격을 가지고 있다.

Modern alarm clocks are now **mostly** digital clocks.
현대의 알람시계들은 주로 디지털 시계들이다.

003 ★★★★

outlet

n 콘센트 / 할인점, 아울렛

ex I plugged it into an **outlet** for one hour.
나는 약 1시간동안 이것을 콘센트에 꽂았다.

Please bring her to the service center of the **outlet**.
아울렛의 서비스센터로 그녀를 데려와주세요.

004 ★★★★

nearby

adj 인근의 adv 인근에

ex I requested for an evacuation order for the people **nearby** the bomb.
나는 폭탄 근처에 있는 사람들에 대한 대피 명령을 요청했다.

005 ★★★

wed

v 결혼하다

ex They are planning to **wed** next winter.
그들은 내년 겨울에 결혼할 계획이다.

My favorite rock star will **wed** a top actress.
내가 좋아하는 락스타는 탑 여배우와 결혼할 것 이다.

006 ★★★

visa

n 비자

ex The country refused to issue him a **visa**.
그 나라는 그에게 비자를 발행하는 것을 거절했다.

I need a U.S. **visa**.
나는 미국 비자가 필요하다.

참고
issue
발행하다

007 ★★

attitude

n **태도**

ex I like him for his positive **attitude** towards anything he does.
나는 그가 하는 모든 것에 대한 그의 긍정적인 태도 때문에 그가 좋다.

008 ★★

chili

n **고추, 칠리**

ex **Chili** peppers are very hot.
고추는 매우 맵다.

Let's go get some **chili** cheese fries.
칠리 치즈 프라이를 먹으러 가자.

009 ★★

excitement

n **흥분, 신남**

ex It also adds beauty and **excitement** to places where winters can be long and boring.
그것은 또한 겨울이 길고 지루 할 수 있는 곳에 아름다움과 신남을 더해준다.

㊜ **exhilaration** 들뜸

010 ★★

description

n **서술, 설명**

ex The doctor gave a complete **description** of the disease along with the prescription.
의사는 처방전과 함께 그 질병에 대한 완전한 설명을 해줬다.

㊜ **account** 설명

011 ★★

apologize

v **사과하다**

ex I **apologize** if I did something wrong.
내가 무언가를 잘못했다면 사과할게.

You don't have to **apologize** over it.
너는 그것에 대해 사과할 필요는 없다.

012 ★

creativity

n **창조성**

ex We have lined up workshops to boost your **creativity**.
우리는 당신의 창조성을 신장시키기 위한 워크샵을 준비했다.

These places all show Gaudi's **creativity**.
이 장소들은 모두 가우디의 창조성을 보여준다.

DAY 46

★ 표시는 출제 빈도를 나타냅니다.

013 **plus** ★

prep 플러스, 더하기 / …뿐만 아니라

ex One **plus** one is two.
1 더하기 1은 2이다.

I'm going to need this, **plus** a heavy winter coat.
나는 이것뿐만 아니라 두꺼운 겨울 코트도 필요할 것이다.

014 **rider** ★

n 타는 사람, 라이더

ex The **rider**'s helmet light is functioning well.
라이더의 헬멧 등은 잘 작동하고 있다.

Many **riders** are working hard to deliver the food.
많은 라이더들은 음식 배달을 위해 열심히 일하고 있다.

015 **surround** ★

v 둘러싸다

ex An iron fence **surrounds** the plant.
철 울타리는 식물을 둘러싸고 있다.

Nutrients are obtained from the **surrounding** host plant.
영양분은 둘러싸고 있는 숙주 식물로부터 얻어진다.

016 **teenage** ★

adj 십대의

ex She has a lot of **teenage** fans.
그녀는 10대 팬이 아주 많다.

It is hard for parents to control their **teenage** offspring.
부모가 그들의 10대 자녀를 통제하는 것은 굉장히 어렵다.

017 **rental** ★

n 임대, 대여

ex The **rental** fee includes building maintenance fees.
임대료는 관리비를 포함한다.

There are fewer available **rental** vests than swimsuits.
대여 가능한 수영복보다 대여 가능한 구명조끼가 더 적다.

참고
rent
v. 임차하다

018 **strategy** ★

n 전략

ex Chess is all about coming up with a good **strategy**.
체스는 좋은 전략을 생각해 내는 것이 전부이다.

They can use complex **strategies** to find food.
그들은 음식을 찾기 위해 복잡한 전략을 사용할 수 있다.

019 ★

motto

n **좌우명**

ex My lifelong **motto** is honesty and passion.
내 평생의 좌우명은 정직과 열정이다.

Not helping others is against my **motto**.
다른 사람들을 돕지 않는 것은 내 좌우명에 어긋난다.

---

020 ★

roughly

adv **대략, 거의**

ex That is **roughly** three times more than an average person would eat.
그것은 사람이 평균적으로 먹을 수 있는 양의 거의 3배가 넘는다.

유 **approximately**
대략

021

clip

n **핀 / (비디오의) 클립** v **클립으로 고정하다**

ex It was an interesting video **clip**.
그것은 흥미로운 비디오 클립이었다.

You can **clip** the seat belt in when you're not using it.
당신은 안전벨트를 이용하지 않을 때 그것을 고정시킬 수 있다.

022

slowly

adv **천천히**

ex You need to walk **slowly** towards me.
너는 나를 향해 천천히 걸어올 필요가 있다.

You must drive **slowly** along a curve.
너는 커브에서 천천히 운전해야 한다.

023

boots

n **부츠**

ex The girl is putting on her mother's **boots**.
그 소녀는 그녀의 엄마의 부츠를 신고 있다.

I have an extra pair of **boots** for you.
나는 너를 위한 여분의 부츠 한 켤레가 있다.

024

guess

v **추측하다**

ex People **guessed** that the main character would end up losing everything.
사람들은 주인공이 결국 모든 것을 잃게 될 것이라고 추측했다.

★ 표시는 출제 빈도를 나타냅니다.

025

cardinal

n 추기경 (로마 교황의 최고 고문), 홍관조 (조류)

ex The red **cardinals** can only be found in the Americas.
붉은 홍관조들은 아메리카 대륙에서만 발견될 수 있다.

The priest was appointed to the rank of **cardinal**.
그 신부는 추기경에 임명되었다.

026

hide-and-seek

n 숨바꼭질

ex The children played **hide-and-seek** in the park.
아이들은 공원에서 숨바꼭질을 하고 놀았다.

What a perfect place for a **hide-and-seek**!
숨바꼭질을 하기에 완벽한 장소구나!

027

marshal

n 보안관 / 원수

ex The **marshal** carried out the order of the court.
보안관이 법원의 명령을 이행했다.

We all followed the **marshal's** instruction.
우리는 모두 보안관의 지시사항을 따랐다.

028

comfort

n 안락, 편안 v 위로하다

ex The feather is one of the symbols of **comfort**.
깃털은 안락의 상징들 중 하나이다.

You **comfort** me when I have a hard time.
너는 내가 힘든 시간을 보낼 때 나를 위로해 준다.

029

extensive

adj 아주 넓은

ex The desert covers an **extensive** land area.
그 사막은 아주 넓은 토지 구역에 걸쳐있다.

My school had an **extensive** playground.
우리 학교에는 넓은 운동장이 있었다.

030

prisoner

n 죄수

ex Many **prisoners** were forced to build roads and bridges.
많은 죄수들이 도로와 다리를 건설하도록 강요당했다.

Release the **prisoners** from their cells.
죄수들을 그들의 감방으로부터 풀어주어라.

㊌ **inmate** 수감자

Practice

1. 다음 단어들을 올바르게 연결하세요.

(1) apologize	(a) 실험실
(2) laboratory	(b) 사과하다
(3) chili	(c) 둘러 싸다
(4) comfort	(d) 전략
(5) extensive	(e) 놀라운
(6) surprising	(f) 고추
(7) surround	(g) 편안, 위로하다
(8) strategy	(h) 아주 넓은

2. 다음 영어 뜻에 맞게 알맞은 단어를 보기에서 찾아 쓰세요.

nearby roughly cardinal description

(1) high-ranking priest in the Catholic church

(2) something that tells you what something or someone is like

(3) not far away

(4) approximately

SELF TEST

01	prisoner		16		고추, 칠리
02		둘러 싸다	17	boots	
03	extensive		18		태도
04		타는 사람	19	slowly	
05	comfort		20		비자
06		숨바꼭질	21	clip	
07	plus		22		결혼하다
08		창조성	23	motto	
09	marshal		24		인근의, 인근에
10		사과하다	25	roughly	
11	cardinal		26		전략
12		서술	27	outlet	
13	guess		28		주로
14		흥분, 신남	29	rental	
15	teenage		30		실험실

DAY 47

색상으로 8품사 구분하기

n	명사	noun	pron	대명사	pronoun
v	동사	verb	adj	형용사	adjective
adv	부사	adverb	conj	접속사	conjunction
prep	전치사	preposition	int	감탄사	interjection

- n motion
- n respect
- n explorer
- n mechanic
- n vision
- n handful
- n alternative
- n eyeball
- n appearance
- n blade

- n oven
- n angel
- v forgive
- n pepperoni
- n midnight
- v download
- v split
- adj furthest
- n mattress
- n garage

- n patient
- v bow
- adj intermediate
- n suspect
- v support
- adv closely
- v accord
- n lace
- adj additional
- adj fascinating

DAY 47

★ 표시는 출제 빈도를 나타냅니다.

001 ★★★★

motion

n 움직임

ex Keep your shoulders back and move freely in a natural **motion**.
어깨를 뒤로 젖히고 자연스러운 움직임으로 자유롭게 움직여봐.

002 ★★★★

oven

n 오븐

ex Please set a timer on the **oven** so that the food doesn't burn.
오븐의 타이머를 꼭 설정해서 음식이 타지 않게 해주십시오.

003 ★★★★

patient

n 환자 adj 참을성 있는

ex The nurse put some bandage over the **patient**'s leg.
간호사는 환자의 다리에 붕대를 감았다.

My father is the most **patient** man I know.
나의 아버지는 내가 아는 가장 참을성 있는 사람이다.

참고 **patience** n. 참을성

004 ★★★★

respect

n 존경(심), 존중 v 존경하다, 존중하다

ex Show your little brother more **respect**.
너의 남동생을 조금 더 존중해라.

I **respect** my father more than anyone else.
나는 다른 그 누구보다도 나의 아버지를 존경한다.

유 **admire** 존경하다

005 ★★★

angel

n 천사

ex God sent an **angel** to help the poor.
신은 가난한 사람들을 돕기 위해 천사를 보냈다.

There were **angels** on the cloud.
구름 위에 천사들이 있었다.

006 ★★★

bow

v 절하다, (고개를) 숙이다 n 절, 인사 / 활

ex Some cultures in Asia **bow** to greet guests.
아시아의 몇몇 문화권은 손님들을 맞이하기 위해 절을 한다.

They make tiny little **bows** and arrows.
그들은 작은 활과 화살을 만든다.

참고 **arrow** 화살

007 ★★

explorer

n 탐험가

ex Ancient **explorers** traveled in search of new lands.
고대의 탐험가들은 새로운 땅을 찾아서 여행했다.

The **explorers** set up a camp near the ocean.
그 탐험가들은 바다 옆에 캠프를 설치했다.

008 ★★

forgive

v 용서하다

ex You have to **forgive** him if you ever want to feel better.
너는 조금이라도 기분이 나아지고 싶다면 그를 용서해야 한다.

Forgive me if I am wrong.
내가 틀렸다면 용서해줘.

㊞ excuse 용서하다

009 ★★

intermediate

adj 중간의 / 중급의

ex I was placed in an **intermediate** level class.
나는 중급 레벨 반으로 배정받았다.

I took an **intermediate** skiing class last year.
나는 작년에 중급 스키 수업을 들었다.

010 ★★

mechanic

n 정비공

ex The **mechanic** is working beneath the car.
정비공은 차 아래에서 작업하고 있다.

The **mechanic** fixed my broken car.
정비공이 나의 고장난 차를 고쳐주었다.

011 ★★

pepperoni

n 페퍼로니

ex I am always excited for Thursdays, because it is **pepperoni** pizza day.
목요일이 페퍼로니 피자의 날이기 때문에 나는 항상 목요일이 기대된다.

012 ★

suspect

n 용의자 v 의심하다

ex It was proved that two **suspects** were falsely accused.
두 명의 용의자들이 잘못 기소되었다는 것이 입증되었다.

I **suspected** that he would be the main culprit.
나는 그가 주범일 거라고 의심했다.

참고 culprit 범인

DAY 47

★ 표시는 출제 빈도를 나타냅니다.

013 ★ **vision**

n **시력**

ex His **vision** was perfect until he got addicted to his smartphone.
그가 스마트폰에 중독되기 전까지 그의 시력은 완벽했다.

014 ★ **midnight**

n **자정**

ex The wolf howled at **midnight**.
늑대는 자정에 울부짖었다.

My clock rings twelve times at **midnight**.
나의 시계는 자정에 12번 울린다.

015 ★ **support**

v **지지하다, 지원하다** n **지지, 지원**

ex My family always **supports** me.
나의 가족은 항상 나를 지지한다.

There are more **supporting** cables than in early bridges.
초기 교량보다 더 많은 보조 케이블이 있다.

유 **assist** 돕다

016 ★ **handful**

n **줌, 움큼**

ex I grabbed a **handful** of candy bars from this pocket.
나는 이 주머니에서 캔디 바 한 움큼을 움켜쥐었다.

A **handful** of rice would be enough.
쌀 한 움큼이면 충분하다.

017 ★ **download**

v **다운로드하다** n **다운로드**

ex You can't **download** the file unless you delete something else.
너는 다른 것을 지우지 않는다면 파일을 다운로드 받을 수 없다.

018 ★ **closely**

adv **면밀히**

ex She went to the store and looked at each device **closely**.
그녀는 가게로 가서 각각의 기기를 면밀히 살펴보았다.

유 **thoroughly** 면밀히

019 ★

alternative

n **대안**

ex Do you have better **alternatives** in mind?
너는 더 나은 대안이 있니?

I think this is the only remaining **alternative**.
나는 이것이 유일하게 남은 대안이라고 생각한다.

참고
alternate
번갈아 생기는

020 ★

split

v **나누다 / 분열되다**

ex We **split** into groups of 4 and went around to do all of the fun things.
우리는 4명씩 그룹으로 나누고 재미있는 것을 하러 돌아다녔다.

021

accord

v **부합하다** n **합의**

ex I'm not sure that their opinion **accords** with mine.
나는 그들의 의견이 나의 의견에 부합하는지 확신할 수 없다.

They will sign a peace **accord** today.
그들은 오늘 평화 협정안에 서명할 것이다.

참고
according to
~에 따르면

022

eyeball

n **안구**

ex We studied the structure of the **eyeball** in anatomy class.
우리는 해부학 수업에서 안구의 구조를 공부했다.

023

furthest

adj **가장 먼** adv **가장 멀리**

ex He wants to explore the **furthest** places on Earth.
그는 지구상에서 가장 먼 장소들을 탐험하고 싶어 한다.

It was the **furthest** thing from the truth.
그것은 사실에서 가장 먼 것이었다.

024

lace

n **레이스**

ex I'd like to buy a dress ornamented with **lace**.
나는 레이스로 장식된 드레스를 사고 싶다.

The edge of the handkerchief was decorated with **lace**.
손수건의 가장자리는 레이스로 장식되어 있었다.

DAY 47

★ 표시는 **출제 빈도**를 나타냅니다.

025

appearance

n **모습, 외모 / 출현**

ex Many people do not like her because of her **appearance.**
많은 사람들은 그녀의 외모 때문에 그녀를 좋아하지 않는다.

026

mattress

n **매트리스**

ex I like to sleep on a soft **mattress.**
나는 부드러운 매트리스 위에서 자고 싶다.

I slept well last night, thanks to my new **mattress.**
나는 새로운 매트리스 덕분에, 지난밤에 잘 잤다.

027

additional

adj **추가의**

ex They need **additional** help in cleaning the oil spill.
그들은 유출된 기름을 청소하기 위해 추가적인 도움이 필요하다.

More details are available for an **additional** fee.
추가 요금을 지불하고 더 상세한 정보를 이용 할 수 있다.

참고 **addition**
n. 추가

028

blade

n **날**

ex You should use a sharp **blade** to cut down the grass.
당신은 잔디를 깎기 위해 날카로운 날을 이용해야 한다.

A spear is a long pole with a **blade** on the end.
창은 끝에 칼날이 달려 있는 긴 막대기이다.

참고 **dull**
무뎌진

029

garage

n **차고**

ex You can park three cars inside our **garage.**
당신은 3대의 차를 우리 차고 안에 주차할 수 있다.

I have put all the things we aren't using in the **garage.**
나는 우리가 이용하지 않는 모든 것들을 차고에 넣었다.

030

fascinating

adj **대단히 흥미로운**

ex The academy provides **fascinating** programs for movie directors.
그 학원은 영화감독들을 위한 대단히 흥미로운 프로그램을 제공한다.

㊥ **captivating**
매력적인

Practice

1. 다음 단어들을 올바르게 연결하세요.

(1) midnight	(a) 합의, 부합하다
(2) download	(b) 용의자, 의심하다
(3) accord	(c) 지지하다
(4) lace	(d) 추가의
(5) additional	(e) 다운로드
(6) fascinating	(f) 대단히 흥미로운
(7) support	(g) 레이스
(8) suspect	(h) 자정

2. 우리말 뜻에 맞게 빈칸에 알맞은 단어를 보기에서 찾아 쓰세요.

garage　　appearance　　vision　　explorers

(1) **Ancient ______ traveled in search of new lands.**
고대의 탐험가들은 새로운 땅을 찾아서 여행했다.

(2) **You can park three cars inside our ______.**
당신은 3대의 차를 우리 차고 안에 주차할 수 있다.

(3) **His ______ was perfect until he was addicted to his smartphone.**
그가 스마트폰에 중독되기 전까지 그의 시력은 완벽했다.

(4) **Many people do not like her because of her ______.**
많은 사람들은 그녀의 외모 때문에 그녀를 좋아하지 않았다.

SELF TEST

01		줌, 움큼
02	intermediate	
03		페퍼로니
04	download	
05		면밀히
06	mechanic	
07		분열되다
08	vision	
09		대안
10	suspect	
11		합의, 부합하다
12	midnight	
13		안구
14	support	
15		가장 멀리
16	forgive	
17		모습, 외모
18	explorer	
19		레이스
20	bow	
21		추가의
22	respect	
23		매트리스
24	angel	
25		차고
26	patient	
27		날
28	oven	
29		대단히 흥미로운
30	motion	

DAY 48

색상으로 8품사 구분하기

n	명사	noun	pron	대명사	pronoun
v	동사	verb	adj	형용사	adjective
adv	부사	adverb	conj	접속사	conjunction
prep	전치사	preposition	int	감탄사	interjection

n	potter	n	Saturn	n	van
v	provide	adj	available	n	bullet
n	apricot	n	charger	n	container
v	flip	adv	definitely	prep	toward
n	vaccine	n	spin	adv	nearly
adj	minimum	n	tractor	adj	solo
adv	greatly	n	stack	v	splash
n	aspirin	n	blockbuster	n	elf
n	gazelle	n	protection	n	bonfire
n	astronomer	adv	completely	n	phoenix

DAY 48

★ 표시는 출제 빈도를 나타냅니다.

001 ★★★★

potter

n 도예가

ex The **potter** shaped the clay with his own hands.
도예가는 그의 손으로 찰흙을 빚었다.

You are a gifted **potter**.
넌 재능 있는 도예가구나.

참고 **pottery** 도자기

002 ★★★★

Saturn

n 토성

ex **Saturn** is well-known for its rings.
토성은 그것의 고리로 잘 알려져 있다.

Saturn is the second-largest in the solar system.
토성은 태양계에서 두 번째로 크다.

003 ★★★★

van

n 승합차

ex My **van** was reported for illegal parking.
나의 승합차는 불법 주차로 신고되었다.

A **van** was parked in the empty parking lot.
한 승합차가 빈 주차장에 주차되어 있었다.

004 ★★★★

provide

v 제공[공급]하다

ex I just want to **provide** a few notes about clothing and gear.
나는 옷과 장비에 대한 몇 가지 정보를 제공하고자 한다.

참고 **provision** n. 공급

005 ★★★

available

adj 시간이 있는 / 이용할 수 있는

ex I hope there are still seats **available** in the theater.
나는 극장에 아직 남아있는 좌석이 있었으면 좋겠다.

I'm not **available** at the moment.
내가 지금 자리에 없다.

006 ★★★

bullet

n 총알

ex It is about as strong as the material used in **bullet**-proof vests.
그것은 방탄조끼에 이용되는 재료만큼이나 강하다.

007 ★★

apricot

n **살구**

ex We thought that the tree in the yard was an **apricot** tree.
우리는 마당에 있는 그 나무가 살구나무라고 생각했다.

008 ★★

charger

n **충전기**

ex This cellphone **charger** broke again!
이 휴대폰 충전기는 또 고장났다!

Do you have a phone **charger** I can borrow?
내가 빌릴 수 있는 휴대폰 충전기를 가지고 있니?

009 ★★

container

n **그릇, 용기**

ex Water has no size or shape until it is trapped in a **container**.
물은 용기에 가둬지기 전까지는 모양이나 크기가 없다.

010 ★★

flip

v **핵 뒤집다, (손가락으로) 툭 던지다**

ex If you **flip** a coin, what are the chances that it will land facing up?
네가 동전을 던진다면, 앞면이 향한 채로 땅에 떨어질 확률은 얼마나 될 것인가?

011 ★★

definitely

adv **분명히**

ex My next child is **definitely** going to be a daughter!
내 다음 자식은 분명히 딸이 될 것이다!

She **definitely** loves music.
그녀는 분명히 음악을 좋아한다.

㊡ **certainly** 확실히

012 ★

toward

prep **…쪽으로**

ex She faced **toward** the sea.
그녀는 바다 쪽으로 향했다.

The hero rode his horse **toward** the sunset.
그 영웅은 그의 말을 타고 일몰을 향해 갔다.

★ 표시는 출제 빈도를 나타냅니다.

013 **vaccine** ★

n **백신**

ex I need an infected blood sample to test this **vaccine**.
나는 이 백신을 테스트하기 위해 감염된 혈액 샘플이 필요하다.

Vaccines should be developed more quickly.
백신은 더 빨리 개발되어야 한다.

참고 **vaccinate** v. 접종하다

014 **spin** ★

n **돌기** v **돌다 / 거미집을 짓다**

ex How many **spins** will one dancer do?
한 명의 무용수가 몇 바퀴를 돌 것인가?

Why does the spider **spin** a web?
왜 거미는 거미줄을 짓는가?

015 **nearly** ★

adv **거의**

ex Their team **nearly** won the game.
그들의 팀은 거의 게임에서 이겼다.

It is **nearly** time for bed, please get ready to sleep.
거의 잘 시간이니까, 잘 준비를 해라.

016 **minimum** ★

adj **최소한의** n **최소한**

ex What is the **minimum** volunteer hours you require?
당신이 필요로 하는 최소 봉사시간이 얼마인가?

The **minimum** order is 100 grams.
최소 주문은 100g 부터이다.

017 **tractor** ★

n **트랙터**

ex Joe's green **tractor** can pull a lot of hay.
Joe의 녹색 트랙터는 건초를 많이 끌 수 있다.

People enjoyed the **tractor** race in the festival.
사람들은 축제에서 트랙터 경주를 즐겼다.

참고 **hay** 건초

018 **solo** ★

adj **단독의 / 솔로의**

ex His first **solo** flight ended in success.
그의 첫 번째 단독 비행은 성공으로 끝났다.

He is my favorite **solo** pop artist.
그는 내가 좋아하는 솔로 팝 가수이다.

019 ★

greatly

adv **대단히, 크게**

ex The discovery of aliens will **greatly** affect our society.
외계인의 발견은 우리 사회에 대단히 영향을 미칠 것이다.

The medicine seems to be helping him **greatly**.
그 약은 그에게 큰 도움이 되는 것 같다.

---

020 ★

stack

n **무더기[더미]** v **쌓다**

ex My homework was found under a **stack** of books.
내 숙제는 책 더미 밑에서 발견되었다.

There are comfortable chairs by the non-fiction **stacks**.
논픽션 서가 옆에 매우 편안한 의자들이 있다.

참고 **stock** 재고품

021

splash

v **(물을) 튀기다**

ex The children **splashed** their hands in the water.
아이들은 그들의 손을 물에 튀겼다.

They were right in there **splashing** around.
그들은 바로 거기서 물을 튀기고 돌아다녔다.

022

aspirin

n **아스피린**

ex Take some **aspirin** if you have a fever.
열이 있으면 아스피린을 복용해라.

A dose of **aspirin** made him feel better.
약간의 아스피린이 그의 기분을 나아지게 했다.

참고 **dose** 복용량, 약간

023

blockbuster

n **블록버스터**

ex This movie is the biggest **blockbuster** of the year.
이 영화는 올해의 가장 큰 블록버스터 영화이다.

The actors in the **blockbuster** movie are talented.
그 블록버스터 영화의 배우들은 재능 있다.

024

elf

n **요정**

ex It is said that an **elf** lives longer than a human.
요정은 사람보다 더 오래 산다고 한다.

The **elf** could appear and disappear instantly.
요정은 갑자기 나타나고 사라질 수 있다.

DAY 48

★ 표시는 출제 빈도를 나타냅니다.

025 **gazelle**

n **가젤(작은 영양)**

ex **Gazelles** run fast to get away from their enemies.
가젤은 그들의 적으로부터 벗어나기 위해 빠르게 달린다.

We encountered a **gazelle** on the road.
우리는 길에서 가젤을 마주쳤다.

---

026 **protection**

n **보호**

ex Abused children need **protection** of the warm-hearted people.
학대받은 아이들은 마음이 따뜻한 사람들의 보호가 필요하다.

참고 **safeguard** 보호

---

027 **bonfire**

n **모닥불**

ex They made a big **bonfire** to keep everyone warm.
그들은 모두를 따뜻하게 하기 위해 큰 모닥불을 만들었다.

We'll enjoy a **bonfire**, where we can tell scary stories.
우리는 무서운 이야기를 할 수 있는 모닥불을 즐길 것이다.

---

028 **astronomer**

n **천문학자**

ex An **astronomer** studies the planets and the stars.
천문학자는 행성과 별에 대해 공부한다.

Astronomers at that time weren't sure what it was.
그 당시의 천문학자들은 그게 무엇인지 확신하지 못했다.

참고 **astronaut** 우주비행사

---

029 **completely**

adv **완전히**

ex The earthquake **completely** destroyed the city.
지진은 완전히 도시를 파괴했다.

Her beautiful dress is **completely** made of lace.
그녀의 아름다운 드레스는 완전히 레이스로 만들어졌다.

---

030 **phoenix**

n **불사조**

ex A new **phoenix** is born every 500 years.
새로운 불사조는 매 500년마다 태어난다.

He had risen like a **phoenix** from the disaster.
그는 재앙으로부터 불사조처럼 부활했다.

Practice

1. 다음 단어들을 올바르게 연결하세요.

(1) potter	(a) 트랙터
(2) definitely	(b) 최소한의, 최소한
(3) minimum	(c) 분명히
(4) tractor	(d) 아스피린
(5) splash	(e) 도예가
(6) aspirin	(f) 모닥불
(7) protection	(g) 보호
(8) bonfire	(h) (물을)튀기다

2. 다음 영어 뜻에 맞게 알맞은 단어를 보기에서 찾아 쓰세요.

container available stack vaccine

(1) a pile of objects, typically one that is neatly arranged

(2) a substance given to a person or animal to prevent them from getting the disease

(3) able to be used or obtained; at someone's disposal

(4) a hollow object, such as a box or a bottle, that can be used for holding something

SELF TEST

01		최소한의, 최소한	16	charger	
02	flip		17		요정
03		트랙터	18	apricot	
04	container		19		보호
05		단독의, 솔로의	20	bullet	
06	definitely		21		가젤(작은 영양)
07		대단히	22	provide	
08	vaccine		23		모닥불
09		무더기[더미]	24	available	
10	toward		25		천문학자
11		(물을) 튀기다	26	van	
12	spin		27		완전히
13		아스피린	28	potter	
14	nearly		29		불사조
15		블록버스터	30	Saturn	

DAY 49

색상으로 8품사 구분하기

n	명사	noun	pron	대명사	pronoun
v	동사	verb	adj	형용사	adjective
adv	부사	adverb	conj	접속사	conjunction
prep	전치사	preposition	int	감탄사	interjection

v	prevent	adj	romantic	adv	abroad
n	cacao	n	spike	adj	loud
n	cleaner	adj	various	adv	unfortunately
n	wage	pron	neither	n	overview
n	regulation	v	select	v	tighten
n	resident	v	socialize	n	vampire
adj	costly	n	solid	n	standard
adj	confused	adj	numerous	adj	amazing
n	fertilizer	n	merry-go-round	n	microwave
n	silverware	n	streak	n	claw

DAY 49

★ 표시는 출제 빈도를 나타냅니다.

001 ★★★★

prevent

v 막다

ex Attention to safety has **prevented** many deaths.
안전에 대한 주의는 많은 죽음을 막았다.

A cold shower can **prevent** high blood pressure.
찬물로 하는 샤워는 고혈압을 막을 수 있다.

002 ★★★★

romantic

adj 로맨틱한

ex He got the main role in a **romantic** play.
그는 로맨틱 장르 연극에서 주연을 맡았다.

Most people like to watch a **romantic** comedy.
대부분의 사람들은 로맨틱 코미디 영화 보는 것을 좋아한다.

003 ★★★★

abroad

adv 해외로

ex Every vacation, our family goes **abroad**.
매 방학마다, 우리 가족은 해외로 나간다.

My father works **abroad**.
나의 아버지는 해외에서 일하신다.

유 **overseas** 해외로

004 ★★★★

cacao

n 카카오나무

ex Chocolate is made from **cacao** beans.
초콜릿은 카카오나무 열매로부터 만들어진다.

Cacao beans are the seeds of a cacao tree.
카카오 열매는 카카오나무의 씨이다.

005 ★★★

spike

n 못, 뾰족한 것 / 급증

ex The **spikes** made it easier to run, especially on grass.
신발의 스파이크가 특히 잔디에서 더 달리기 쉽게 만들었다.

It led to a rapid **spike** in sales.
그것은 판매량의 급증으로 이어졌다.

참고 **surge** 급증

006 ★★★

loud

adj (소리가) 큰, 시끄러운

ex The lion roared in a **loud**, angry voice.
그 사자는 크고 화난 소리로 으르렁거렸다.

Our school's bell sound is **loud**.
우리의 학교 종소리는 크다.

007 ★★

cleaner

n **청소기 / 세탁소**

ex A robot is using a vacuum **cleaner**.
로봇이 청소기를 사용하는 중이다.

Did you pick up my shirt at the **cleaner**?
너 세탁소에서 내 셔츠를 찾아왔니?

---

008 ★★

various

adj **다양한**

ex We can see **various** types of personalities around us.
우리는 주변에서 다양한 종류의 성격을 볼 수 있다.

He displayed **various** talents while he was alive.
그는 살아있는 동안 다양한 재능을 보여줬다.

---

009 ★★

unfortunately

adv **불행하게도, 유감스럽게도**

ex **Unfortunately**, he has no money left now.
불행하게도, 그는 이제 남은 돈이 없다.

Unfortunately, we just sold our last concert ticket.
유감스럽게도, 우리는 마지막 콘서트 티켓을 방금 팔았다.

유 **regrettably** 유감스럽게도

---

010 ★★

wage

n **임금**

ex The workers didn't receive **wages** for two months.
인부들은 2달 동안 임금을 받지 못했다.

Women's **wages** were lower than the men's.
여성의 임금은 남성의 임금보다 낮았다.

유 **salary** 급여

---

011 ★★

neither

pron **어느 것도 …아니다**

ex I have **neither** any money nor food.
나는 돈도 없고 음식도 없다.

If you don't say sorry, **neither** would I.
네가 미안하다고 말하지 않는다면 나도 그렇게 하지 않을 것이다.

---

012 ★

overview

n **개관, 개요**

ex He will give you an **overview** of this project before you start working.
그는 네가 일을 시작하기 전에 이 프로젝트에 대한 개요를 알려줄 것이다.

DAY 49

★ 표시는 **출제 빈도**를 나타냅니다.

013 **regulation** ★

n **규정, 규제**

ex The man paid a fine because he didn't obey traffic **regulation.**
그 남자는 교통 규정을 지키지 않아 벌금을 냈다.

참고 **fine** 벌금

---

014 **select** ★

v **선택하다**

ex You must **select** only one item on the menu.
너는 메뉴에서 단 한 가지 상품만 선택해야 한다.

He **selected** a toy for his child.
그는 그의 아이를 위해 장난감을 골랐다.

---

015 **tighten** ★

v **팽팽해지다, 조이다**

ex **Tighten** your stomach muscles as you walk.
걸으면서 복부 근육을 조여라.

Tighten your seatbelt before landing.
착륙하기 전에 당신의 안전벨트를 조여라.

---

016 **resident** ★

n **거주자**

ex I'm a legal **resident** of this country.
나는 이 나라의 합법적인 거주자이다.

Only city **residents** can enter the contest.
오직 도시의 거주민들만 대회에 나갈 수 있다.

유 **inhabitant** 주민

---

017 **socialize** ★

v **사귀다**

ex People she **socialized** with in school had moved back home after graduating.
학교에서 그녀가 사귄 사람들은 졸업 후에 고향으로 돌아갔다.

유 **interact** 교류하다

---

018 **vampire** ★

n **뱀파이어**

ex **Vampires** are said to be afraid of the sunlight.
뱀파이어는 태양을 무서워한다고 알려져 있다.

Many kids wear **vampire** costumes for Halloween.
많은 아이들이 할로윈 때 뱀파이어 복장을 입는다.

019 ★

costly

adj 많은 돈이 드는

ex I'm still against buying **costly** clothing.
나는 여전히 많은 돈이 드는 옷을 사는 것에 반대한다.

He bought **costly** lettuce to serve the guests.
그는 손님들에게 대접할 비싼 상추를 샀다.

㊮ **expensive** 값비싼

---

020 ★

solid

n 고체 adj 단단한, 고체의

ex The plastic cools quickly, so it becomes **solid** again in midair.
플라스틱이 빨리 냉각되기 때문에, 공중에서 다시 고체가 된다.

021

standard

n 수준, 기준

ex The police force must maintain high fitness **standards**.
경찰 인력은 반드시 높은 신체 수준을 유지해야 한다.

Their family enjoys a high **standard** of living.
그들의 가족은 높은 생활 수준을 즐긴다.

022

confused

adj 혼란스러워하는

ex She was **confused** whether she was correct or not.
그녀는 그녀가 옳았는지 아닌지 혼란스러웠다.

People in that time **confused** carrots with parsnips.
그 당시의 사람들은 당근을 파스닙과 혼동했다.

㊮ **perplexed** 당혹스러운

023

numerous

adj 많은

ex My grandfather has a **numerous** collection of watches.
나의 할아버지는 많은 시계 소장품을 가지고 있다.

Three members have received **numerous** job offers.
3명의 구성원들은 많은 일자리 제의를 받았다.

024

amazing

adj 놀라운

ex His solving difficult math problems is **amazing**.
그가 어려운 수학 문제들을 푸는 것은 놀랍다.

Something **amazing** will happen eventually!
결국 무언가 놀라운 것이 일어날 거야!

DAY 49

★ 표시는 출제 빈도를 나타냅니다.

025

fertilizer

n **비료**

ex Use some **fertilizer** to make your plants grow bigger.
네 식물을 더 크게 자라나게 하기 위해 비료를 이용해라.

Using **fertilizer** can be harmful to the environment.
비료를 이용하는 것은 환경에 안 좋을 수 있다.

026

merry-go-round

n **회전목마 / 정신없이 돌아감**

ex The children enjoyed riding the **merry-go-round.**
아이들은 회전목마 타는 것을 즐겼다.

I was sick of the **merry-go-round** of romance.
나는 정신없이 돌아가는 연애에 신물이 났다.

027

microwave

n **전자레인지 / 마이크로파**

ex Some ovens use **microwaves** to cook food.
몇몇 오븐은 마이크로파를 이용해 음식을 조리한다.

It is unsuitable for use in a **microwave.**
그것은 전자레인지에 이용하기에 적합하지 않다.

참고 **unsuitable** 적합하지 않은

028

silverware

n **은제품**

ex Dry the **silverware** after you wash them.
은제품을 씻은 후에 건조해라.

Silverware turns black when it touches poison.
은제품은 독이 닿으면 검은색으로 변한다.

029

streak

n **줄 / 구속 / 연속**

ex Our team is on a winning **streak.**
우리 팀은 연속으로 이기는 중이다.

It looks like our **streak** of good weather is over.
좋은 날씨의 행운의 연속은 끝난 것 같다.

참고 **band** 줄

030

claw

n **발톱**

ex Lions have very sharp **claws** and teeth.
사자는 매우 날카로운 발톱과 이빨을 가지고 있다.

My cat made **claw** marks on my desk.
나의 고양이는 내 책상에 발톱 자국을 냈다.

Practice

1. 다음 단어들을 올바르게 연결하세요.

(1) numerous •	• (a) 개관, 개요
(2) microwave •	• (b) 비료
(3) claw •	• (c) 거주자
(4) tighten •	• (d) 많은
(5) overview •	• (e) 전자레인지
(6) streak •	• (f) 발톱
(7) fertilizer •	• (g) 팽팽해지다
(8) resident •	• (h) 줄, 구석, 연속

2. 우리말 뜻에 맞게 빈칸에 알맞은 단어를 보기에서 찾아 쓰세요.

merry-go-round   confused   neither   unfortunately

(1) The children enjoyed riding the ________.
아이들은 회전목마 타는 것을 즐겼다.

(2) ________, we have just sold our last concert ticket.
유감스럽게도, 우리는 마지막 콘서트 티켓을 방금 팔았다.

(3) If you don't say sorry, ________ would I.
네가 미안하다고 말하지 않는다면 나도 그렇게 하지 않을 것이다.

(4) She was ________ whether she was correct or not.
그녀는 그녀가 옳았는지 아닌지 혼란스러웠다.

SELF TEST

01		거주자	16	cleaner	
02	unfortunately		17		많은
03		사귀다	18	various	
04	neither		19		비료
05		뱀파이어	20	spike	
06	wage		21		큰, 시끄러운
07		고체, 단단한	22	merry-go-round	
08	overview		23		카카오나무
09		많은 돈이 드는	24	abroad	
10	select		25		은제품
11		수준, 기준	26	microwave	
12	regulation		27		줄, 구석, 연속
13		혼란스러워하는	28	romantic	
14	tighten		29		발톱
15		놀라운	30	prevent	

TOSEL 실전문제 7

SECTION II. Reading and Writing

PART B. Situational Writing

DIRECTIONS: For questions 1 to 6, look at the pictures and complete the sentences. Choose the option that BEST completes each sentence.

지시 사항: 1번부터 6번까지는 그림을 보고 문장을 완성하는 문제입니다. 가장 알맞은 답을 고르세요.

1. • 2020 TOSEL 기출

The man was ________ by sharks.

(A) eaten

(B) flattened

(C) delighted

(D) surrounded

2. • 2019 TOSEL 기출

Joe's green ________ can pull a lot of hay.

(A) mixer

(B) boxer

(C) tractor

(D) burrow

3.

Add lemon, orange and grapefruit, and ________ well.

(A) blow

(B) blend

(C) provide

(D) prevent

4.

The hyena looks happy ________ the monkey.

(A) on the forward

(B) in comparison to

(C) in the meanwhile

(D) on the excitement of

5.

We have science class at the ________.

(A) laundry

(B) audition

(C) laboratory

(D) blockbuster

6.

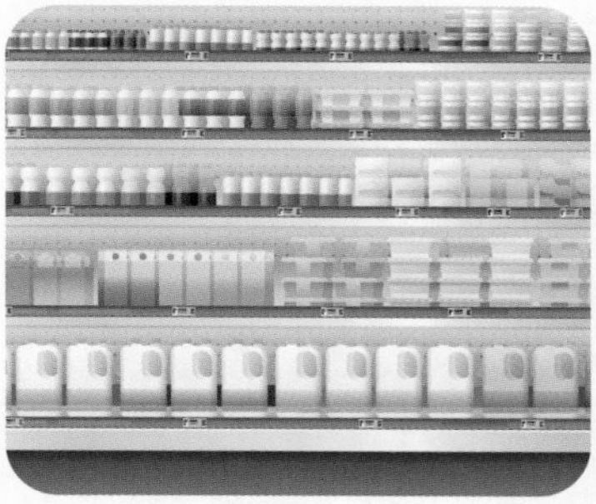

There are ________ products in the convenient store.

(A) same

(B) various

(C) occasional

(D) fascinating

CHAPTER 08

DAY 50

색상으로 8품사 구분하기

n	**명사**	noun	pron	**대명사**	pronoun
v	**동사**	verb	adj	**형용사**	adjective
adv	**부사**	adverb	conj	**접속사**	conjunction
prep	**전치사**	preposition	int	**감탄사**	interjection

adj	usual	adj	entire	adj	gentle
n	wrist	adj	sudden	adj	professional
v	recommend	v	slam	n	turning
adj	upper	n	announcer	adv	respectively
n	surfer	adj	upward	n	replacement
n	hangover	adj	downright	n	appetizer
v	regret	adj	warm-blooded	n	conversion
n	examination	n	gratitude	n	millionaire
n	orbit	n	bull	n	cooperation
n	grizzly	adj	magnificent	n	metropolis

DAY 50

★ 표시는 출제 빈도를 나타냅니다.

001 ★★★★

usual

adj **평상시의, 보통의**

ex I like to have my **usual** toast and scrambled eggs for breakfast please.
평상시에 먹는 토스트와 스크램블 에그를 아침으로 주문할게요.

유 **ordinary** 일상적인

---

002 ★★★★

entire

adj **전체의**

ex I ate the **entire** thing.
내가 전체를 다 먹었다.

The **entire** area is heated by warm ocean currents.
전체 지역은 따뜻한 해류에 의해 가열되었다.

---

003 ★★★★

gentle

adj **온화한 / 가벼운**

ex The child was comforted by the **gentle** stroke of his mother's hand.
그 아이는 그의 어머니의 가벼운 쓰다듬에 의해 진정되었다.

---

004 ★★★

wrist

n **손목**

ex I have a sore **wrist** from writing so much today.
나는 오늘 너무 많이 글을 써서 손목이 아프다.

I've been having some trouble with my **wrist**.
나는 손목에 계속 문제가 있어왔다.

참고 **sore** 아픈

---

005 ★★★

sudden

adj **갑작스러운**

ex I was surprised by my aunt's **sudden** visit.
나는 나의 숙모의 갑작스러운 방문에 깜짝 놀랐다.

That's the reason behind its **sudden** popularity.
그것은 갑작스러운 인기의 숨겨진 이유이다.

유 **abrupt** 갑작스러운

---

006 ★★

professional

adj **전문적인** n **전문직 종사자**

ex Internet videos don't look **professional**.
인터넷 영상들은 전문적으로 보이지 않는다.

He worked as a mental health **professional**.
그는 정신건강 전문가로 일했다.

007 ★★

recommend

v 추천하다

ex The doctor **recommended** her to relax for three days.
의사는 그녀에게 3일 정도 쉴 것을 추천했다.

We **recommend** a checkup in three months.
우리는 3개월 안에 검진 받는 것을 추천한다.

참고
suggest
추천하다

008 ★★

slam

v 쾅 닫다 n 탕 하고 닫기

ex She **slammed** the door angrily.
그녀는 화나서 문을 쾅 닫았다.

Don't **slam** the window like that!
그렇게 창문을 쾅 닫지 마!

009 ★★

turning

n 갈림길

ex You should take the second **turning** on the left.
왼쪽으로 두 번째로 나오는 갈림길로 가야 한다.

Last year was her **turning** point.
작년이 그녀의 전환점이었다.

010 ★★

upper

adj 위쪽의

ex The **upper** layer of the cake was covered in cream.
케이크의 윗부분은 크림으로 덮여 있었다.

Try to walk without moving your **upper** body.
몸 윗부분을 움직이지 말고 걷도록 노력해 봐라.

011 ★

announcer

n 아나운서

ex He once worked as an **announcer** at a broadcasting station.
그는 방송국에서 한때 아나운서로 일했었다.

012 ★

respectively

adv 각각

ex Their heights were 187 cm and 167 cm, **respectively**.
그들의 키는 각각 187cm, 167cm 였다.

The answer is A, B and D, **respectively**.
정답은 각각 A, B, 그리고 D이다.

참고
respectably
adv. 훌륭하게, 꽤

DAY 50

★ 표시는 출제 빈도를 나타냅니다.

013 ★

surfer

n **파도타기 하는 사람, 서퍼**

ex He practiced hard to get a license and become a professional **surfer**.
그는 자격증을 얻고 전문적인 서퍼가 되기 위해 열심히 연습했다.

014 ★

upward

adj **위쪽을 향한 / (양·가격이) 증가하고 있는**

ex You should throw the ball in an **upward** position.
너는 공을 위로 던져야 한다.

The bird is flying **upward** to follow its flock.
새는 그것의 떼를 따라가기 위해 위쪽으로 날고 있다.

반 **downward** 아래쪽으로 내려가는, 하향의

015 ★

replacement

n **대체 / 후임자**

ex This laptop will be a temporary **replacement** for my broken computer.
이 노트북은 내 고장난 컴퓨터에 대한 일시적인 대체품이다.

유 **substitute** 대체물

016 ★

hangover

n **숙취**

ex I need to recover from a **hangover**.
나는 숙취로부터 회복해야 한다.

I suffered from a terrible **hangover** all day.
나는 끔찍한 숙취로 하루 종일 고생했다.

017 ★

downright

adj **순전한, 완전한**

ex This is **downright** nonsense.
이건 완전한 터무니없는 생각이다.

She is being **downright** hostile to us.
그녀는 완전히 우리에게 적대적으로 굴고 있다.

유 **outright** 완전한

018 ★

appetizer

n **전채**

ex They offered simple **appetizers** before dinner.
그들은 저녁 전에 간단한 전채를 제공했다.

Let's start with the **appetizer**.
전채부터 시작하도록 하자.

019 ★

regret

v 후회하다 n 후회

ex Do your work now if you don't want to **regret** later.
나중에 후회하기 싫다면 지금 너의 일을 해라.

I really **regret** not having studied until today.
오늘까지 공부를 하지 않은 것을 정말 후회한다.

참고 **regrettable**
adj. 유감스러운

020

warm-blooded

adj 온혈의

ex People are included in a group of **warm-blooded** animals.
사람들은 온혈동물 그룹에 속한다.

021

conversion

n 전환 / 개종

ex This section is about the **conversion** of units.
이 부분은 단위 변환에 관한 부분이다.

What we need is a real **conversion** of thoughts.
우리가 필요한 것은 생각의 진정한 전환이다.

참고 **convergence**
집합

022

examination

n 조사 / 검사

ex My mother will have a medical **examination** tomorrow.
우리 어머니는 내일 병원 검사를 받으러 갈 것이다.

His proposal is under careful **examination**.
그의 제안은 신중히 검토되고 있다.

023

gratitude

n 감사, 고마움

ex We must show **gratitude** to our parents every time.
우리는 모든 순간 우리의 부모님에게 감사를 보여야 한다.

I expressed **gratitude** to all those who supported me.
나는 나를 지지해준 모든 사람들에게 감사를 표했다.

유 **thankfulness**
감사

024

millionaire

n 백만장자

ex It is known that many **millionaires** live in this neighborhood.
이 동네에 많은 백만장자들이 살고 있다고 알려져 있다.

DAY 50

★ 표시는 출제 빈도를 나타냅니다.

025

orbit

n 궤도 v 궤도를 돌다

ex The orbit around the Sun would be 400 to 800 times the distance of Earth's **orbit**.
태양 주위를 공전하는 궤도는 지구 궤도의 400배에서 800배 정도 될 것이다.

참고 **satellite** 인공위성

026

bull

n 황소

ex The **bull** became angry when it saw the red flag.
황소는 붉은색 깃발을 보았을 때 화가 났다.

Male **bulls** belligerently defend their natural habitats.
수컷 황소들은 그들의 천연 서식지를 호전적으로 방어한다.

참고 **belligerently** 호전적으로

027

cooperation

n 협조

ex We need your **cooperation** to solve this problem.
우리는 이 문제를 해결하기 위해 당신의 협조가 필요하다.

Thank you for your **cooperation**.
협조해 주셔서 감사합니다.

참고 **corporation** 기업

028

grizzly

n 회색곰

ex The **grizzly** bear is a scary animal.
회색곰은 무서운 동물이다.

You can see giant **grizzly** bears in our zoo.
우리의 동물원에서 큰 회색곰을 볼 수 있다.

029

magnificent

adj 훌륭한

ex Eagles are **magnificent** birds.
독수리는 훌륭한 새이다.

She was praised for her **magnificent** work.
그녀는 그녀의 훌륭한 일처리로 칭찬받았다.

030

metropolis

n 주요 도시

ex I live in a bustling **metropolis**.
나는 북적거리는 주요 도시에 산다.

He works in the **metropolis** of the country.
그는 나라의 주요 도시에서 일한다.

참고 **metropolitan** adj. 대도시의

Practice

1. 다음 단어들을 올바르게 연결하세요.

(1) upper •	• (a) 전문직 종사자
(2) examination •	• (b) 훌륭한
(3) orbit •	• (c) 갑작스러운
(4) cooperation •	• (d) 궤도, 궤도를 돌다
(5) magnificent •	• (e) 추천하다
(6) recommend •	• (f) 협조
(7) professional •	• (g) 조사, 검사
(8) sudden •	• (h) 위쪽의

2. 다음 영어 뜻에 맞게 알맞은 단어를 보기에서 찾아 쓰세요.

respectively　usual　magnificent　gratitude

(1) impressively beautiful, elaborate, or extravagant; striking

(2) the quality of being thankful

(3) separately or individually and in the order already mentioned

(4) habitually or typically occurring or done

SELF TEST

01	metropolis		16		백만장자
02		대체, 후임자	17	examination	
03	upward		18		추천하다
04		회색곰	19	professional	
05	magnificent		20		온혈의
06		황소	21	conversion	
07	surfer		22		갑작스러운
08		각각	23	regret	
09	cooperation		24		손목
10		아나운서	25	downright	
11	orbit		26		온화한, 가벼운
12		위쪽의	27	appetizer	
13	gratitude		28		전체의
14		갈림길	29	hangover	
15	slam		30		평상시의

DAY 51

색상으로 8품사 구분하기

n	**명사**	noun	pron	**대명사**	pronoun
v	**동사**	verb	adj	**형용사**	adjective
adv	**부사**	adverb	conj	**접속사**	conjunction
prep	**전치사**	preposition	int	**감탄사**	interjection

n	rubber	n	senior	n	walnut
adj	mini	adj	strict	n	wire
n	compound	adj	metallic	adv	nowhere
n	permission	adj	regional	adv	afterwards
adv	deeply	n	silicon	n	telephone
adj	midterm	n	seedling	n	vibration
n	weapon	adv	shortly	n	subtotal
v	transfer	adj	well-known	n	cloth
adj	intensive	v	shut	n	rear
v	compose	adj	backward	n	county

DAY 51

★ 표시는 출제 빈도를 나타냅니다.

001 ★★★★

rubber

n 고무

ex This **rubber** tube is so bendy.
이 고무관은 너무 잘 휘어진다.

Natural **rubber** is found in 200 kinds of plants.
천연고무는 200종류의 식물에서 발견된다.

참고
bendy
잘 휘어지는

---

002 ★★★★

senior

n 연장자 adj 고위의

ex Show some respect for the **seniors**.
연장자들을 존중해라.

Past applicants worked with **senior** citizens.
과거의 지원자들은 고령의 시민들과 일했다.

---

003 ★★★★

walnut

n 호두

ex It is hard to crush the hard shell of a **walnut**.
호두의 딱딱한 껍질을 으스러뜨리는 것은 어렵다.

Some people can't eat food that contains **walnut**.
몇몇 사람들은 호두가 들어간 음식을 먹을 수 없다.

---

004 ★★★★

mini

adj 아주 작은, 소형의

ex These **mini**-records contain just one song on each side.
이 작은 음반은 각각의 면에 단지 한 곡만이 들어 있다.

I made **mini** pizzas which were customized to my taste.
나는 내 입맛에 맞추어진 소형 피자들을 만들었다.

---

005 ★★★

strict

adj 엄격한

ex There's a **strict** procedure that all employees must follow in this factory.
직원들이 이 공장에서 따라야 하는 엄격한 절차가 있다.

---

006 ★★★

wire

n 철사, 전선

ex Connect the computer and the monitor with **wires**.
컴퓨터와 모니터를 전선으로 연결해라.

Take a **wire** and make a frame into this shape.
철사를 가지고 이 모양의 틀을 만들어라.

007 ★★

compound

n 복합체, 화합물

ex Today we'll look at diagrams for a few of the most common **compounds**.
오늘 우리는 가장 흔한 화합물 중 몇 가지가 있는 도표를 볼 것이다.

참고 **component** 구성요소

008 ★★

metallic

adj 금속의

ex A simple **metallic** necklace will do wonders for your outfit.
단순한 금속 목걸이는 너의 옷에 큰 효과가 있을 것이다.

참고 **alloy** 합금

009 ★★

nowhere

adv 아무데도[어디에도]

ex There is **nowhere** to plug in his computer.
그의 컴퓨터에는 꽂을 곳이 아무 데도 없다.

We have **nowhere** to go at this time.
이 시간에 우리는 갈 곳이 어디도 없다.

010 ★★

permission

n 허락

ex Should I ask **permission** first?
허락을 먼저 구해야 하는가?

We need to get **permission** from our parents.
우리는 부모님으로부터 허락을 받아야 한다.

참고 **admission** 인정

011 ★★

regional

adj 지역의

ex The **regional** accent here is quite strong.
이곳의 지역 억양은 꽤 강하다.

Our goal is to mitigate the **regional** conflict.
우리의 목표는 지역 갈등을 완화시키는 것이다.

유 **local** 지역의

012 ★

afterwards

adv 나중에, 그 뒤에

ex **Afterwards**, the building became "The White House."
나중에, 그 건물은 "백악관"이 되었다.

I will tell you everything **afterwards**.
나중에 모든 걸 말해줄게.

★ 표시는 출제 빈도를 나타냅니다.

013 ★ **deeply**

adv **깊이**

ex It allows you to comprehend information more **deeply**.
그것은 네가 정보를 더 깊이 이해할 수 있게 한다.

They fell **deeply** in love.
그들은 깊이 사랑에 빠졌다.

014 ★ **silicon**

n **규소, 실리콘**

ex **Silicon** microchip is used in many electronic devices.
실리콘 마이크로칩은 많은 전자기기에 이용된다.

Silicon is one of the most abundant elements.
규소는 흔한 원소들 중 하나이다.

015 ★ **telephone**

n **전화** v **전화를 걸다**

ex They talked on the **telephone** for a long time.
그들은 오랜 시간 동안 전화로 이야기했다.

Please, **telephone** me immediately.
저에게 즉시 전화해 주세요.

016 ★ **midterm**

adj **중간고사**

ex I pull all-nighters during the **midterm** period.
나는 중간고사 기간에 밤을 샌다.

Midterm tests are next week.
중간고사는 다음 주이다.

017 ★ **seedling**

n **묘목**

ex It is made by shortly freezing the **seedlings** to -60 degrees Celsius.
그것은 묘목을 영하 60도에서 즉시 얼림으로써 만들어진다.

018 ★ **vibration**

n **진동**

ex The **vibrations** bypass the outer and middle ear.
진동은 외이와 중이를 우회한다.

Cell phones should be set to **vibration** mode.
핸드폰은 진동모드로 설정되어야 한다.

019 ★

weapon

n **무기**

ex There is news that North Korea is testing nuclear **weapons**.
북한이 핵무기 실험을 한다는 소식이 있다.

020 ★

shortly

adv **곧, 얼마 안 되어**

ex He came **shortly** after I came.
그는 내가 오자마자 얼마 안 되어 왔다.

We will arrive **shortly**, so stay seated.
우리는 곧 도착하니, 계속 앉아 있어라.

021

subtotal

n **소계, 부분합**

ex I calculated only the **subtotal** of our expenses.
나는 우리 지출의 소계만 계산하였다.

The **subtotal** has been automatically calculated.
소계는 자동으로 계산되었다.

022

transfer

v **이동하다, 옮기다 / 갈아타다**

ex You may **transfer** to line number 1 here.
너는 이곳에서 1호선으로 갈아탈 수 있다.

Remember that many colleges let you **transfer** credits.
많은 대학들이 학점 교류를 해준다는 것을 기억해라.

참고 **transport** v. 수송하다

023

well-known

adj **잘 알려진**

ex This area is **well-known** because many ships disappeared here.
이 지역은 많은 배가 이곳에서 사라졌기 때문에 잘 알려져 있다.

유 **celebrated** 유명한

024

cloth

n **옷감**

ex Sometimes their mothers even made the **cloth**.
가끔 그들의 엄마들은 심지어 옷감을 만들기도 했다.

There are **cloth** robes for your body in the bathroom.
욕실에 몸에 쓰는 가운이 있다.

DAY 51

★ 표시는 **출제 빈도**를 나타냅니다.

025

intensive

adj **집중적인**

ex Our school's soccer team is having **intensive** training.
우리 학교 축구팀은 집중적인 훈련을 받고 있다.

Intensive care is needed for that patient.
그 환자를 위해 집중적인 치료가 필요하다.

참고 **extensive**
아주 넓은

026

shut

v **닫다** adj **닫힌**

ex Please **shut** the window.
문을 제발 닫아주십시오.

The computer is so slow, and it keeps **shutting** off.
컴퓨터가 너무 느리고, 계속 멈춘다.

참고 **shut off**
멈추다

027

rear

n **뒤쪽** adj **뒤쪽의**

ex There is a garage at the **rear** of the house.
집 뒤쪽에 차고가 있다.

The **rear** gate is closed temporarily.
뒤쪽 출입구는 일시적으로 닫혀 있다.

028

compose

v **작곡하다 / 구성하다**

ex My sister **composes** many of her own pieces of music on the piano.
나의 여자형제는 피아노로 많은 음악을 작곡한다.

㊌ **comprise**
…으로 구성되다

029

backward

adj **뒤의**

ex There is a **backward** running contest in school today.
오늘 학교에서 뒤로 달리기 대회가 있다.

Say the alphabet in **backward** order.
알파벳을 뒤 순서부터 말해보아라.

030

county

n **자치주**

ex Only two thousand people live in the farthest **county**.
오직 2000명이 가장 먼 자치주에 살고 있다.

We consist of thirty-two **counties**.
우리는 32개의 자치주를 가지고 있다.

참고 **country**
국가, 나라

Practice

1. 다음 단어들을 올바르게 연결하세요.

(1) regional	•	•	(a) 집중적인
(2) afterwards	•	•	(b) 지역의
(3) intensive	•	•	(c) 자치주
(4) rear	•	•	(d) 나중에, 그뒤에
(5) backward	•	•	(e) 허락
(6) county	•	•	(f) 금속의
(7) permission	•	•	(g) 뒤쪽, 뒤쪽의
(8) metallic	•	•	(h) 뒤의

2. 우리말 뜻에 맞게 빈칸에 알맞은 단어를 보기에서 찾아 쓰세요.

seedlings vibrations subtotal senior

(1) **It is made by shortly freezing the ________ to -60 degrees Celsius.**
그것은 묘목을 영하 60도에서 즉시 얼림으로써 만들어진다.

(2) **Past applicants worked with ________ citizens.**
과거의 지원자들은 고령의 시민들과 일했다.

(3) **The ________ bypass the outer and middle ear.**
진동은 외이와 중이를 우회한다.

(4) **I calculated only the ________ of our expenses.**
나는 우리 지출의 소계만 계산하였다.

SELF TEST

01		전화	16	compound	
02	metallic		17		잘 알려진
03		중간고사	18	wire	
04	nowhere		19		집중적인
05		진동	20	county	
06	regional		21		옷감
07		묘목	22	mini	
08	afterwards		23		닫다, 닫힌
09		무기	24	strict	
10	permission		25		구성하다
11		곧, 얼마 안 되어	26	rear	
12	deeply		27		호두
13		규소, 실리콘	28	senior	
14	transfer		29		뒤의
15		소계, 부분합	30	rubber	

DAY 52

색상으로 8품사 구분하기

n	**명사**	noun	pron	**대명사**	pronoun
v	**동사**	verb	adj	**형용사**	adjective
adv	**부사**	adverb	conj	**접속사**	conjunction
prep	**전치사**	preposition	int	**감탄사**	interjection

adj	several	v	tend	prep	against
n	damage	n	fashion	n	maker
adj	Antarctic	adv	originally	n	pharmacy
n	microphone	adv	properly	adj	outstanding
n	promotion	v	snap	n	priority
n	sunshine	adv	nevertheless	adj	individual
n	rating	adj	stinky	n	detergent
adj	multiple	n	outfit	adj	polar
n	clothing	n	crossroad	n	device
n	porcelain	n	sugarcane	n	witch

DAY 52

★ 표시는 출제 빈도를 나타냅니다.

001 ★★★★

several

adj 각각의, 몇의

ex Walking has **several** advantages over the alternatives.
걷기는 다른 대안들보다 몇몇 장점들이 있다.

They bought **several** copies of the book.
그들은 책의 여러 권을 샀다.

002 ★★★★

tend

v 경향이 있다

ex Doctors **tend** not to share much information about the disease.
의사들은 질병에 대해 너무 많은 정보를 공유하지 않으려는 경향이 있다.

참고 **tendency** n. 경향

003 ★★★★

against

prep …에 맞서

ex There were twelve boys racing **against** each other.
서로에 맞서 경주하는 12명의 소년들이 있었다.

In particular, he was **against** nuclear weapons.
특히, 그는 핵 무기에 반대했다.

004 ★★★★

damage

n 손상 v 피해를 입히다

ex The water **damage** had created cracks.
물로 인한 손상은 좁은 틈을 만들었다.

More than 50,000 houses suffered from flood **damage**.
5만 채가 넘는 집들이 홍수 피해를 입었다.

005 ★★★

fashion

n 패션 / 유행

ex It is a daring **fashion** choice.
그것은 대담한 패션 선택이다.

What is the hottest trend in **fashion** nowadays?
무엇이 요즘 패션에서 가장 유행하고 있니?

참고 **fashioned** adj. …풍의

006 ★★★

maker

n …을 만드는 사람[회사/기계]

ex I don't recommend using that coffee **maker**.
나는 그 커피 머신을 이용하는 것을 추천하지 않아.

That factory is a well-known **maker** of toys.
저 공장은 장난감을 만드는 잘 알려진 회사이다.

007 ★★

Antarctic

adj **남극의**

ex Birds gather together to protect each other from the harsh **Antarctic** cold.
새들은 가혹한 남극의 추위로부터 서로를 보호하기 위해 모인다.

참고 **Arctic** 북극의

---

008 ★★

originally

adv **원래**

ex Carrots are **originally** from Afghanistan.
당근은 원래 아프가니스탄으로부터 왔다.

There were **originally** more letters in English.
원래는 영어에 더 많은 글자가 있었다.

---

009 ★★

pharmacy

n **약국**

ex Can't they wait until we get to the **pharmacy**?
우리가 약국에 도착할 때까지 그들이 기다릴 수 없을까?

I bought cold medicine at the **pharmacy**.
나는 약국에서 감기약을 샀다.

참고 **pharmaceutical** adj. 약학의

---

010 ★★

microphone

n **마이크**

ex You can speak through this **microphone**.
너는 이 마이크를 통해 말할 수 있다.

The **microphone** gives out a lot of noises.
그 마이크는 많은 소음을 낸다.

---

011 ★★

properly

adv **제대로, 적절히**

ex The video does not load **properly**.
그 영상은 제대로 로딩되지 않는다.

I feel like my brain is not working **properly** today.
오늘 마치 내 뇌가 제대로 작동하지 않는 것만 같아.

---

012 ★

outstanding

adj **뛰어난**

ex I admire your **outstanding** English speaking skills.
나는 너의 뛰어난 영어 말하기 실력이 존경스러워.

I did think the cinematography was **outstanding**.
나는 그 영상 촬영법이 뛰어났다고 생각했다.

유 **exceptional** 특출한

DAY 52

★ 표시는 출제 빈도를 나타냅니다.

013 ★

promotion

n 홍보, 판촉 / 승진

ex The marketing team has a great **promotion** idea.
마케팅 팀은 좋은 홍보 아이디어를 가지고 있다.

Promotion is based on seniority.
승진은 연공서열을 기준으로 한다.

014 ★

snap

v 딱 부러지다

ex What caused it to **snap** like that?
무엇이 그것을 그렇게 딱 부러지게 만들었니?

My purse strap **snapped** suddenly.
내 지갑 끈이 갑자기 부러졌다.

015 ★

priority

n 우선 사항

ex Obviously, clear windows are a safety **priority**.
확실하게, 깨끗한 창문은 안전에 있어서 우선 사항이다.

Being on time is the top **priority** for me.
제시간에 오는 것이 나에겐 최우선 순위이다.

참고
prior
adj. 이전의, 중요한

016 ★

sunshine

n 햇빛

ex I'm glad we'll finally be getting some **sunshine**.
우리가 마침내 햇빛을 맞게 되어 기쁘다.

There will be **sunshine** again tomorrow.
내일은 다시 햇빛이 날 것이다.

017 ★

nevertheless

adv 그럼에도 불구하고

ex **Nevertheless**, the potato lacks essential elements.
그럼에도 불구하고, 감자는 필수적인 성분이 부족하다.

Nevertheless, this festival is actually a religious one.
그럼에도 불구하고, 이 축제는 사실 종교적인 축제이다.

018 ★

individual

adj 개별적인

ex I've attended **individual** meetings with my teammates all day.
나는 하루 종일 나의 팀원들과 개별적인 회의에 참여했다.

반
collective
집합적인

019 ★

rating

n **순위, 평가**

ex **Rating** agencies are also optimistic about economic growth.
평가 기관들은 경제 성장에 대하여 낙천적이다.

---

020 ★

stinky

adj **악취가 나는**

ex Make sure there isn't any **stinky** odor coming out.
악취가 빠져나오지 않도록 해라.

It has a smell that is a lot like **stinky** cheese.
그것은 악취가 나는 치즈와 같은 냄새가 난다.

참고 **odor** 냄새

021

detergent

n **세제**

ex My mother uses a liquid **detergent** for laundry.
나의 어머니는 빨래할 때 액체 세제를 이용한다.

I prefer purchasing laundry **detergent** to be delivered.
나는 세탁 세제를 배달 받는 것을 선호한다.

참고 **laundry** 세탁물

022

multiple

adj **많은, 다수의**

ex I made **multiple** copies of our family photo.
나는 우리 가족사진의 복사본을 여러 장 만들었다.

There are **multiple** quizzes after each video.
각각의 영상이 끝난 후 많은 퀴즈가 있다.

023

outfit

n **옷**

ex One good **outfit** can work in different social situations.
좋은 옷은 다른 사회적 상황에서 입을 수 있다.

Is that the **outfit** you're wearing to her birthday party?
그 옷이 네가 그녀의 생일파티에 입고 가는 옷이니?

024

polar

adj **북극의**

ex So you say he was eaten by a **polar** bear?
그래서 네 말은 그가 북극곰에게 먹혔다는 것이니?

Polar bears like meat, especially seals.
북극곰은 특히 바다표범과 같은 고기를 좋아한다.

참고 **seal** 바다표범

★ 표시는 출제 빈도를 나타냅니다.

025 **clothing**

n 옷

ex You probably have a closet full of **clothing**.
너는 아마 옷으로 가득 찬 옷장을 가지고 있을 것이다.

The polyester in your **clothing** is made from oil.
너의 옷에 있는 폴리에스터는 기름으로부터 만들어졌다.

026 **crossroad**

n 교차로, 길목

ex Traffic lights can be found at the **crossroads**.
신호등은 교차로에서 볼 수 있다.

There was an accident at the **crossroad**.
교차로에서 사고가 있었다.

027 **device**

n 장치, 방법

ex The computer is a widely used **device**.
컴퓨터는 널리 쓰이는 장치이다.

This **device** is used to control the television.
이 장치는 텔레비전을 제어하기 위해 이용된다.

㊀ **equipment** 장비

028 **porcelain**

n 도자기

ex Those cups are made of **porcelain**.
그 컵들은 도자기로 만들어졌다.

The pattern on the **porcelain** is splendid.
도자기의 패턴이 아주 화려하다.

029 **sugarcane**

n 사탕수수

ex Some farmers plant corn and **sugarcane** side by side.
몇몇 농부들은 옥수수와 사탕수수를 나란히 심는다.

They own a big land for **sugarcane** cultivation.
그들은 사탕수수 경작을 위한 큰 땅을 소유하고 있다.

030 **witch**

n 마녀

ex **Witches** were killed during ancient times.
마녀는 고대에 죽임을 당했다.

Witches are always wicked in fairy tales.
동화에서 마녀는 항상 사악하다.

참고 **wicked** 못된, 사악한

Practice

1. 다음 단어들을 올바르게 연결하세요.

(1) multiple	(a) 악취가 나는
(2) sugarcane	(b) 뛰어난
(3) detergent	(c) 딱 부러지다
(4) polar	(d) 북극의
(5) stinky	(e) 세제
(6) snap	(f) 사탕수수
(7) properly	(g) 많은, 다수의
(8) outstanding	(h) 제대로, 적절히

2. 다음 영어 뜻에 맞게 알맞은 단어를 보기에서 찾아 쓰세요.

promotion damage device individually

(1) activities to advertise something

(2) physical harm caused to something

(3) an object or machine that has been invented for a particular purpose

(4) one by one; singly; separately

SELF TEST

01		우선 사항	16	polar	
02	nevertheless		17		남극의
03		딱 부러지다	18	maker	
04	sunshine		19		교차로, 길목
05		승진, 홍보, 판촉	20	outfit	
06	individual		21		패션, 유행
07		뛰어난	22	clothing	
08	rating		23		피해를 입히다
09		제대로, 적절히	24	device	
10	stinky		25		…에 맞서
11		마이크	26	porcelain	
12	multiple		27		경향이 있다
13		약국	28	sugarcane	
14	detergent		29		각각의
15		원래	30	witch	

DAY 53

색상으로 8품사 구분하기

n	명사	noun	pron	대명사	pronoun
v	동사	verb	adj	형용사	adjective
adv	부사	adverb	conj	접속사	conjunction
prep	전치사	preposition	int	감탄사	interjection

n	series	adj	wonderful	n	actress
adj	sour	n	opossum	n	masterpiece
n	aerobics	n	consumption	n	miner
n	rug	n	sponge	n	headquarters
adj	seasonal	n	principle	adj	uncommon
adv	silently	n	rap	adj	typical
adj	volcanic	n	sunburn	n	banner
adj	clumsy	adj	crowded	v	differ
n	expense	n	janitor	adj	man-made
adj	national	adj	refreshing	n	scout

DAY 53

★ 표시는 출제 빈도를 나타냅니다.

001 ★★★★

series

n 연속, 시리즈

ex That book **series** is popular these days.
그 책 시리즈가 요즘 인기 있다.

Each one contains a **series** of short videos.
각각은 일련의 짧은 영상들을 포함하고 있다.

㈜ **sequence** 연속

002 ★★★★

wonderful

adj 아주 멋진, 훌륭한

ex I had a **wonderful** birthday party last month.
나는 저번 달에 아주 멋진 생일파티를 했다.

Visitors can dance and enjoy **wonderful** food.
방문객들은 춤출 수 있고 훌륭한 음식을 즐길 수 있다.

㈜ **outstanding** 뛰어난

003 ★★★★

actress

n 여배우

ex They used the real twin sister of the **actress** to shoot the scene.
그들은 그 장면을 촬영하기 위해 여배우의 진짜 쌍둥이 여자형제를 이용했다.

참고 **actor** 남자배우

004 ★★★★

sour

adj (맛이) 신, 시큼한

ex The face is similar to someone eating something very **sour**.
그 얼굴은 어떤 사람이 매우 신 것을 먹을 때와 비슷하다.

㈜ **acid** 신

005 ★★★

opossum

n 주머니쥐

ex An **opossum** has a pink nose and a mouth.
주머니쥐는 분홍색 코와 입을 가지고 있다.

I have never seen an **opossum** in my entire life.
나는 내 일생 동안 주머니쥐를 본 적이 없다.

006 ★★★

masterpiece

n 걸작, 명작

ex These were the beginning of a **masterpiece**.
이것들은 명작의 시작이었다.

His **masterpieces** are many people's favorites.
그의 명작들은 많은 사람들이 좋아한다.

007 ★★

aerobics

n 에어로빅

ex I do **aerobics** to lose weight.
나는 살을 빼기 위해 에어로빅을 한다.

She does **aerobics** once a week.
그녀는 일주일에 한 번씩 에어로빅을 한다.

008 ★★

consumption

n 소비

ex It is a poor indicator of **consumption**.
그것은 좋지 않은 소비지표이다.

Oil **consumption** is different in each country.
기름 소비량은 나라마다 다르다.

009 ★★

miner

n 광부

ex The cathedral in salt mine was carved by the **miners** who worked there.
소금 광산의 대성당은 그곳에서 일했던 광부들에 의해 조각되었다.

010 ★★

rug

n 깔개, 양탄자

ex Where did you get that blue bath **rug**?
그 파란색 욕실 매트가 어디서 났니?

The room looks cozy with **rugs**.
깔개가 있으니 그 방이 아늑해 보인다.

011 ★★

sponge

n 스펀지 v 닦다

ex Use dishwashing soap and a **sponge**.
식기세척용 비누와 스펀지를 사용해라.

He is wiping the toilet with a yellow **sponge**.
그는 노란색 스펀지로 변기를 닦고 있다.

012 ★

headquarters

n 본사

ex This cave could be used as a **headquarters** for future astronaut missions.
이 동굴은 미래의 우주비행사 임무를 위한 본사로 이용될 수 있다.

DAY 53

★ 표시는 출제 빈도를 나타냅니다.

013 ★
seasonal

adj **계절적인**

ex This discount event includes **seasonal** salmon.
이 할인 행사는 제철인 연어를 포함한다.

There exists **seasonal** variations upon sales.
계절별 매출 변동이 존재한다.

014 ★
principle

n **원칙, 원리**

ex Use your math **principles** to design an airplane.
수학 원리를 이용해서 비행기를 설계하라.

She acted out of **principle**.
그녀는 원칙에 따라 행동했다.

참고
principal
adj. 주요한

015 ★
uncommon

adj **흔하지 않은**

ex What is an example of an **uncommon** sport?
흔하지 않은 스포츠의 예시에는 무엇이 있는가?

Shelf clouds are an **uncommon** type of cloud.
아치운은 흔하지 않은 유형의 구름이다.

016 ★
silently

adv **조용히, 잠자코**

ex In fact, runners could sneak around **silently**.
사실, 달리는 사람들은 조용히 돌아다닐 수 있었다.

She just glares at me **silently** when she is angry.
그녀는 화나면 나를 그냥 잠자코 노려보기만 한다.

017 ★
rap

n **랩** v **…를 똑똑 두드리다**

ex The **rap** artist is also selling specialized VR goggles on his website.
랩 가수는 또한 그의 웹사이트에서 특화된 VR 고글도 팔고 있다.

018 ★
typical

adj **전형적인, 대표적인**

ex Fertilization of the trees occurring three times a year is **typical**.
일 년에 세 번 일어나는 나무의 수정은 전형적이다.

019 ★

volcanic

adj **화산의**

ex Tsunamis occur as the result of **volcanic** eruptions.
쓰나미는 화산 분출의 결과로 발생한다.

Gases explode in the shape of a yellow **volcanic** cloud.
가스는 황색 화산구름의 모양으로 폭발한다.

참고 **eruption** 분출

---

020 ★

sunburn

n **햇볕에 심하게 탐**

ex Lycopene protects your skin against **sunburn.**
리코펜은 일광화상으로부터 너의 피부를 보호한다.

You need to soothe your **sunburn.**
너는 햇볕에 탄 것을 진정시켜야 한다.

021

banner

n **플래카드, 현수막**

ex I'm not pleased with the colors on this **banner**.
나는 이 현수막의 색깔이 마음에 들지 않는다.

A large **banner** welcomed the visitors to the town.
큰 현수막은 마을로 오는 방문객들을 반겼다.

022

clumsy

adj **어설픈, 서투른**

ex The **clumsy** princess looks cute and kind.
그 어설픈 공주님은 귀엽고 착해 보인다.

He told her not to be so **clumsy**.
그는 그녀에게 너무 어설프게 굴지 말라고 말했다.

㊒ **awkward** 어색한, 서투른

023

crowded

adj **붐비는 / …이 가득한**

ex The amusement park is so **crowded.**
그 놀이공원은 너무 붐빈다.

Most city streets are **crowded** and noisy.
대부분의 도시 거리는 붐비고 시끄럽다.

참고 **crowd** n. 사람들

024

differ

v **다르다**

ex Men **differ** from all other animals.
사람은 다른 모든 동물들과 다르다.

The quizzes **differ** each time the test is given.
퀴즈는 시험을 볼 때마다 달라진다.

참고 **defer** 미루다

DAY 53

★ 표시는 출제 빈도를 나타냅니다.

025 **expense**

n **돈, 비용**

ex How do you deal with living **expenses**?
생활비는 어떻게 처리하고 있니?

Our parents bought a new house at a huge **expense**.
우리 부모님은 큰 비용을 들여서 새 집을 구매했다.

유 expenditure 지출

---

026 **janitor**

n **문지기, 관리인**

ex The school **janitor** cleans the hall every afternoon.
학교 관리인은 복도를 매일 오후 청소하신다.

His first job was a **janitor** in a small company.
그의 첫 번째 직장은 작은 회사의 관리인이었다.

---

027 **man-made**

adj **사람이 만든**

ex He accidentally created the first **man-made** dye.
그는 우연히 최초로 사람이 만든 염료를 만들어 냈다.

Surprisingly, this is a **man-made** mountain.
놀랍게도, 이것은 사람이 만든 산이다.

---

028 **national**

adj **국가의**

ex The **national** park was closed due to the wildfire.
산불로 인해 국립공원이 폐쇄되었다.

He used to belong to the **national** soccer team.
그는 국가대표 축구팀에 속했었다.

---

029 **refreshing**

adj **신선한, 상쾌하게 하는**

ex We enjoyed the **refreshing** mountain air during vacation.
우리는 방학 동안 상쾌한 산 공기를 즐겼다.

유 fresh 신선한

---

030 **scout**

n **스카우트 (단원, 조직)** v **정찰하다**

ex Boy **scouts** will go camping this weekend.
보이 스카우트 단원들은 이번 주말에 캠핑을 갈 것이다.

The army went ahead to **scout** the enemy.
군대는 적을 정찰하기 위해 먼저 갔다.

Practice

1. 다음 단어들을 올바르게 연결하세요.

(1) wonderful •	• (a) 본사
(2) masterpiece •	• (b) 걸작, 명작
(3) headquarters •	• (c) 아주 멋진, 훌륭한
(4) typically •	• (d) 돈, 비용
(5) expense •	• (e) 신선한
(6) refreshing •	• (f) 다르다
(7) differ •	• (g) 붐비는
(8) crowded •	• (h) 보통, 일반적으로

2. 우리말 뜻에 맞게 빈칸에 알맞은 단어를 보기에서 찾아 쓰세요.

consumption　　miners　　differ　　janitor

(1) **The school ______ cleans the hall every afternoon.**
학교 관리인은 복도를 매일 오후 청소하신다.

(2) **The cathedral in salt mine was carved by the ______ who worked there.**
소금 광산의 대성당은 그곳에서 일했던 광부들에 의해 조각되었다.

(3) **Men ______ from all other animals.**
사람은 다른 모든 동물들과 다르다.

(4) **Oil ______ is different in each country.**
기름 소비량은 나라마다 다르다.

SELF TEST

01		소비
02	silently	
03		연속, 시리즈
04	rap	
05		아주 멋진
06	volcanic	
07		여배우
08	typical	
09		(맛이) 신
10	sunburn	
11		주머니쥐
12	banner	
13		걸작, 명작
14	crowded	
15		에어로빅
16	clumsy	
17		광부
18	differ	
19		깔개, 양탄자
20	expense	
21		스펀지, 닦다
22	man-made	
23		계절적인
24	janitor	
25		본사
26	national	
27		원칙, 원리
28	refreshing	
29		흔하지 않은
30	scout	

DAY 54

색상으로 8품사 구분하기

n	**명사**	noun	pron	**대명사**	pronoun
v	**동사**	verb	adj	**형용사**	adjective
adv	**부사**	adverb	conj	**접속사**	conjunction
prep	**전치사**	preposition	int	**감탄사**	interjection

adj	serious	n	weakness	v	lend
adj	pale	n	flap	adv	moreover
n	photography	n	reward	n	ability
n	sidewalk	v	refill	adj	similar
n	dedication	n	wife	adv	normally
v	skip	n	violet	n	softball
v	nod	v	sunbathe	n	cockroach
n	cub	adj	harmless	adj	manual
n	beast	n	curl	v	hatch
n	maple	n	scratch	n	riverboat

DAY 54

★ 표시는 출제 빈도를 나타냅니다.

001 ★★★★

serious

adj 심각한, 진지한

ex They have been convicted of a **serious** crime.
그들은 심각한 범죄로 유죄 선고를 받았다.

I have a **serious** headache.
나는 심각한 두통을 가지고 있다.

참고 **convict** 유죄를 선고하다

002 ★★★★

weakness

n 약함, 약점

ex I felt a **weakness** in my body a couple of days ago.
나는 며칠 전에 몸의 약함을 느꼈다.

There is **weakness** in his argument.
그의 주장에는 약점이 있다.

유 **powerlessness** 무력감

003 ★★★★

lend

v 빌려주다, 빌리다

ex I am going to **lend** you my pencil.
나는 너에게 내 연필을 빌려줄 것이다.

Banks **lend** money to people who need it.
은행은 돈이 필요한 사람에게 돈을 빌려준다.

004 ★★★★

pale

adj 창백한

ex Your face looks so **pale**.
너의 얼굴이 너무 창백해 보인다.

Her face became **pale** at that moment.
그녀의 얼굴이 그 순간 창백해졌다.

유 **wan** 핏기 없는

005 ★★★

flap

n 덮개 / 퍼덕거림 v 퍼덕거리다

ex Find the red star on the front **flap** of the box.
상자의 앞 덮개에서 빨간 별을 찾아보아라.

They **flap** so fast that it can be heard by humans.
그들은 너무 빨리 퍼덕거려서 사람에게까지 들릴 수 있다.

006 ★★

moreover

adv 게다가, 더욱이

ex **Moreover**, carrots are very high in beta-carotene and lutein.
게다가, 당근은 베타카로틴과 루테인을 많이 함유하고 있다.

유 **furthermore** 게다가

007 ★★

photography

n **사진**

ex How many people are in your **photography** class?
네 사진 수업에 얼마나 많은 사람이 있니?

My hobby is **photography** and hiking.
내 취미는 사진과 등산이다.

---

008 ★★

reward

n **보상**

ex She gets major **rewards** from her bank.
그녀는 은행에서 큰 보상을 받는다.

I received a **reward** after catching a notorious thief.
나는 악명 높은 도둑을 잡은 후 보상을 받았다.

---

009 ★★

ability

n **능력, 재능**

ex He made an excuse, saying he didn't have the **ability** to solve it.
그는 그것을 해결할 능력이 없었다고 말하며 변명했다.

---

010 ★★

sidewalk

n **보도, 인도**

ex Three men were standing on the **sidewalk**.
3명의 남자는 인도에 서 있었다.

You cannot park your car on the **sidewalk**.
너는 차를 인도에 주차할 수 없다.

---

011 ★

refill

v **다시 채우다** n **리필 제품**

ex That's why the waiters keep **refilling** people's water glasses.
종업원들이 사람들의 물잔을 계속 채우는 이유가 바로 그것이다.

---

012 ★

similar

adj **비슷한**

ex The designs of the two clothes are **similar**.
두 옷들은 비슷하게 디자인되었다.

This experiment was **similar** to the previous one.
이 실험은 지난번 것과 비슷했다.

DAY 54

★ 표시는 출제 빈도를 나타냅니다.

013 ★

dedication

n 전념, 헌신

ex His **dedication** to this project was admirable.
이 프로젝트에 대한 그의 헌신은 감탄스러웠다.

Your hard work and **dedication** should be praised.
당신의 노고와 헌신은 칭찬받아야 한다.

㊐ **devotion** 헌신

014 ★

wife

n 아내

ex My **wife** and I decided to wait.
나의 아내와 나는 기다리기로 결정했다.

The mayor and his **wife** sat waving at the crowd.
시장과 그의 아내는 앉아서 군중들에게 손을 흔들었다.

015 ★

normally

adv 보통(은)

ex The place **normally** closes at 8 PM on Fridays.
그 장소는 금요일마다 저녁 8시에 닫는다.

She **normally** keeps her hair straight.
그녀는 보통 생머리를 한다.

㊐ **usually** 보통

016 ★

skip

v (일을) 거르다 / 건너뛰다

ex Did they **skip** a week or something?
그들이 일주일이나 건너뛴 거 아니니?

Let's **skip** to the next slide.
다음 슬라이드로 건너뛰자.

017 ★

violet

n 보라색 / 제비꽃

ex She likes that **violet** dress.
그녀는 그 보라색 드레스를 좋아한다.

She gave him some **violets** for their anniversary.
그녀는 기념일에 그에게 제비꽃다발을 주었다.

018 ★

softball

n 소프트볼

ex Do you know how to play **softball**?
너는 소프트볼을 어떻게 하는지 아니?

She enjoys playing **softball** in her free time.
그녀는 자유 시간에 소프트볼 하는 것을 즐긴다.

019

nod

v **(고개를) 끄덕이다** n **(고개를) 끄덕임**

ex The boy smiled and **nodded** to her.
그 소년은 그녀에게 웃으면서 고개를 끄덕였다.

She answered to me with a **nod**.
그녀는 나에게 끄덕이며 대답했다.

020

sunbathe

v **일광욕을 하다**

ex A lot of people were **sunbathing** on the beach.
많은 사람들은 해변에서 일광욕을 하고 있었다.

You must **sunbathe** with babies.
당신은 반드시 아기와 함께 일광욕을 해야 한다.

021

cockroach

n **바퀴벌레**

ex Some people are afraid of **cockroaches**.
어떤 사람들은 바퀴벌레를 무서워한다.

She had the courage to kill the **cockroach**.
그녀는 바퀴벌레를 죽일 용기가 있었다.

022

cub

n **(곰, 사자, 여우 등의) 새끼**

ex Mother lions protect their **cubs** from all enemies.
어미 사자들은 그들의 새끼들을 적으로부터 보호한다.

The mother lion teaches her **cubs** how to hunt.
어미 사자는 새끼들에게 어떻게 사냥하는지 가르쳐준다.

023

harmless

adj **해가 없는, 무해한**

ex Most species that live on plants are **harmless** to other animals.
식물에 사는 대부분의 종은 다른 동물들에게 무해하다.

반 **dangerous** 위험한

024

manual

adj **육체노동의 / 수동의**

ex I drive an automatic car, not a **manual**.
나는 수동기어 자동차가 아니라 자동기어 자동차를 운전한다.

Many people do not like **manual** work.
많은 사람들은 육체노동을 좋아하지 않는다.

반 **automatic** 자동의

DAY 54

★ 표시는 출제 빈도를 나타냅니다.

025 **beast**

n 짐승, 야수

ex She loved the **beast** from the first moment.
그녀는 처음부터 그 야수를 사랑했다.

Ancient men used fire to fight wild **beasts**.
고대 사람들은 야생 짐승들에 맞서 싸우기 위해 불을 이용했다.

---

026 **curl**

n 곱슬곱슬한 머리카락 v 곱슬곱슬하다

ex Her hair has a lot of **curls**.
그녀의 머리카락에는 곱슬곱슬한 머리카락이 많다.

Simply use this brush and create beautiful **curls**.
그냥 이 빗을 이용하고 아름다운 곱슬을 만들어라.

---

027 **hatch**

v 부화하다

ex A chicken egg usually **hatches** in three weeks.
닭의 알은 주로 3주 안에 부화한다.

A few weeks later, caterpillars **hatch** from the eggs.
몇 주 뒤에, 애벌레는 알을 깨고 부화한다.

---

028 **maple**

n 단풍나무

ex **Maple** trees are useful for much more than just their sap.
단풍나무는 단지 그 수액뿐만 아니라 그 이상의 용도로도 유용하다.

참고 **sap** 수액

---

029 **scratch**

n 긁힌 자국 v 긁다

ex He **scratched** a friend's bike.
그는 친구의 자전거를 긁었다.

He was mad because there was a tiny **scratch** on it.
그는 그것에 작은 긁힌 자국이 있었기 때문에 화가 났다.

참고 **scrape** 긁어내다

---

030 **riverboat**

n 강 배, 유람선

ex The **riverboat** passed under the bridge in Paris.
그 유람선은 파리에 있는 다리 아래를 지났다.

Tourists were standing on the **riverboat**.
관광객들은 유람선 위에 서 있었다.

Practice

1. 다음 단어들을 올바르게 연결하세요.

(1) serious •	• (a) 약함, 약점
(2) weakness •	• (b) 빌려주다, 빌리다
(3) lend •	• (c) 심각한, 진지한
(4) moreover •	• (d) 게다가, 더욱이
(5) similarly •	• (e) 보통은
(6) dedication •	• (f) 비슷하게
(7) normally •	• (g) 전념, 헌신
(8) cockroach •	• (h) 바퀴벌레

2. 다음 영어 뜻에 맞게 알맞은 단어를 보기에서 찾아 쓰세요.

harmless reward ability pale

(1) light in color or having little color

(2) not able or likely to cause harm

(3) a thing given in recognition of one's service, effort, or achievement

(4) possession of the means or skill to do something

SELF TEST

01	scratch	
02		일광욕을 하다
03	maple	
04		심각한, 진지한
05	hatch	
06		약함, 약점
07	beast	
08		빌려주다
09	curl	
10		창백한
11	harmless	
12		강 배, 유람선
13	flap	
14		육체노동의
15	cub	
16		게다가, 더욱이
17	cockroach	
18		사진
19	softball	
20		보상
21	nod	
22		능력, 재능
23	skip	
24		보도, 인도
25	refill	
26		보라색, 제비꽃
27	normally	
28		비슷한
29	wife	
30		전념, 헌신

DAY 55

색상으로 8품사 구분하기

n	**명사**	noun	pron	**대명사**	pronoun
v	**동사**	verb	adj	**형용사**	adjective
adv	**부사**	adverb	conj	**접속사**	conjunction
prep	**전치사**	preposition	int	**감탄사**	interjection

adj	sharp
n	expert
v	appreciate
adj	violent
n	novelist
v	offer
v	promote
n	bud
n	string
n	photographer
n	truck
n	seawater
n	core
adv	widely
n	surgery
adv	randomly
adj	outgoing
n	lemonade
n	buffalo
n	seesaw
n	mate
adj	useful
adj	uneasy
n	happening
n	ponytail
n	supervisor
n	snout
n	riverside
n	housework
n	bun

DAY 55

★ 표시는 출제 빈도를 나타냅니다.

001 ★★★★

sharp

adj 날카로운 / 급격한

ex Their teeth had become **sharp**, and their eyes shone like an animal's.
그들의 이빨은 날카로워졌고, 그들의 눈은 동물처럼 빛났다.

002 ★★★★

truck

n 대형 트럭 v 트럭으로 운반하다

ex **Trucks** do not necessarily need to run on fossil fuels.
트럭은 필수적으로 화석연료로 작동할 필요는 없다.

A lumber **truck** overturned on the highway.
재목을 실은 트럭이 고속도로에서 뒤집혔다.

003 ★★★★

mate

n 동료, 짝의 한쪽 / 배우자

ex We became **mates** on the game.
우리는 게임에서 짝이 되었다.

Crows tend to have one main **mate**.
까마귀는 한 명의 주요 배우자만 갖는 성향이 있다.

004 ★★★★

expert

n 전문가

ex We talked with an **expert** about his advice.
우리는 그의 조언에 대해 전문가와 함께 대화를 나눴다.

She is an **expert** on the language.
그녀는 그 언어의 전문가이다.

참고
expertise
n. 전문 기술

005 ★★★

seawater

n 바닷물

ex The starfish fills their feet with **seawater** to enable movement.
그 불가사리는 움직이기 위해 그들의 발을 바닷물로 채운다.

006 ★★★

useful

adj 유용한

ex Sound is not **useful** for finding fish in the sand.
소리는 모래에 있는 물고기를 찾아내는 데 유용하지 않다.

Statistics are very **useful** in our lives.
통계학은 우리의 삶에서 매우 유용하다.

007 ★★

appreciate

v **감사하다 / 인정하다**

ex I **appreciate** any advice you have.
나는 너의 어떤 조언이든 감사해.

The singer's music is widely **appreciated**.
그 가수의 음악은 널리 인정받고 있다.

---

008 ★★

core

n **속, 중심부** adj **핵심적인**

ex The material called iridium is found in the **core** of the earth.
이리듐이라는 물질은 지구의 중심부에서 발견된다.

---

009 ★★

uneasy

adj **불안한, 우려되는**

ex What is the biggest reason that people get **uneasy**?
사람들이 불안해지는 가장 큰 이유가 무엇인가?

I felt **uneasy** about meeting him again.
나는 그를 다시 만나는 것에 대해 불안을 느꼈다.

---

010 ★★

violent

adj **폭력적인**

ex People started describing him as angry and **violent**.
사람들은 그를 화나고 폭력적인 사람으로 묘사하기 시작했다.

She worries about her son watching **violent** videos.
그녀는 그녀의 아들이 폭력적인 영상을 보는 것을 걱정한다.

참고 **violate** 위반하다

---

011 ★★

widely

adv **널리, 대단히**

ex One of the most **widely** used materials on the planet is rubber.
이 행성에서 가장 널리 이용되는 재료는 고무이다.

---

012 ★

happening

n **(우연히 일어난) 일, 행위**

ex Don't worry. It's just a **happening**.
걱정하지마. 그냥 우연히 일어난 일이야.

Many strange **happenings** made me cry.
많은 이상한 일은 나를 울게 만들었다.

★ 표시는 출제 빈도를 나타냅니다.

013 ★

novelist

n **소설가**

ex J.K. Rowling is a renowned **novelist**.
J.K. Rowling은 전 세계에서 유명한 소설가이다.

He is a poet and a **novelist**.
그는 시인이자 소설가이다.

014 ★

surgery

n **수술, 진료**

ex A team of doctors performed **surgery** on his brain.
한 팀의 의사들은 그의 뇌를 수술했다.

My family can't afford that kind of **surgery**.
우리 가족은 그런 종류의 수술을 감당할 여유가 없다.

015 ★

ponytail

n **포니테일 (말총 모양으로 묶은 머리)**

ex The girl tied her hair up in a **ponytail**.
그 소녀는 포니테일로 머리를 올려 묶었다.

The **ponytail** was in fashion several years ago.
포니테일은 몇 년 전 유행이었다.

016 ★

offer

v **제공하다**

ex They are looking for a resort **offering** beach parties.
그들은 해변 파티를 제공하는 리조트를 찾고 있다.

017 ★

randomly

adv **무작위로, 임의로**

ex We used a system to handle applications **randomly**.
우리는 앱을 무작위로 다루기 위해 시스템을 사용했다.

These are eight **randomly** selected digits.
무작위로 선택된 8개의 숫자가 있다.

참고 **consistently** 일관하여, 지속적으로

018 ★

supervisor

n **감독관, 관리자**

ex You should receive training from a **supervisor**.
너는 관리자로부터 교육을 받아야 한다.

Your **supervisor** will demonstrate the procedures.
너의 감독관은 과정들을 보여줄 것이다.

019 ★

promote

v 촉진하다 / 홍보하다 / 승진시키다

ex The purpose is to **promote** animal care.
목적은 동물 보호를 홍보하기 위함이다.

He has been **promoted** due to exemplary service.
그는 모범적인 서비스로 인해 승진하였다.

참고 **promotion**
n. 승진, 홍보

020 ★

outgoing

adj 외향적인, 사교적인

ex She has an **outgoing** personality.
그녀는 사교적인 성격을 가졌다.

He is **outgoing** so he likes to get along with others.
그는 사교적이기 때문에 다른 사람과 어울리기를 좋아한다.

유 **sociable**
사교적인

021

snout

n (동물의) 코, 주둥이

ex Pig **snouts** are not eaten often.
돼지 코는 잘 먹지 않는다.

Pigs use their **snouts** to dig the ground.
돼지는 코를 이용해 땅을 판다.

022

bud

n 싹, 꽃봉오리 v 싹을 틔우다

ex The flower **buds** are starting to open.
꽃봉오리가 피기 시작했다.

Taste **buds** are located all throughout the mouth.
맛봉오리는 입 안 전체에 위치해있다.

참고 **taste bud**
맛봉오리

023

lemonade

n 레모네이드

ex The children sold **lemonade** during vacation.
아이들은 방학 동안 레모네이드를 팔았다.

When will there be free cookies and **lemonade**?
공짜 쿠키와 레모네이드가 언제 제공되나요?

024

riverside

n 강가, 강변

ex Some people are camping by the **riverside**.
어떤 사람들은 강가 옆에서 캠핑을 하고 있다.

There are several nice restaurants along the **riverside**.
강변을 따라 괜찮은 식당 몇 군데가 있다.

DAY 55

★ 표시는 출제 빈도를 나타냅니다.

025 **string**

n **끈, 줄** v **묶다**

ex The sound will be heard when we put the **strings** on.
우리가 줄을 넣으면 소리가 들릴 것이다.

You can make jewelry from silver and gold **strings**.
너는 금과 은 줄로 보석을 만들 수 있다.

---

026 **buffalo**

n **물소**

ex People in some countries use a **buffalo** for farming.
어떤 나라의 사람들은 농사를 위해 물소를 사용한다.

Buffalo hide is often used to make boots.
물소 가죽은 주로 부츠를 만들기 위해 이용된다.

참고 **hide** 가죽

---

027 **housework**

n **가사, 집안일**

ex She did all the **housework** in just one hour.
그녀는 1시간 안에 모든 집안일을 다 했다.

They divided the **housework** equally.
그들은 집안일을 공평하게 나눴다.

참고 **household** 가정

---

028 **photographer**

n **사진작가**

ex You must have a good **photographer** following you around.
좋은 사진작가가 너를 따라다니는 것이 틀림없다.

---

029 **seesaw**

n **시소**

ex There are only two **seesaws** in our playground.
운동장에 시소가 2개밖에 없다.

Two children are sitting on the **seesaw**.
두 명의 아이들은 시소에 앉아있다.

---

030 **bun**

n **번빵, (둥글납작한) 빵**

ex The steamed **bun** shop is full of customers.
찐빵 가게는 손님들로 가득 차있다.

My grandmother often makes spicy **buns**.
나의 할머니는 종종 매운 빵을 만든다.

Practice

1. 다음 단어들을 올바르게 연결하세요.

(1) violent	(a) 불안한
(2) uneasy	(b) 폭력적인
(3) riverside	(c) 끈, 줄, 묶다
(4) string	(d) 사진작가
(5) photographer	(e) 강가
(6) surgery	(f) 유용한
(7) happening	(g) 수술, 진료
(8) useful	(h) 일, 행위

2. 우리말 뜻에 맞게 빈칸에 알맞은 단어를 보기에서 찾아 쓰세요.

housework promoted appreciate widely

(1) **He has been ________ due to exemplary service.**
그는 모범적인 서비스로 인해 승진하였다.

(2) **She did all the ________ in just one hour.**
그녀는 1시간 안에 모든 집안일을 다 했다.

(3) **One of the most ________ used materials on the planet is rubber.**
이 행성에서 가장 널리 이용되는 재료는 고무이다.

(4) **I ________ any advice you have.**
나는 너의 어떤 조언이든 감사해.

SELF TEST

01		수술, 진료	16	appreciate	
02	ponytail		17		유용한
03		소설가	18	bud	
04	offer		19		바닷물
05		일, 행위	20	string	
06	randomly		21		전문가
07		널리, 대단히	22	riverside	
08	promote		23		사진작가
09		폭력적인	24	mate	
10	supervisor		25		날카로운, 급격한
11		우려되는	26	housework	
12	snout		27		시소
13		사교적인, 활발한	28	truck	
14	core		29		번빵
15		레모네이드	30	buffalo	

DAY 56

색상으로 8품사 구분하기

n	명사	noun	pron	대명사	pronoun
v	동사	verb	adj	형용사	adjective
adv	부사	adverb	conj	접속사	conjunction
prep	전치사	preposition	int	감탄사	interjection

n	track	v	sprain	n	couple
n	advance	adj	favorite	n	display
n	motorbike	n	psychology	adj	pleasant
n	reflection	n	scope	adv	clearly
adj	adventurous	n	hearing	adv	rarely
n	sunray	n	teenager	n	sort
v	upload	adj	starry	n	lens
n	pianist	v	howl	n	rollerblade
pron	something	n	sunglasses	n	wax
v	bathe	n	campfire	adj	golden

DAY 56

★ 표시는 출제 빈도를 나타냅니다.

001 ★★★★

track

n 길 v 추적하다[뒤쫓다]

ex It is near the railroad **tracks**, but it is not a train.
그것은 기찻길 근처에 있지만, 기차는 아니다.

It was also likely used to **track** the times.
그것은 또한 시대를 추적하기 위해 사용되었을 가능성이 높다.

002 ★★★★

sprain

v (특히 팔목·발목을) 삐다

ex If you **sprain** your ankle, visit the hospital right away.
만약 당신이 발목을 삔다면, 바로 병원에 가라.

You usually cannot move a **sprained** toe.
당신은 대개 삔 발가락을 움직일 수 없다.

003 ★★★★

couple

n 두 사람[개] / 몇 명[개]의 / 커플

ex I gave you a **couple** of examples before.
나는 이전에 당신에게 몇 개의 예시를 주었다.

Tom and Mary are a happily married **couple**.
Tom과 Mary는 행복한 부부이다.

004 ★★★★

advance

n 진전, 발전

ex The **advance** of science led us to live conveniently.
과학의 발전은 우리가 편하게 살 수 있도록 이끌었다.

They should be ordered at least 24 hours in **advance**.
그것들은 최소한 24시간 전에 미리 주문되어야 한다.

참고
in advance
(~보다) 미리[앞서]

005 ★★★

favorite

adj (가장) 좋아하는 n (가장) 좋아하는 것

ex That song is one of my **favorite** ones.
그 노래는 내가 가장 좋아하는 것들 중 하나이다.

Here are eight of our **favorites**, in no particular order.
여기 내가 좋아하는 것 8개가 특정한 순서 없이 있다.

006 ★★★

display

n 전시, 진열, 전광판 v 전시[진열]하다

ex Which part of the departure **display** board needs to be changed?
출발 전광판의 어떤 부분이 바뀌어야 하는가?

007 ★★

motorbike

n 오토바이

ex I'll ride a **motorbike** around the city.
나는 오토바이를 타고 도시 주위를 돌거야.

Motorbike accidents can be seriously dangerous.
오토바이 사고는 심각하게 위험할 수 있다.

---

008 ★★

psychology

n 심리학

ex Thorough research in **psychology** can help us to understand human motivation better.
심리학에 대한 세밀한 연구는 인간의 동기부여에 대해 더 잘 이해할 수 있도록 돕는다.

참고 **physiology** 생리학

---

009 ★★

pleasant

adj 쾌적한, 즐거운

ex The tree makes some **pleasant** shade.
나무는 쾌적한 그늘을 만든다.

Not everything in life is **pleasant**.
인생의 모든 것이 즐거운 것은 아니다.

---

010 ★★

reflection

n 상[모습] / 반영

ex It was just his **reflection** in the water.
그것은 단지 물에 비친 그의 모습이었다.

Clothes are usually a **reflection** of one's personality.
옷은 주로 한 사람의 성격을 반영한다.

---

011 ★★

scope

n 범위 / 기회[여지/능력]

ex What he proposed is beyond the **scope** of our subject.
그가 제안한 것은 우리의 주제 범위 밖이다.

His power is limited in **scope**.
그의 권력은 범위가 제한되어 있다.

---

012 ★

clearly

adv 분명히

ex You should adjust your focus if you want to see them **clearly**.
당신은 그것들을 분명하게 보고 싶다면 초점을 반드시 조정해야 한다.

유 **obviously** 확실히

DAY 56

★ 표시는 출제 빈도를 나타냅니다.

013 ★ **adventurous**

adj **모험적인**

ex He had done something **adventurous** yet foolish.
그는 바보 같지만 모험적인 것을 했다.

I often try **adventurous** dishes when traveling abroad.
나는 해외를 여행할 때 종종 모험적인 음식을 시도한다.

---

014 ★ **hearing**

n **청력, 듣기**

ex Concerts can be bad for your **hearing**.
콘서트는 당신의 청력에 나쁠 수 있다.

Beethoven's **hearing** got worse and worse.
베토벤의 청력은 갈수록 나빠졌다.

---

015 ★ **rarely**

adv **드물게, 좀처럼 …하지 않는**

ex Our grandparents **rarely** go out of their house.
우리 조부모님은 그들의 집 밖으로 좀처럼 나가지 않는다.

Because he **rarely** lost, he did not remove the mask.
그가 좀처럼 지지 않기 때문에, 그는 가면을 벗지 않았다.

---

016 ★ **sunray**

n **태양 광선**

ex The cave protects astronauts from harmful **sunrays** and space dust.
그 동굴은 우주비행사들을 유해한 태양 광선과 우주먼지로부터 보호한다.

---

017 ★ **teenager**

n **십대**

ex Many **teenagers** like to listen to pop music.
대부분의 십대들은 팝송 듣는 것을 좋아한다.

There were teams for kids, **teenagers**, and adults.
어린이, 청소년, 어른들을 위한 팀들이 있었다.

---

018 ★ **sort**

n **종류, 부류** v **분류하다**

ex I don't want to get involved in any accidents of any **sort**.
나는 어떤 부류의 어떤 사고와도 관련되고 싶지 않다.

019 ★

upload

v 업로드하다 n 업로드

ex Instead, we will **upload** a professional video.
대신, 우리는 전문적인 영상을 업로드할 것이다.

She does not **upload** many pictures on social media.
그녀는 소셜 미디어에 많은 사진을 업로드하지 않는다.

020 ★

starry

adj 별이 총총한

ex "**Starry** Night" is one of Van Gogh's masterpieces.
"별이 빛나는 밤에"는 Van Gogh의 명작 중 하나이다.

We went to see a beautiful **starry** night.
우리는 별이 총총한 밤하늘을 보러 떠났다.

021

lens

n 렌즈

ex The **lens** makes everything look larger.
렌즈는 모든 것을 더 크게 보이게 만든다.

My contact **lens** fell out of my eye.
내 콘택트 렌즈가 내 눈에서 떨어져 나갔다.

022

pianist

n 피아니스트

ex I want to be a **pianist** when I grow up.
나는 크면 피아니스트가 되고 싶다.

Wow, that **pianist** is amazing!
와, 저 피아니스트 정말 대단해!

023

howl

v 울다[울부짖다] n 길게 짖는 소리

ex He ran around the castle **howling** like a wolf!
그는 성을 돌아다니며 마치 늑대처럼 울부짖었다!

Her dog **howled** in a high pitch.
그녀의 개는 높은 소리로 울부짖었다.

참고 **growl** 으르렁거리다

024

rollerblade

n 롤러블레이드 v 롤러블레이드를 타다

ex I wanted to **rollerblade** there but the ground was too bumpy.
나는 그곳에서 롤러블레이드를 타고 싶었지만 땅이 너무 울퉁불퉁했다.

DAY 56

★ 표시는 출제 빈도를 나타냅니다.

025

something

pron **어떤 것, 무엇**

ex I want to eat **something** sweet.
나는 단 것을 먹고 싶다.

Something is making a noise.
무엇인가 소음을 내고 있다.

026

sunglasses

n **선글라스**

ex **Sunglasses** are needed to protect your eyes from the sunlight.
선글라스는 너의 눈을 햇빛으로부터 보호하기 위해 필요하다.

027

wax

n **밀랍, 왁스**

ex We visited a place full of art made from **wax**.
우리는 밀랍으로 만들어진 미술품으로 가득한 곳에 방문했다.

He sealed his letter with hot **wax**.
그는 그의 편지를 뜨거운 밀랍으로 밀봉했다.

028

bathe

v **(몸을) 씻다, 세척하다**

ex It feels good to **bathe** with warm water after work.
퇴근 후에 따뜻한 물로 몸을 씻는 것은 기분이 좋다.

I'd like to have my dog **bathed** and clipped.
저의 개를 목욕시키고 털을 깎아주세요.

029

campfire

n **모닥불**

ex We told stories to each other around the **campfire**.
우리는 모닥불 주위에서 서로에게 이야기를 했다.

He's gathering sticks for the **campfire**.
그는 모닥불을 피우기 위해 나무 막대기를 모으고 있다.

030

golden

adj **황금빛의**

ex The American actress has long **golden** hair.
그 미국 여배우는 길고 황금빛의 머리카락을 가지고 있다.

The fairy returned with a **golden** axe.
요정은 황금도끼를 가지고 돌아왔다.

Practice

1. 다음 단어들을 올바르게 연결하세요.

(1) clearly	(a) 분명히
(2) adventurous	(b) 업로드하다
(3) starry	(c) 별이 총총한
(4) upload	(d) 황금빛의
(5) campfire	(e) 모닥불
(6) golden	(f) 심리학
(7) sort	(g) 부류, 분류하다
(8) psychology	(h) 모험적인

2. 다음 영어 뜻에 맞게 알맞은 단어를 보기에서 찾아 쓰세요.

bathe　　advance　　rarely　　howl

(1) wash by immersing one's body in water

(2) a long and loud cry uttered by an animal such as a dog or wolf

(3) not often; seldom

(4) a forward movement

SELF TEST

01	bathe		16		심리학
02		길, 추적하다	17	pianist	
03	sprain		18		쾌적한, 즐거운
04		황금빛의	19	starry	
05	couple		20		상[모습], 반영
06		모닥불	21	lens	
07	sunglasses		22		범위, 기회
08		진전, 발전	23	upload	
09	something		24		분명히
10		(가장) 좋아하는	25	sort	
11	display		26		모험적인
12		밀랍, 왁스	27	teenager	
13	howl		28		청력, 듣기
14		오토바이	29	rarely	
15	rollerblade		30		태양 광선

TOSEL 실전문제 8

SECTION II. Reading and Writing

PART B. Situational Writing

DIRECTIONS: For questions 1 to 6, look at the pictures and complete the sentences. Choose the option that BEST completes each sentence.

지시 사항: 1번부터 6번까지는 그림을 보고 문장을 완성하는 문제입니다. 가장 알맞은 답을 고르세요.

1.

This fresh milk was made of ________.

(A) kiwi

(B) spike

(C) walnut

(D) broccoli

2.

I am running my own ________.

(A) gallery

(B) stadium

(C) pharmacy

(D) shopping mall

3.

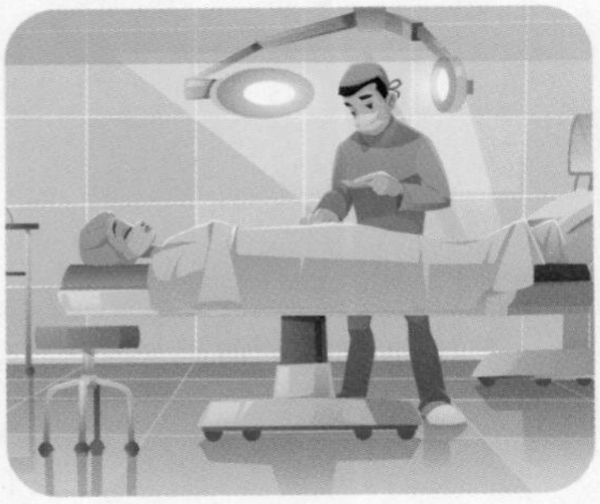

The doctor performed ________ her stomach.

(A) expert of

(B) surgery on

(C) display with

(D) tournament of

4.

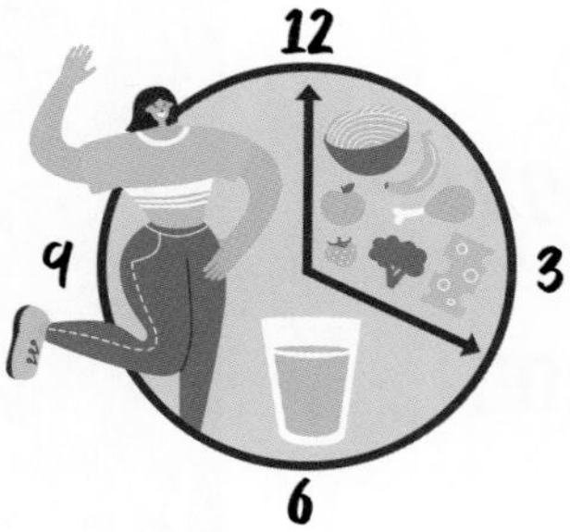

The woman drinks only water and ________ dinner.

(A) skips
(B) sorts
(C) tends
(D) lends

5.

Their hairstyles are straight and braided, ________.

(A) finally
(B) closely
(C) completely
(D) respectively

6.

The clerk makes customers ________.

(A) gloomy
(B) pleasant
(C) offended
(D) surprised

CHAPTER 09

DAY 57

색상으로 8품사 구분하기

n	명사	noun	pron	대명사	pronoun
v	동사	verb	adj	형용사	adjective
adv	부사	adverb	conj	접속사	conjunction
prep	전치사	preposition	int	감탄사	interjection

n	wrestler
n	zombie
pron	themselves
n	reporter
adj	spiky
n	skeleton
adv	softly
adv	somewhat
n	firefighter
n	firefly
n	statue
v	reduce
n	understanding
adj	adorable
n	wheat
n	youth
n	romance
n	topping
n	weekday
n	rake
n	balance
adj	rural
n	sunscreen
n	countryside
n	purchase
v	prove
n	daisy
n	carnation
n	carol
n	killer

DAY 57

★ 표시는 출제 빈도를 나타냅니다.

001 ★★★★

wrestler

n 레슬링 선수

ex If a **wrestler** falls to the ground or steps out of the ring, he loses the match.
레슬링 선수가 바닥에 떨어지거나 링 밖으로 걸어나오면, 그는 경기에서 진다.

002 ★★★★

statue

n 조각상

ex This **statue** looks great!
이 조각상은 정말 훌륭하다!

Totem poles are tall **statues** carved from wood.
토템폴은 나무로 만들어진 높은 조각상이다.

003 ★★★★

balance

n (몸의) 균형 / 잔고

ex This helps with **balance** and back posture.
이것은 균형을 잡는 것과 허리 자세를 잡는 것을 돕는다.

This app is used for checking account **balances**.
이 앱은 계좌 잔액을 확인하는 데 사용된다.

004 ★★★★

zombie

n 좀비

ex It involves shooting **zombies**.
그것은 좀비를 쏘는 것을 포함한다.

The movie was about a **zombie** virus.
그 영화는 좀비 바이러스에 관한 것이었다.

005 ★★★

reduce

v 줄이다[축소하다]

ex The supermarket suddenly **reduced** its prices.
그 슈퍼마켓은 갑자기 가격을 내렸다.

The world needs to **reduce** the amount of waste.
전 세계는 쓰레기의 양을 줄일 필요가 있다.

006 ★★

rural

adj 시골의, 지방의

ex The immigrants settled in **rural** areas.
이민자들은 시골 지역에 정착했다.

People moved to **rural** areas for leisurely life.
사람들은 여유로운 삶을 위해 시골 지역으로 이사했다.

007 ★★

themselves

pron **(그들) 자신, 직접**

ex Little children want to choose what to wear by **themselves**.
어린 아이들은 무엇을 입을지 그들이 직접 정하고 싶어한다.

---

008 ★★

understanding

n **이해** adj **이해심 있는**

ex They have a better **understanding** of economics.
그들은 경제학에 대한 더 나은 이해를 하고 있다.

My teacher is very **understanding** and kind.
나의 선생님은 이해심 있고 친절하다.

참고
understand
v. 이해하다

---

009 ★★

sunscreen

n **자외선 차단제**

ex Make sure to put on **sunscreen** before going to the beach.
해변에 가기 전에 자외선 차단제를 바르도록 해라.

---

010 ★★

reporter

n **(보도) 기자**

ex Is that how most **reporters** work?
대부분의 기자들이 그렇게 일하는가?

What warning does the **reporter** give?
그 기자가 준 경고가 무엇인가?

---

011 ★

adorable

adj **사랑스러운**

ex Her hamster has white fur and **adorable** pink paws.
그녀의 햄스터는 흰 털과 사랑스러운 분홍색 발을 가졌다.

Look at that **adorable** little pig!
저 사랑스러운 작은 돼지를 봐!

---

012 ★

countryside

n **시골 지역**

ex My family visited my grandparents' farm in the **countryside**.
나의 가족은 시골지역에 있는 조부모님의 농장에 방문했다.

★ 표시는 출제 빈도를 나타냅니다.

013 **spiky** ★

adj **뾰족뾰족한**

ex The plant eaters have **spiky** tails.
그 초식동물들은 뾰족뾰족한 꼬리를 가지고 있다.

He hurt his hand because he touched a **spiky** plant.
그는 뾰족한 식물을 만졌기 때문에 손을 다쳤다.

014 **wheat** ★

n **밀**

ex **Wheat** is produced mainly in fertile soils.
밀은 비옥한 토양에서 주로 생산된다.

I cannot distinguish **wheat** from barley.
나는 보리와 밀을 구별할 수 없다.

참고 **barley** 보리

015 **purchase** ★

v **구입하다** n **구입, 구매**

ex My father wants to **purchase** a bigger television.
나의 아버지는 더 큰 텔레비전을 구입하고 싶어 한다.

Where can I **purchase** a comb?
어디서 빗을 구입할 수 있나요?

016 **skeleton** ★

n **뼈대, 골격 / 해골**

ex Maybe it looked a little like a **skeleton**.
아마 그것은 약간 해골 같이 보였다.

A shark's **skeleton** is mainly cartilage.
상어의 뼈대는 주로 연골이다.

참고 **cartilage** 연골

017 **youth** ★

n **젊음, 청춘 / 어린 시절**

ex I'm checking out a **youth** program online.
나는 온라인 청년 프로그램을 알아보고 있다.

He lived in the city in his **youth**.
그는 어린 시절 도시에서 살았다.

018 **prove** ★

v **입증[증명]하다**

ex This **proved** that ancient people could travel long distances without maps.
이것은 고대 사람들이 지도 없이도 장거리를 여행할 수 있다는 것을 증명했다.

019 ★

softly

adv **부드럽게**

ex She patted the baby's chest **softly**.
그녀는 아기의 가슴을 부드럽게 쓰다듬었다.

You should speak more **softly**.
너는 더 부드럽게 말해야 한다.

020 ★

romance

n **(보통 짧은) 연애, 로맨스**

ex Paris is the city of fashion and **romance**.
파리는 패션과 로맨스의 도시이다.

This trip will lead you to some great new **romances**.
이 여행은 당신을 어떤 크고 새로운 로맨스로 이끌 것이다.

021

daisy

n **데이지 꽃**

ex Many people think **daisies** are pretty flowers.
많은 사람들은 데이지가 예쁜 꽃이라고 생각한다.

Actually, I've always been partial to **daisies**.
사실, 나는 항상 데이지를 매우 좋아해왔다.

022

somewhat

adv **어느 정도, 다소**

ex Their house is **somewhat** bigger than ours.
그들의 집은 우리집보다 어느 정도 더 크다.

I agree that the new tax laws are **somewhat** biased.
나는 새로운 세법이 다소 편향되었다는 것에 동의한다.

023

topping

n **(음식 위에 얹는) 토핑**

ex Why don't you choose a **topping**?
네가 토핑을 고르지 않을래?

Is that the one with cherry **toppings**?
저게 체리토핑 올라간 거야?

024

carnation

n **카네이션**

ex They used to receive **carnations** on Teachers' Day.
그들은 스승의 날에 카네이션을 받곤했다.

She gave her dad a **carnation**.
그녀는 그녀의 아버지에게 카네이션을 드렸다.

참고
incarnation
생애

DAY 57

★ 표시는 **출제 빈도**를 나타냅니다.

025

firefighter

n 소방관

ex **Firefighters** might face dangerous situations.
소방관들은 위험한 상황들을 마주할 수 있다.

The **firefighters** put ladders on trees.
소방관들은 나무에 사다리를 놓았다.

026

weekday

n 평일

ex Most students go to school on **weekdays** only.
대부분의 학생들은 평일에만 학교에 간다.

My mother packs lunch for me on **weekdays**.
나의 어머니는 평일에 나를 위해 점심을 싸주신다.

027

carol

n 크리스마스 캐럴

ex I love listening to **carols** when Christmas is coming.
나는 크리스마스가 다가올 때 크리스마스 캐럴 듣는 것을 좋아한다.

028

firefly

n 반딧불이

ex Some creatures, such as **fireflies**, can produce their own light.
반딧불이 같은 생명체는 그들 스스로 빛을 만들어 낼 수 있다.

029

rake

n 갈퀴 v 갈퀴질을 하다

ex She used a **rake** to gather the leaves in the garden.
그녀는 정원의 나뭇잎을 모으기 위해 갈퀴를 이용했다.

My father usually **rakes** the leaves every fall.
나의 아버지는 가을마다 나뭇잎을 갈퀴질한다.

030

killer

n 살인자

ex In the movie, the police arrest the **killer**.
영화에서, 경찰이 살인자를 체포한다.

Practice

1. 다음 단어들을 올바르게 연결하세요.

(1) weekday	(a) (몸의) 균형, 잔고
(2) prove	(b) 좀비
(3) countryside	(c) 시골의, 지방의
(4) adorable	(d) 사랑스러운
(5) sunscreen	(e) 시골 지역
(6) rural	(f) 입증[증명]하다
(7) balance	(g) 평일
(8) zombie	(h) 자외선 차단제

2. 우리말 뜻에 맞게 빈칸에 알맞은 단어를 보기에서 찾아 쓰세요.

reduce statues softly youth

(1) The world needs to ______ the amount of waste.
전 세계는 쓰레기의 양을 줄일 필요가 있다.

(2) She patted the baby's chest ______.
그녀는 아기의 가슴을 부드럽게 쓰다듬었다.

(3) He lived in the city in his ______.
그는 어린 시절 도시에서 살았다.

(4) Totem poles are tall ______ carved from wood.
토템폴은 나무로 만들어진 높은 조각상이다.

SELF TEST

01	reporter		16		어느 정도, 다소
02		구매, 구입하다	17	topping	
03	understanding		18		(그들) 자신
04		뼈대, 골격; 해골	19	killer	
05	sunscreen		20		카네이션
06		젊음, 어린 시절	21	reduce	
07	adorable		22		소방관
08		입증[증명]하다	23	zombie	
09	countryside		24		평일
10		부드럽게	25	wrestler	
11	romance		26		크리스마스 캐럴
12		밀	27	balance	
13	spiky		28		반딧불이
14		데이지 꽃	29	statue	
15	rural		30		갈퀴

DAY 58

색상으로 8품사 구분하기

n	명사	noun	pron	대명사	pronoun
v	동사	verb	adj	형용사	adjective
adv	부사	adverb	conj	접속사	conjunction
prep	전치사	preposition	int	감탄사	interjection

n	stock	n	tournament	adv	ahead
n	pile	n	base	n	gathering
adj	refundable	n	shoot	adj	unexpected
adj	visible	adj	weird	n	appliance
n	population	v	soften	adj	incorrect
adj	thoughtful	n	source	adj	operational
adj	active	adj	skillful	n	saltwater
n	bedtime	n	earphone	adj	southern
n	beetle	adj	greenfield	n	mill
n	raspberry	prep	besides	v	obtain

DAY 58

★ 표시는 출제 빈도를 나타냅니다.

001 ★★★★

stock

n (상점의) 재고

ex That dress has been out of **stock** all month.
그 드레스는 한 달 내내 품절되었다.

We have new reflectors in **stock**.
우리는 새 반사경의 재고가 있다.

참고 **stack** 무더기

002 ★★★★

tournament

n 토너먼트

ex In one **tournament**, a horse fell on a man.
한 토너먼트 경기에서, 말이 사람 위로 떨어졌다.

I really want to win the soccer **tournament**.
나는 정말로 축구 토너먼트에서 이기고 싶다.

003 ★★★★

ahead

adv (공간·시간상으로) 앞으로, 앞에 / 미리

ex I guess we should have booked **ahead**.
우리 미리 예약했어야 했나 봐.

Early balloon pilots were far **ahead** of their time!
초기의 열기구 비행사들은 시대를 매우 앞서 있었다!

004 ★★★★

pile

n 더미 v 쌓아 올리다

ex Your glasses are somewhere beneath that **pile** of papers.
너의 안경은 그 종이 더미 밑 어딘가에 있다.

005 ★★★

base

n 맨 아랫부분 / 기초[토대]

ex The **base** of this building is very strong.
이 건물의 토대는 아주 튼튼하다.

You need to understand the **base** of the writing.
너는 그 글의 기초를 이해해야 한다.

참고 **home** 발상지

006 ★★★

gathering

n 모임

ex We had a big family **gathering** last weekend.
우리는 지난주에 가족모임을 크게 했다.

She bought a cake for our **gathering**.
그녀는 우리 모임을 위해서 케이크를 샀다.

007 ★★

refundable

adj **환불 가능한**

ex Are these bus tickets **refundable**?
이 버스 티켓들은 환불 가능하니?

Tickets are **refundable** until today.
티켓은 오늘까지만 환불 가능하다.

008 ★★

shoot

n **영화[사진] 촬영** v **(총 등을) 쏘다**

ex I really wanted to do a **shoot** this weekend.
나는 이번 주말에 정말로 촬영을 하고 싶었다.

Drop your weapons or I'll **shoot**!
무기를 내려놓지 않으면 쏘겠다!

009 ★★

unexpected

adj **예기치 않은, 예상 밖의**

ex Modification to cells can lead to **unexpected** discoveries.
세포의 변형은 예기치 않은 발견으로 이끌 수 있다.

010 ★★

visible

adj **(눈에) 보이는**

ex On the tail are small but clearly **visible** feathers.
꼬리 위에는 작지만 분명히 보이는 깃털이 있다.

Interestingly, this plant produces no **visible** leaves.
흥미롭게도, 이 식물은 눈에 보이는 잎들을 만들어내지 않는다.

참고 **visual** 시각의

011 ★★

weird

adj **이상한, 기이한**

ex Are you still on that **weird** diet?
너 아직도 그 이상한 다이어트 중이니?

What's that **weird** sound?
저 이상한 소리는 무엇이니?

㊐ **creepy** 기이한

012 ★

appliance

n **(가정용) 기기**

ex We visited the store to buy small **appliances**.
우리는 소형 가전들을 사기 위해 상점으로 갔다.

I prefer black **appliances** over white ones.
나는 흰색 기기보다 검은색 기기를 선호한다.

DAY 58

★ 표시는 출제 빈도를 나타냅니다.

013 ★

population

n 인구

ex China has the world's largest **population**.
중국은 세계에서 인구가 가장 많다.

The **population** is decreasing drastically.
인구는 대폭 감소하고 있다.

014 ★

soften

v 부드러워지다

ex The tanners use only their bare feet to pound and **soften** the hides.
무두장이들은 맨발만을 사용하여 가죽을 두드리고 부드럽게 한다.

015 ★

incorrect

adj 부정확한

ex No refunds will be given for passes with **incorrect** dates on.
부정확한 날짜가 쓰여있는 통행권에 대해서는 환불이 될 수 없다.

016 ★

thoughtful

adj 사려 깊은, 배려심 있는

ex What he gave to me was a **thoughtful** gift.
그가 나에게 준 것은 배려심 넘치는 선물이었다.

She was a very **thoughtful** and polite person.
그녀는 매우 사려 깊고 예의 바른 사람이었다.

017 ★

source

n 원천, 근원

ex Peanuts are a great **source** of healthy oils.
땅콩은 건강한 기름의 좋은 원천이다.

Women in villages helped create a **source** of fuel.
마을의 여성들은 연료의 원천을 만들어내는 것을 도왔다.

참고 **resource** 자원

018 ★

operational

adj 사용[가동]할 준비가 갖춰진

ex They introduced the world's first **operational** robot police officer.
그들은 세계 최초의 사용할 준비가 된 로봇 경찰관을 소개했다.

참고 **operative** adj. 가동되는

019 ★

active

adj 활발한

ex She is **active** and likes to meet new people.
그녀는 활발하고 새로운 사람들을 만나는 것을 좋아한다.

I want you to be more **active** in the class.
나는 네가 수업 시간에 더 활발했으면 좋겠다.

020 ★

skillful

adj 숙련된

ex The **skillful** dancing was particularly impressive.
그 숙련된 춤은 특히 인상 깊었다.

David is not **skillful** in dealing with problems.
David는 문제를 다루는데 숙련되지 않았다.

㊾ **proficient** 능숙한

021

saltwater

n 소금물

ex Most sharks live in **saltwater**, but some can live in freshwater.
대부분의 상어들은 바닷물에 살지만 몇몇은 민물에 살 수 있다.

022

bedtime

n 취침 시간

ex When is considered an appropriate **bedtime**?
언제가 적절한 취침 시간이라고 생각하는가?

The girl is annoyed about her early **bedtime**.
그 소녀는 이른 취침시간 때문에 짜증이 났다.

023

earphone

n 이어폰

ex You can listen to music using your **earphones**.
당신은 당신의 이어폰을 이용해서 음악을 들을 수 있다.

Did you find your lost **earphone**?
잃어버린 이어폰을 찾았니?

024

southern

adj 남쪽[남부]에 위치한

ex Historically, rice was only grown in **southern** China.
역사적으로 쌀은 중국 남부에서만 자랐었다.

She has a strong **southern** accent.
그녀는 강한 남부 억양이 있다.

DAY 58

★ 표시는 출제 빈도를 나타냅니다.

025 **beetle**

n **딱정벌레**

ex Some boys like to have pet **beetles.**
몇몇 소년들은 딱정벌레를 기르고 싶어 한다.

Such odor attracts insects like flies or **beetles.**
그러한 냄새는 파리나 딱정벌레 같은 곤충들을 끌어들인다.

---

026 **greenfield**

adj **개발 가능한**

ex Especially that part of the town has a lot of **greenfield** sites.
특히 마을의 그 부분이 개발 가능한 토지가 많다.

---

027 **mill**

n **방앗간, 공장**

ex Almost every farmer in that town has a rice **mill.**
그 마을의 거의 모든 농부는 쌀 방앗간이 있다.

I used to play in the old **mill** when I was young.
나는 어릴 때 낡은 방앗간에서 놀곤 했다.

---

028 **raspberry**

n **산딸기**

ex The **raspberry** vanilla shake is my personal favorite.
산딸기 바닐라 셰이크는 내가 가장 좋아하는 맛이다.

I always put **raspberry** jam on my toast.
나는 항상 내 토스트에 산딸기 잼을 올려 먹는다.

---

029 **besides**

prep **…외에** adv **게다가, 뿐만 아니라**

ex **Besides** being slim, he is also tall.
날씬한 것 이외에도, 그는 키도 크다.

Six people went there **besides** me.
나 뿐만 아니라 6명의 사람이 그곳에 갔다.

㊌ **apart from** …외에는

---

030 **obtain**

v **얻다**

ex It is important to **obtain** knowledge through study.
연구를 통해 지식을 얻는 것은 중요하다.

Your items can be **obtained** through the quest.
당신의 아이템은 탐색을 통해 얻을 수 있다.

㊌ **acquire** 획득하다

Practice

1. 다음 단어들을 올바르게 연결하세요.

(1) gathering •	• (a) 인구
(2) tournament •	• (b) 배려심 있는
(3) pile •	• (c) 모임, 수집
(4) ahead •	• (d) 토너먼트
(5) population •	• (e) 더미, 쌓아 올리다
(6) thoughtful •	• (f) 앞으로, 미리
(7) operational •	• (g) 사용할 준비가 갖춰진
(8) skillful •	• (h) 숙련된

2. 다음 영어 뜻에 맞게 알맞은 단어를 보기에서 찾아 쓰세요.

active　　source　　appliance　　shoot

(1) kill or wound (a person or animal) with a bullet or arrow

(2) a device or piece of equipment designed to perform a specific task

(3) energetic or vigorous

(4) a place, person, or thing from which something comes or can be obtained

SELF TEST

01		원천, 근원
02	visible	
03		기이한, 이상한
04	operational	
05		활발한
06	appliance	
07		숙련된
08	population	
09		소금물
10	thoughtful	
11		취침 시간
12	incorrect	
13		이어폰
14	soften	
15		남쪽에 위치한
16	unexpected	
17		딱정벌레
18	shoot	
19		개발 가능한
20	besides	
21		방앗간, 공장
22	gathering	
23		산딸기
24	base	
25		환불 가능한
26	pile	
27		얻다
28	ahead	
29		토너먼트
30	stock	

DAY 59

색상으로 8품사 구분하기

n	명사	noun	pron	대명사	pronoun
v	동사	verb	adj	형용사	adjective
adv	부사	adverb	conj	접속사	conjunction
prep	전치사	preposition	int	감탄사	interjection

n	strength	v	hop	adj	annual
n	copper	n	bruise	n	discovery
adj	responsible	v	shovel	n	odor
adj	worst	adv	sadly	n	covering
n	prescription	adv	sincerely	n	toothache
adj	waterproof	n	spam	n	trigger
n	zipper	n	spelling	n	greenhouse
n	trunk	adj	loose	n	paintbrush
n	tale	n	fog	n	handkerchief
n	muffin	n	cooler	n	blueberry

DAY 59

★ 표시는 출제 빈도를 나타냅니다.

001 ★★★★

strength

n 힘, 기운 / 내구력

ex The physical benefits of yoga include better muscle **strength**.
요가의 육체적인 이점은 더 나은 근력이 생기는 것을 포함한다.

002 ★★★★

hop

v 깡충깡충 뛰다 n 깡충 뛰기

ex Rabbits like to **hop** around.
토끼들은 깡충깡충 뛰어다니는 것을 좋아한다.

They all **hopped** onto the log to cross the river.
그들은 강을 건너기 위해 통나무로 모두 깡충 뛰어올랐다.

003 ★★★★

annual

adj 매년의, 연례의

ex Christmas is an **annual** celebration.
크리스마스는 연례행사이다.

There's no **annual** fee for some reason.
어떤 이유에서인지 연회비가 없다.

004 ★★★★

copper

n 구리, 동

ex Aluminum can be combined with **copper** to make a strong and light alloy.
알루미늄은 구리와 결합하여 더 강하고 가벼운 합금을 만들 수 있다.

005 ★★★

bruise

n 멍 v 멍이 생기다

ex She didn't know about her **bruise** until now.
그녀는 지금까지 그녀의 멍에 대해서 몰랐다.

I can see the toe and the toenail are both **bruised**.
나는 발가락과 발톱이 둘 다 멍든 것을 볼 수 있다.

006 ★★★

discovery

n 발견

ex Her **discovery** was so important to humanity that she won the prize for medicine.
그녀의 발견은 인류에게 매우 중요해 의학상을 수상하게 되었다.

007 ★★

responsible

adj 책임이 있는

ex Be **responsible** for your own learning.
자신의 학습에 책임을 가져라.

Who was **responsible** for the accident?
그 사고는 누구의 책임인가?

유 accountable 책임이 있는

---

008 ★★

shovel

v 삽질하다 n 삽

ex I've been **shoveling** for two hours.
나는 두 시간 동안 삽질을 하는 중이었다.

We are short on **shovels** to sell on snowy days.
우리는 눈 오는 날 팔 수 있는 삽이 모자라다.

---

009 ★★

odor

n 향, 냄새

ex I noticed a nostalgic **odor** coming out of the kitchen.
나는 주방에서 나오는 향수를 불러일으키는 냄새가 나는 것을 알아차렸다.

Because of the **odor**, we had to open the window.
냄새 때문에, 창문을 열어야 했었다.

---

010 ★★

worst

adj 가장 나쁜, 최악의

ex This was the **worst** chemical accident in human history.
이것은 인류 역사상 가장 최악의 화학 사고였다.

---

011 ★★

sadly

adv 불행히, 슬프게

ex **Sadly**, some of the people on board died because there were not enough lifeboats.
슬프게도, 탑승한 사람들 중 몇몇은 충분한 구명보트가 없었기 때문에 사망했다.

---

012 ★

covering

n 덮개

ex It is a covering that prevents any bugs from coming in.
그것은 벌레가 들어오지 못하게 하는 덮개이다.

참고 cover v. 덮다

★ 표시는 출제 빈도를 나타냅니다.

013 ★

prescription

n 처방전, 처방

ex I need to fill this **prescription**.
나는 이 처방전에 따라 약을 제조해야 한다.

You should bring a **prescription** to buy antibiotics.
너는 항생제를 구매하기 위해 처방전을 가져와야 한다.

참고
antibiotic
항생제

014 ★

sincerely

adv 진심으로

ex I **sincerely** congratulated her graduation.
나는 진심으로 그녀의 졸업을 축하했다.

He **sincerely** wished the recovery of his girlfriend.
그는 진심으로 그의 여자친구의 회복을 기원했다.

참고
sincere
adj. 진실된

015 ★

toothache

n 치통

ex The child is crying because of a **toothache**.
아이는 치통으로 인해 울고 있다.

He has a very painful **toothache**.
그는 매우 고통스러운 치통이 있다.

016 ★

waterproof

adj 방수의

ex Some people made **waterproof** clothing from latex.
어떤 사람들은 라텍스로 방수복을 만들었다.

The watch I got as my present is **waterproof**.
내가 선물로 받은 시계는 방수이다.

017 ★

spam

n 스팸메일

ex Sending out **spams** is blocked.
스팸메일을 보내는 것은 차단되어 있다.

I am angry because of these annoying **spam** mails.
나는 이 성가신 스팸 메일들 때문에 화가 났다.

018 ★

trigger

n (총의) 방아쇠 v 촉발시키다

ex Take your hand off the **trigger**.
방아쇠로부터 너의 손을 떼라.

Volcano eruptions can also **trigger** tsunamis.
화산 폭발은 또한 쓰나미를 촉발시킬 수 있다.

㊌
bring about
초래하다

019 ★

zipper

n **지퍼**

ex Mediocre **zipper** quality means you need to take special care.
썩 좋지 않은 지퍼의 질은 네가 특별히 지퍼를 관리해야 함을 의미한다.

020 ★

spelling

n **맞춤법**

ex Let me check the **spelling** again.
내가 맞춤법을 다시 한번 확인해 볼게.

It was my school **spelling** competition today.
오늘은 학교 맞춤법 대회날이었다.

021

greenhouse

n **온실**

ex Many farmers plant all year long inside their **greenhouses**.
많은 농부들은 온실 안에서 일 년 내내 씨앗을 심는다.

022

trunk

n **나무의 몸통**

ex The thickness of the **trunk** matters when chosen for the wood material.
목재로 선택될 때 나무 몸통의 두께는 중요하다.

023

loose

adj **헐거워진, 풀린**

ex I didn't realize the thread was **loose**.
나는 그 실이 헐거워진지 알아차리지 못했다.

My pants got **loose** after I lost some weight.
살이 빠진 후 내 바지는 헐거워졌다.

참고
lose
잃어버리다

024

paintbrush

n **그림 그리는 붓**

ex They used clay and a **paintbrush** to make their own souvenirs.
그들은 찰흙과 그림 그리는 붓을 이용해서 자신만의 기념품들을 만들었다.

DAY 59

★ 표시는 출제 빈도를 나타냅니다.

025

tale

n 이야기, 소설

ex He read fairy **tales**.
그는 동화책을 읽었다.

I heard that **tale** about the ghost.
나는 그 유령에 대한 이야기를 들었다.

참고
fairy tale
동화

026

fog

n 안개

ex London has very thick **fog** in winter.
런던은 겨울에 안개가 매우 심하다.

Let's wait for the **fog** to clear before heading out.
출발하기 전에 안개가 걷힐 때까지 기다리자.

027

handkerchief

n 손수건

ex I bought my father a **handkerchief** for his birthday.
나는 아버지에게 생일선물로 손수건을 사드렸다.

We learned how to fold a **handkerchief** correctly.
우리는 어떻게 손수건을 정확하게 접는지 배웠다.

028

muffin

n 머핀

ex She can bake soft and delicious **muffins**.
그녀는 부드럽고 맛있는 머핀을 구울 수 있다.

Do you find these **muffins** a bit dry?
이 머핀들이 조금 건조하다고 생각하니?

029

cooler

n 냉장박스, 쿨러

ex I have a **cooler** packed with drinks.
나는 음료가 가득한 냉장박스가 있다.

I bought a new soft-sided camping **cooler**.
나는 옆으로 메는 부드러운 소재의 캠핑 냉장박스를 구매했다.

030

blueberry

n 블루베리

ex I'll get you a **blueberry** smoothie, then.
그러면 내가 블루베리 스무디를 가져다줄게.

Haven't you said you wanted to grow **blueberries**?
네가 블루베리를 키우고 싶다고 말하지 않았니?

Practice

1. 다음 단어들을 올바르게 연결하세요.

(1) covering	(a) (총의)방아쇠
(2) prescription	(b) 화필
(3) trigger	(c) 처방, 처방전
(4) paintbrush	(d) 멍, 멍이 생기다
(5) blueberry	(e) 블루베리
(6) responsible	(f) 구리, 동
(7) bruise	(g) 덮개
(8) copper	(h) 책임이 있는

2. 우리말 뜻에 맞게 빈칸에 알맞은 단어를 보기에서 찾아 쓰세요.

worst	odor	waterproof	loose

(1) **Because of the ______, we had to open the window.**
냄새 때문에, 창문을 열어야 했었다.

(2) **This was the ______ chemical accident in human history.**
이것은 인류 역사상 가장 최악의 화학 사고였다.

(3) **Some people made ______ clothing from latex.**
어떤 사람들은 라텍스로 방수복을 만들었다.

(4) **I didn't realize the thread was ______.**
나는 그 실이 헐거워진지 알아차리지 못했다.

SELF TEST

01	blueberry	
02		힘, 내구력
03	hop	
04		냉장박스, 쿨러
05	muffin	
06		매년의, 연례의
07	fog	
08		구리, 동
09	handkerchief	
10		멍, 멍이 생기다
11	tale	
12		발견
13	responsible	
14		그림 그리는 붓
15	loose	
16		삽질하다, 삽
17	trunk	
18		향, 냄새
19	greenhouse	
20		최악의
21	zipper	
22		불행히, 슬프게
23	spelling	
24		덮개
25	trigger	
26		처방전, 처방
27	spam	
28		진심으로
29	waterproof	
30		치통

DAY 60

색상으로 8품사 구분하기

n	**명사**	noun	pron	**대명사**	pronoun
v	**동사**	verb	adj	**형용사**	adjective
adv	**부사**	adverb	conj	**접속사**	conjunction
prep	**전치사**	preposition	int	**감탄사**	interjection

n	stroke	v	assign	n	issue
n	management	n	chromium	n	dough
adv	safely	adj	secondary	n	swelling
prep	throughout	adj	unhealthy	adv	quietly
adj	stressful	v	propose	n	wool
v	subscribe	n	pound	conj	whenever
n	skyscraper	adv	perfectly	n	jewelry
n	schoolwork	adj	wooden	n	aquarium
n	dinnertime	n	fountain	n	happiness
n	journey	n	lunchtime	n	schoolyard

DAY 60

★ 표시는 출제 빈도를 나타냅니다.

001 ★★★★

stroke

n 타법, 치기 / 어루만지기

ex I practice different styles of swimming **strokes**.
나는 다양한 수영법을 연습한다.

He was comforted by the gentle **stroke** of her.
그는 그녀의 부드러운 쓰다듬으로 인해 위로받았다.

002 ★★★★

assign

v 맡기다, 배정하다

ex You will be **assigned** a random roommate.
너는 무작위로 룸메이트가 배정될 것이다.

You must stay seated in your **assigned** place.
너는 배정된 장소에 앉아있어야 한다.

003 ★★★★

issue

n 주제[안건] v 발급하다

ex Not every medical **issue** can be put into simple words.
모든 의학적 문제를 간단한 말로 표현할 수 있는 것은 아니다.

004 ★★★★

management

n 경영[운영/관리]

ex He can receive **management** notes via email.
그는 이메일을 통해 경영 요약을 받을 수 있다.

It also helps students practice time **management**.
그것은 또한 학생들이 시간관리를 연습하도록 돕는다.

005 ★★★

chromium

n 크롬(화학 원소)

ex Stainless steel is made of iron, low levels of carbon, and **chromium**.
스테인리스 강은 철, 적은 양의 탄소와 크롬으로 구성되어 있다.

참고
stainless steel
스테인리스 강

006 ★★★

dough

n 밀가루 반죽

ex Place **dough** pieces 5cm apart on the baking sheet.
밀가루 반죽 부분들을 구이판에 5cm 떨어지게 놓아라.

She rolled the **dough** to make it flat.
그녀는 그것을 평평하게 만들기 위해 밀가루 반죽을 밀었다.

007 ★★

safely

adv **안전하게**

ex All employees have exited **safely**.
모든 종업원들은 안전하게 나갔다.

They sent professionals to **safely** relocate the bear.
그들은 곰을 안전하게 이동시키기 위해 전문 인력을 보냈다.

---

008 ★★

secondary

adj **이차적인**

ex What is mentioned as a **secondary** characteristic of friendship?
우정의 이차적인 특징으로 언급된 것은 무엇인가?

참고 **secondary school**
중등학교

---

009 ★★

swelling

n **(살갗의) 부기**

ex The vegetables in the soup can reduce the **swelling** that comes with most colds.
수프의 야채는 감기가 걸리면 찾아오는 부기를 줄일 수 있다.

참고 **swell**
v. 붓다, 부풀다

---

010 ★★

throughout

prep **도처에 / 내내**

ex **Throughout** his life, he talked about the need to stop all wars.
평생 동안, 그는 모든 전쟁을 멈춰야 할 필요성에 대해 이야기했다.

---

011 ★★

unhealthy

adj **건강하지 못한, 건강에 해로운**

ex Eating too much can be **unhealthy**.
너무 많이 먹는 것은 건강하지 못할 수 있다.

The man thinks bagels are **unhealthy**.
그 남자는 베이글이 건강에 해롭다고 생각한다.

㊥ **well**
건강한

---

012 ★

quietly

adv **조용히**

ex Please speak **quietly** in the library.
도서관에서 조용히 말해주세요.

Did you listen **quietly** and politely?
너는 조용히, 그리고 예의 바르게 들었니?

참고 **quiet**
n. 고요
adj. 조용한

DAY 60

★ 표시는 출제 빈도를 나타냅니다.

013 ★ **stressful**

adj **스트레스가 많은**

ex Homework is **stressful** for students.
숙제는 학생들에게 스트레스를 유발한다.

If your work is **stressful**, talk to your supervisor.
당신의 일이 힘들다면, 상관에게 말해라.

참고 **stressed**
adj. 스트레스를 받은

014 ★ **propose**

v **제안하다 / 프로포즈하다**

ex I **proposed** another solution to this problem.
나는 이 문제에 다른 해결책을 제안했다.

What does the woman **propose** to the man?
여자는 남자에게 무엇을 제안하는가?

015 ★ **wool**

n **털, 털실 / 모직**

ex Women's coats are less likely to be made of **wool** than are men's coats.
여성 코트는 남자 코트보다 모직으로 만들어질 가능성이 낮다.

016 ★ **subscribe**

v **구독하다**

ex He wrote this post to tell readers how to **subscribe** to his blog.
그는 어떻게 그의 블로그를 구독하는지 독자들에게 알려주기 위해 이 글을 썼다.

017 ★ **pound**

n **파운드** v **치다[두드리다]**

ex He bet two **pounds** on the horse.
그는 그 말에 2 파운드를 걸었다.

The tanners use their bare feet to **pound** the hides.
무두장이들은 가죽을 두드리는데 맨발을 사용한다.

018 ★ **whenever**

conj **~할 때는 언제든지 / ~할 때마다(매번)**

ex Tap me on the shoulders **whenever** I fall asleep.
내가 잠들 때마다 내 어깨를 톡톡 두드려줘.

Whenever I hear this music it makes me think of you.
이 음악을 들을 때마다 네가 생각난다.

019 ★

skyscraper

n **고층건물**

ex **Skyscrapers** will be built in the downtown area.
시내 지역에 고층건물들이 지어질 것이다.

Skyscrapers make our city splendid.
고층건물들은 우리 도시를 화려하게 만든다.

020 ★

perfectly

adv **완전히, 완벽하게**

ex Gears in an alarm clock have to match **perfectly** to work.
자명종 안에 기어들은 작동하기 위해 완벽히 맞아야 한다.

021

jewelry

n **보석류**

ex They are next to your **jewelry** box.
그것들은 당신의 보석함 옆에 있다.

His uncle sells **jewelry** to rich people.
그의 삼촌은 부자들에게 보석을 판다.

022

schoolwork

n **학업, 학교 공부**

ex Students have a lot of **schoolwork** to do today.
학생들은 오늘 해야 할 학교 공부가 매우 많다.

A heavy load of **schoolwork** leads to high stress.
많은 양의 학업은 큰 스트레스로 이어진다.

023

wooden

adj **나무로 된, 목재의**

ex Their house has a brown **wooden** floor.
그들의 집은 갈색 목재 바닥을 가지고 있다.

Many people like to buy **wooden** furniture.
많은 사람들은 목재 가구 사는 것을 좋아한다.

024

aquarium

n **수족관**

ex I learned a new kind of fish at the **aquarium**.
나는 수족관에서 새로운 종류의 물고기를 배웠다.

How about going to the **aquarium**?
수족관에 가는 것은 어때?

DAY 60

★ 표시는 출제 빈도를 나타냅니다.

025 **dinnertime**

n 저녁시간

ex I always come home at **dinnertime.**
나는 항상 저녁시간에 집에 온다.

Don't eat anything until **dinnertime.**
저녁시간까지 아무것도 먹지 마라.

026 **fountain**

n 분수

ex There is a huge **fountain** in front of the rich man's house.
그 부자의 집 앞에 큰 분수가 있다.

027 **happiness**

n 행복

ex All people want to have **happiness** in their lives.
모든 사람들은 그들의 삶에 행복이 있기를 바란다.

Her smile brings **happiness** to me and others.
그녀의 웃음은 나와 다른 사람들에게 행복을 가져온다.

028 **journey**

n 여행 v 여행하다

ex They had a long **journey** across the desert.
그들은 사막을 가로질러 긴 여행을 했다.

We are going on a **journey** to Europe.
우리는 유럽으로 여행을 간다.

㊒ **travel** 여행(하다)

029 **lunchtime**

n 점심시간

ex The next class will start after **lunchtime.**
다음 수업은 점심시간 후에 시작할 것이다.

Tara will leave the camp before **lunchtime.**
Tara는 점심시간 전에 캠프를 떠날 것이다.

030 **schoolyard**

n 운동장

ex All students gathered in the **schoolyard** due to the earthquake drill.
모든 학생들은 지진 대비 훈련으로 인해 운동장에 모였다.

㊒ **playground** 운동장, 놀이터

Practice

1. 다음 단어들을 올바르게 연결하세요.

(1) subscribe •	• (a) 치기, 쓰다듬다
(2) wooden •	• (b) 구독하다
(3) journey •	• (c) 도처에,내내
(4) throughout •	• (d) (살갗의) 부기
(5) swelling •	• (e) 이차적인
(6) secondary •	• (f) 나무로 된, 목재의
(7) management •	• (g) 여행, 여행하다
(8) stroke •	• (h) 경영[운영/관리]

2. 다음 영어 뜻에 맞게 알맞은 단어를 보기에서 찾아 쓰세요.

skyscraper   issue   fountain   aquarium

(1) a structure from which one or more jets of water are pumped into the air

(2) a very tall building of many stories

(3) a place where aquatic organisms are kept

(4) an important topic or problem for debate or discussion

SELF TEST

01	pound		16		안전하게
02		학업, 학교 공부	17	jewelry	
03	stroke		18		이차적인
04		점심시간	19	skyscraper	
05	fountain		20		(살갗의) 부기
06		맡기다, 배정하다	21	perfectly	
07	issue		22		도처에, 내내
08		행복	23	dinnertime	
09	management		24		건강하지 못한
10		여행, 여행하다	25	whenever	
11	aquarium		26		조용히
12		크롬	27	subscribe	
13	wooden		28		스트레스가 많은
14		밀가루 반죽	29	wool	
15	schoolyard		30		제안하다

DAY 61

색상으로 8품사 구분하기

n	명사	noun	pron	대명사	pronoun
v	동사	verb	adj	형용사	adjective
adv	부사	adverb	conj	접속사	conjunction
prep	전치사	preposition	int	감탄사	interjection

n	supermarket	n	audience	n	charity
v	decrease	n	benefit	n	explanation
adv	simply	adj	smelly	n	waterside
n	swamp	v	sponsor	n	organization
adj	slippery	n	pudding	n	trumpet
adj	sparkly	adj	worldwide	adj	sleepless
n	protector	adj	plentiful	n	woodland
n	bolt	pron	everybody	n	pretzel
n	peacock	n	seafood	n	reply
n	seagull	n	wrestling	n	avenue

DAY 61

★ 표시는 출제 빈도를 나타냅니다.

001 ★★★★

supermarket

n 슈퍼마켓

ex Last week, her family went to the **supermarket**.
지난 주에, 그녀의 가족은 슈퍼마켓에 갔다.

He goes to speak to the **supermarket** manager.
그는 슈퍼마켓 매니저와 이야기하러 간다.

002 ★★★★

audience

n 청중

ex All the **audience** was impressed by the performance.
모든 청중이 공연에 감동받았다.

Now you will be okay in front of the **audience**.
너는 이제 청중 앞에서 괜찮을 것이다.

유 **spectator** 구경꾼

003 ★★★★

charity

n 자선단체

ex I thought the **charity** concert was very meaningful.
나는 그 자선단체 콘서트가 매우 의미 있었다고 생각했다.

The class raised the most **charity** funding.
그 반이 가장 많은 자선기금을 모금했다.

004 ★★★★

decrease

v 줄다 n 감소, 하락

ex A cold shower can **decrease** the heart rate.
차가운 물 샤워는 심장 박동수를 줄일 수 있다.

The number of students **decreased** a little this year.
올해 학생 수가 약간 줄었다.

반 **increase** 증가, 증가하다

005 ★★★

benefit

n 혜택, 이득 v 혜택을 받다

ex What **benefit** can you get from volunteering?
봉사로부터 네가 얻을 수 있는 혜택이 무엇이니?

Students **benefit** from the tutors provided by school.
학생들은 학교가 제공하는 교사들로부터 혜택을 받는다.

유 **advantage** 이익

006 ★★★

explanation

n 설명

ex His **explanation** of the poem is perfect.
시에 대한 그의 설명은 완벽하다.

Not all things have a scientific **explanation**.
모든 것에 과학적인 설명이 존재하는 것은 아니다.

007 ★★★

simply

adv **간단히, 단순히(그저)**

ex Or was he **simply** an irrational absolute monarch?
아니면 그가 그냥 비이성적인 절대군주였는가?

You can't **simply** run away like that.
넌 그렇게 쉽게 도망갈 수 없어.

008 ★★

smelly

adj **냄새나는**

ex You should wash your **smelly** feet!
너는 너의 냄새나는 발을 씻어야 해!

Inside the box was some **smelly**, rotten food.
박스 안에는 냄새나는 썩은 음식이 있었다.

참고
smell
n. 냄새
v. 냄새가 나다

009 ★★

waterside

n **물가**

ex I usually walk along the **waterside**.
나는 보통 물가를 따라 걷는다.

Kids are playing near the **waterside**.
아이들이 물가 근처에서 놀고 있다.

010 ★★

swamp

n **늪, 습지** v **쇄도하다**

ex It was the sound of frogs in the **swamp** at sunset.
그것은 해질 무렵 늪지에 있는 개구리들의 소리였다.

Every winter, tourists **swamp** the ski resort.
매년 겨울, 관광객들은 스키 리조트로 몰려든다.

011 ★★

sponsor

v **후원하다** n **후원자**

ex The university is **sponsoring** the football club.
그 대학은 그 축구단을 후원하고 있다.

Which organization **sponsors** the tournament?
어떤 단체가 토너먼트를 후원하니?

012 ★

organization

n **조직, 단체**

ex She created an **organization** to help poor children.
그녀는 가난한 아이들을 돕기 위한 단체를 만들었다.

He is the president of the student **organization**.
그는 학생 단체의 회장이다.

★ 표시는 **출제 빈도**를 나타냅니다.

013 **slippery** ★

adj **미끄러운**

ex Be cautious! The floor is very **slippery**.
조심해! 바닥이 매우 미끄러워.

I was nervous, so my hands were wet and **slippery**.
나는 매우 긴장해서 손이 축축하고 미끄러웠다.

참고
slipper
n. 슬리퍼
adj. 미끄러지기 쉬운

014 **pudding** ★

n **디저트, 푸딩**

ex It's the **pudding** my mom made.
우리 엄마가 만든 푸딩이야.

We ate chocolate **pudding** for dessert.
우리는 후식으로 초콜릿 푸딩을 먹었다.

015 **trumpet** ★

n **트럼펫**

ex **Trumpets** sounded loudly when the king arrived.
트럼펫 소리가 왕이 도착했을 때 크게 울렸다.

The girl in the center is holding a **trumpet**.
가운데에 있는 소녀가 트럼펫을 들고 있다.

016 **sparkly** ★

adj **반짝반짝 빛나는, 생기에 찬**

ex There were big, fake plants decorated in **sparkly** green material.
빛나는 녹색 재료로 장식된 큰 가짜 식물이 있었다.

참고
spark
n. 불꽃
v. 유발하다

017 **worldwide** ★

adj **전 세계적인**

ex It has slowly gained **worldwide** popularity.
그것은 천천히 전 세계적인 인기를 얻었다.

Some taboos are common **worldwide**.
몇몇 금기들은 전 세계적으로 흔하다.

018 **sleepless** ★

adj **불면의**

ex He looked tired because he had a **sleepless** night.
그는 불면의 밤을 보내서 피곤해 보였다.

She is suffering from several **sleepless** nights.
그녀는 며칠째 불면의 밤으로 고생 중이다.

㊒
insomnia
불면증

019 ★

protector

n **보호물, 보호자**

ex Phones should be used with screen **protectors**.
핸드폰은 액정 보호 필름과 함께 사용되어야 한다.

He always acts like my **protector**.
그는 항상 내 보호자처럼 행동한다.

---

020 ★

plentiful

adj **풍부한**

ex In short, her hair is **plentiful** and strong.
한 마디로 말하면, 그녀의 머리카락은 풍성하고 강하다.

America has **plentiful** natural resources.
미국은 풍부한 천연 자원을 가지고 있다.

㊒ **abundant** 풍족한

㊥ **scarce** 부족한

021

woodland

n **삼림 지대**

ex Squirrels live in **woodlands** and parks.
다람쥐는 삼림지대와 공원에 산다.

Cutting down **woodlands** results in serious problems.
삼림지대를 벌목하는 것은 심각한 문제를 초래한다.

022

bolt

n **볼트**

ex The carpenter fixed the door with some **bolts**.
그 목수는 볼트로 문을 고쳤다.

Tighten the **bolt** so that it won't come out.
빠지지 않게 볼트를 조여라.

023

everybody

pron **누구든지**

ex Toilet paper was available to **everybody**.
화장지는 누구든지 사용 가능했다.

Everybody wants to see this soccer match.
누구든지 이 축구 경기를 보고 싶어 한다.

024

pretzel

n **프레첼(매듭, 막대 모양의 비스킷)**

ex She bought some **pretzels** for snacks.
그녀는 간식으로 프레첼을 조금 샀다.

I want you to buy **pretzels** before I arrive.
내가 도착하기 전에 프레첼을 사두었으면 좋겠어.

★ 표시는 출제 빈도를 나타냅니다.

025

peacock

n 공작

ex The **peacock** has very colorful feathers.
그 공작은 매우 다채로운 깃털을 가지고 있다.

At the zoo, there was a uniquely feathered **peacock**.
동물원에, 특이한 깃털을 가진 공작이 있었다.

026

seafood

n 해산물

ex Just help yourself to more **seafood** if you'd like.
원한다면 더 많은 해산물을 마음껏 드세요.

I am allergic to **seafood**, like shrimp and crab.
나는 새우와 게살 같은 해산물에 알레르기가 있다.

027

reply

n 대답, 답장 v 대답하다

ex I am still waiting for her **reply**.
나는 여전히 그녀의 답장을 기다리고 있다.

She couldn't **reply** to the question.
그녀는 그 문제에 대답할 수 없었다.

유 answer 대답하다

028

seagull

n 바다 갈매기

ex The **seagull** caught a fish quickly.
바다 갈매기가 물고기를 빠르게 잡았다.

I watched many **seagulls** in the sea.
나는 바다에서 많은 바다 갈매기들을 보았다.

029

wrestling

n 레슬링

ex The whole time, he kept **wrestling**.
내내, 그는 계속 레슬링을 했다.

Brock Lesnar is famous in a **wrestling** world.
Brock Lesnar은 레슬링 세계에서 유명하다.

030

avenue

n 거리, ~가

ex This **avenue** is wider and longer than the usual roads.
이 거리는 보통의 길보다 더 넓고 길다.

유 street 거리

Practice

1. 다음 단어들을 올바르게 연결하세요.

(1) **organization** •
(2) **slippery** •
(3) **swamp** •
(4) **simply** •
(5) **explanation** •
(6) **benefit** •
(7) **decrease** •
(8) **charity** •

• (a) **미끄러운**
• (b) **간단히, 그저**
• (c) **조직, 단체**
• (d) **늪, 습지, 쇄도하다**
• (e) **감소, 하락, 줄다**
• (f) **설명**
• (g) **이득, 혜택을 입다**
• (h) **자선단체**

2. 우리말 뜻에 맞게 빈칸에 알맞은 단어를 보기에서 찾아 쓰세요.

waterside	**worldwide**	**plentiful**	**everybody**

(1) **America has ________ natural resources.**
미국은 풍부한 천연 자원을 가지고 있다.

(2) **It has slowly gained ________ popularity.**
그것은 천천히 전 세계적인 인기를 얻었다.

(3) **________ wants to see this soccer match.**
누구든지 이 축구 경기를 보고 싶어 한다.

(4) **Kids are playing near the ________.**
아이들이 물가 근처에서 놀고 있다.

SELF TEST

01	bolt	
02		슈퍼마켓
03	woodland	
04		청중
05	sleepless	
06		자선단체
07	protector	
08		트럼펫
09	worldwide	
10		줄다, 감소
11	sparkly	
12		간단히, 단순히
13	benefit	
14		설명
15	avenue	
16		냄새나는
17	everybody	
18		물가
19	peacock	
20		습지, 늪
21	pretzel	
22		조직, 단체
23	seafood	
24		후원자, 후원하다
25	reply	
26		미끄러운
27	wrestling	
28		디저트, 푸딩
29	seagull	
30		풍부한

DAY 62

색상으로 8품사 구분하기

n	**명사**	noun	pron	**대명사**	pronoun
v	**동사**	verb	adj	**형용사**	adjective
adv	**부사**	adverb	conj	**접속사**	conjunction
prep	**전치사**	preposition	int	**감탄사**	interjection

v	suppose	adj	complete	n	development
n	ending	v	breathe	n	eggplant
n	shelter	n	serving	adj	super
n	professor	n	snip	n	traveler
v	plow	n	spectator	adv	truly
adj	underwater	conj	wherever	adj	widespread
v	overhear	n	cracker	adv	everywhere
n	makeup	n	conduct	n	x-ray
n	classwork	n	law	adj	neat
n	backyard	n	rink	n	hairspray

DAY 62

★ 표시는 출제 빈도를 나타냅니다.

001 ★★★★

suppose

v (…일 것이라고) 생각하다, 추정[추측]하다

ex Well, I **suppose** it's not so serious.
글쎄, 내가 생각하기에 그건 그렇게 심각하지 않아.

She **supposes** it is easy for him to memorize things.
그녀는 외우는 것이 그에게 쉬울 것이라고 추측한다.

㊌ **assume** 추정하다

002 ★★★★

complete

adj 완전한 v 완료하다

ex All information must be correct and **complete**.
모든 정보는 정확하고 완전해야 한다.

How can the woman **complete** her transaction?
어떻게 그 여성이 거래를 완료할 수 있는가?

㊊ **incomplete** 불완전한

003 ★★★★

development

n 성장 / (신제품의) 개발

ex Music stimulates kids' brain **development**.
음악은 아이들의 두뇌가 성장하도록 자극한다.

Software **development** cost more than we expected.
소프트웨어 개발이 예상보다 더 비용이 많이 들었다.

004 ★★★★

ending

n 결말 / 종료, 끝

ex The story had a sad **ending**, but I liked the music in the play.
이야기는 슬픈 결말이었지만, 나는 그 연극의 음악을 좋아했다.

005 ★★★

breathe

v 호흡하다

ex Babies can swallow and **breathe** at the same time.
아기들은 동시에 삼키면서 호흡할 수 있다.

I can't **breathe** easily with this mask on.
이 마스크를 쓰고는 쉽게 숨을 쉴 수 없다.

참고 **breath** n. 입김, 숨

006 ★★★

eggplant

n 가지

ex If you don't want **eggplant** in your salad, let me know.
샐러드에 가지를 원하지 않으면 나한테 알려줘.

Eggplants are a great source of vitamins.
가지는 비타민의 좋은 공급원이다.

007 ★★★

shelter

n 주거지 / 피신처[대피]

ex Animals come out at night to find **shelter** and food.
동물들은 주거지와 먹이를 찾기 위해 밤에 나온다.

The **shelter** is sturdy enough for overnight stays.
피신처는 충분히 견고해서 밤을 지내기에 충분하다.

008 ★★

serving

n 1인분

ex How much is one **serving** of potato chips and a soda?
감자칩 1인분과 탄산음료가 얼마인가?

One **serving** of pasta is about 600 calories.
파스타 1인분은 600칼로리 정도이다.

참고
serve
v. (식당 등에서 음식을) 제공하다

009 ★★

super

adj 대단한, 굉장히 좋은

ex I'm starting to get **super** self-conscious about it.
나는 그것에 대해 굉장히 의식하기 시작했다.

This place can get **super** hot during summer.
이 장소는 여름에 굉장히 더워진다.

010 ★

professor

n 교수

ex My **professor** doesn't give us a lot of assignments.
나의 교수님은 많은 과제를 주지 않는다.

He worked as a **professor** in numerous universities.
그는 여러 대학에서 교수로 일했다.

011 ★

snip

n (가위로 싹둑) 자르기 v 자르다

ex I made many **snips** along the edge of the fabric.
나는 천의 가장자리를 따라 많이 잘라내었다.

Jack **snipped** a big hole in the paper.
Jack은 종이에 큰 구멍을 냈다.

012 ★

traveler

n 여행자

ex The **traveler** couldn't afford a vehicle.
여행자는 차량을 살 여유가 없었다.

Tim helped a **traveler** who was lost.
Tim은 길을 잃은 여행자를 도왔다.

DAY 62

★ 표시는 출제 빈도를 나타냅니다.

013 ★ **plow**

v **갈다, 경작하다** n **쟁기**

ex The roads were recently **plowed.**
그 길들은 최근에 경작되었다.

I used a **plow** to make wilderness into a garden.
나는 황무지를 정원으로 만들기 위해 쟁기를 이용했다.

참고 **wilderness** 황무지

014 ★ **spectator**

n **관중**

ex **Spectators** cannot view the competitors in action.
관중들은 참가자들이 활동하는 것을 볼 수 없다.

The race is just entertainment for **spectators.**
그 경기는 관중을 위한 오락일 뿐이다.

015 ★ **truly**

adv **정말로, 진정으로**

ex Modern technology is getting **truly** amazing.
현대 기술은 정말로 놀라워지고 있다.

Diamonds were **truly** rare and were owned by royalty.
다이아몬드는 정말로 귀했고 왕족 소유였다.

016 ★ **underwater**

adj **물속의, 수중의**

ex There are some divers that work meters **underwater.**
몇 미터 수중에서 일하는 잠수부들이 있다.

Sharks are very smart **underwater** hunters.
상어는 매우 똑똑한 수중 사냥꾼이다.

017 ★ **wherever**

conj **어디에나, 어디든지**

ex I used to wonder why my shadow always followed me **wherever** I went.
나는 내가 어디에 가든 그림자가 왜 나를 따라다니는지 궁금해하곤 했었다.

018 ★ **widespread**

adj **광범위한**

ex Natural rubber production is still **widespread.**
천연고무 생산은 여전히 광범위하다.

There is **widespread** use of social media around the world.
전 세계에서 소셜 미디어가 광범위하게 사용되고 있다.

019 ★

overhear

v 우연히 듣다

ex I didn't mean to eavesdrop, but I did **overhear** you.
내가 엿들으려고 한 건 아니고, 우연히 듣긴 했어.

We should talk quietly to avoid being **overheard**.
우리는 누가 우연히 듣는 것을 막기 위해 조용히 이야기해야 한다.

참고 **eavesdrop** 엿듣다

---

020 ★

cracker

n 크래커

ex I give them **crackers** while we are fishing.
나는 낚시를 할 때 그들에게 크래커를 준다.

Vegetable **crackers** are healthy to eat.
야채 크래커는 먹기 건강하다.

021

everywhere

adv 모든 곳(에[에서/으로])

ex They looked **everywhere** for the lost child.
그들은 잃어버린 아이를 찾기 위해 모든 곳을 보았다.

There are bugs **everywhere**.
모든 곳에 벌레가 있다.

022

makeup

n 화장(품) / 구성

ex Remove your **make-up** before you go to bed.
자기 전에 화장을 꼭 지워라.

Should teenagers be allowed to wear **make-up**?
십대들이 화장을 하는 것이 허용되어야 하는가?

023

conduct

n 행동 v (특정한 활동을) 하다 / 지휘하다

ex He violated the code of **conduct**.
그는 행동수칙을 어겼다.

That agency will be **conducting** our fire testing.
그 단체가 화재훈련을 지휘할 것 이다.

024

x-ray

n X선, 엑스선

ex The **x-ray** showed he has a broken bone.
엑스선이 그가 뼈가 부러졌다는 것을 보여줬다.

X-ray radiation is harmful to the human body.
엑스선의 방사선은 인체에 해롭다.

참고 **radiation** 방사선

★ 표시는 출제 빈도를 나타냅니다.

025
classwork

n 교실 학습

ex The students have to finish their **classwork** before they go home.
학생들은 집에 가기 전에 그들의 교실 학습을 끝마쳐야 한다.

026
law

n (한 국가·사회의) 법

ex Wearing a seatbelt is one of the important **laws**.
안전벨트를 매는 것은 중요한 법들 중 하나이다.

Not all people obey the **law**.
모든 사람이 법에 복종하지는 않는다.

027
neat

adj 정돈된

ex Make sure that your room is **neat** before you go out.
나가기 전에 방이 반드시 정돈되게 해라.

My older sister's room is always **neat**.
내 언니의 방은 항상 정돈되어 있다.

반 messy 지저분한

028
backyard

n 뒤뜰

ex We have a garden in the **backyard**.
우리는 뒤뜰에 정원이 있다.

Our **backyard** is managed by a mowing company.
우리의 뒤뜰은 잔디 깎이 회사에 의해 관리된다.

029
rink

n 스케이트장

ex People went around the **rink** on roller skates.
사람들은 롤러스케이트를 신고 스케이트장을 돌았다.

The park will be transformed into an ice **rink**.
그 공원은 아이스 스케이트장으로 변할 것이다.

030
hairspray

n 헤어스프레이

ex Put on **hairspray** to make your hair in order.
너의 머리를 정돈하기 위해 헤어스프레이를 뿌려라.

Your **hairspray** is making me cough.
너의 헤어스프레이는 날 기침이 나게 해.

Practice

1. 다음 단어들을 올바르게 연결하세요.

(1) ending •	• (a) 쟁기, 경작하다
(2) plow •	• (b) 결말, 종료
(3) overhear •	• (c) 구경꾼
(4) conduct •	• (d) 우연히 듣다
(5) spectator •	• (e) 행동, 지휘하다
(6) snip •	• (f) 호흡하다
(7) serving •	• (g) 자르기, 자르다
(8) breathe •	• (h) 1인분

2. 다음 영어 뜻에 맞게 알맞은 단어를 보기에서 찾아 쓰세요.

shelter underwater professor suppose

(1) beneath the surface of water

(2) a place giving temporary protection from bad weather or danger

(3) assume without proof

(4) a teacher at a university

SELF TEST

01	suppose	
02		스케이트장
03	super	
04		정돈된
05	complete	
06		뒤뜰
07	development	
08		법
09	ending	
10		교실 학습
11	breathe	
12		X선, 엑스선
13	conduct	
14		가지
15	hairspray	
16		화장품, 구성
17	shelter	
18		크래커
19	serving	
20		모든 곳(에)
21	professor	
22		광범위한
23	snip	
24		우연히 듣다
25	traveler	
26		어디에나, 어디든지
27	plow	
28		물속의, 수중의
29	spectator	
30		정말로, 진정으로

DAY 63

색상으로 8품사 구분하기

n	명사	noun	pron	대명사	pronoun
v	동사	verb	adj	형용사	adjective
adv	부사	adverb	conj	접속사	conjunction
prep	전치사	preposition	int	감탄사	interjection

n	stomachache	n	equipment	n	congratulation
n	government	n	doorknob	n	partner
adv	recently	adj	Roman	n	advertisement
adv	specially	v	tuck	n	pottery
n	babble	n	trainer	adj	precise
adj	comfortable	adj	destructive	n	preparation
adv	commonly	prep	upon	n	yogurt
n	zone	n	notebook	n	salt
n	pineapple	n	vanilla	n	animation
n	mart	n	mummy	n	pointer

DAY 63

★ 표시는 출제 빈도를 나타냅니다.

001 ★★★★

stomachache

n 위통, 복통

ex I had a **stomachache** all of sudden.
나는 갑자기 배가 아팠다.

He suffered from a **stomachache** due to overeating.
그는 과식으로 인한 복통으로 고생했다.

참고
ache
n. 통증
v. 아프다

002 ★★★★

equipment

n 장비

ex You can store your **equipment** in this locker.
사물함 안에 너의 장비들을 보관할 수 있다.

It is too dangerous to climb without **equipment**.
장비 없이 오르는 것은 너무 위험하다.

003 ★★★★

congratulation

n 축하

ex **Congratulations** on passing a difficult exam.
어려운 시험에 통과한 것을 축하해.

Congratulations on winning the soccer tournament!
축구 토너먼트에서 이긴 것을 축하해!

004 ★★★★

government

n 정부

ex The **government**'s plan is going nowhere.
정부의 계획은 진전이 없다.

My father works for the **government**.
나의 아버지는 정부를 위해 일한다.

005 ★★★

doorknob

n 손잡이

ex How did the glass **doorknob** cause a fire?
어떻게 유리 손잡이가 화재를 유발했는가?

They locked the doors using the **doorknob** itself.
그들은 손잡이 자체를 이용해 문을 잠궜다.

006 ★★★

partner

n 동반자, 파트너

ex She finally met a **partner** for life.
그녀는 마침내 인생의 동반자를 만났다.

He climbed over a fence while carrying his **partner**.
그는 그의 파트너를 데리고 담을 넘었다.

007 ★★★

recently

adv 최근에

ex She **recently** graduated from university.
그녀는 최근에 대학을 졸업했다.

You have changed quite a bit **recently**.
당신은 최근에 상당히 바뀌었다.

008 ★★★

Roman

adj 로마의, 로마 제국의

ex In the **Roman** calendar, there were only ten months.
로마 달력에는, 오직 열 달이 있었다.

The contestants used the ancient **Roman** technique.
참가자들은 고대 로마의 기술을 이용했다.

009 ★★

advertisement

n 광고

ex Young people will be targeted by our **advertisement**.
젊은 사람들이 우리의 광고 목표가 될 것이다.

What is the **advertisement** primarily for?
이 광고는 주로 무엇을 위한 것인가?

참고 **ad (비격식)** 광고

010 ★★

specially

adv 특별히

ex The cake was **specially** baked to celebrate her birthday.
그 케이크는 그녀의 생일을 축하하기 위해 특별히 구워졌다.

The rustling noise was **specially** recorded by an artist.
바스락거리는 소리는 한 예술가에 의해 특별히 녹음되었다.

참고 **special** adj. 특별한

011 ★

tuck

v (끝부분을 단정하게) 밀어 넣다[접다]

ex The hotel maid **tucked** the sheets into the bed.
호텔 청소부는 침대 안으로 시트를 밀어 넣었다.

You should **tuck** in your shirt before the interview.
너는 면접 전에 셔츠를 단정히 넣어야 한다.

012 ★

pottery

n 도자기, 도예

ex An archaeologist studied a collection of old **pottery**.
한 고고학자는 오래된 도자기 수집품을 연구하였다.

Many people take up **pottery** as a hobby nowadays.
요즈음 많은 사람들은 도예를 취미로 삼는다.

DAY 63

★ 표시는 출제 빈도를 나타냅니다.

013 **babble** ★

n 옹알이 / 왁자지껄 v 횡설수설하다

ex After babies' first teeth come in, **babble** like "dada" later becomes the word "dad".
아기들의 첫 번째 이가 나면, "dada"와 같은 옹알이는 단어 "dad"가 된다.

014 **trainer** ★

n 교육[훈련]시키는 사람, 트레이너

ex I am a certified dog **trainer** and also a dog owner.
나는 인증된 강아지 훈련사이며 강아지 주인이다.

Our soccer **trainer** played with us.
우리의 축구 트레이너는 우리와 함께 경기했다.

015 **precise** ★

adj 정확한

ex Despite the tight deadline, her work was **precise**.
빠듯한 마감일에도, 그녀의 일은 정확했다.

She hasn't mentioned a **precise** date.
그녀는 정확한 날짜를 말하지 않았다.

016 **comfortable** ★

adj 편한

ex Thank you for letting us stay in a **comfortable** place.
편안한 장소에서 머무르게 해줘서 고마워.

I don't feel **comfortable** talking to a stranger.
나는 낯선 사람에게 말하는 게 편하지 않다.

017 **destructive** ★

adj 파괴적인

ex The tsunami rapidly becomes powerful and **destructive**.
그 쓰나미는 급속도로 강력하고 파괴적으로 되었다.

반 **constructive** 건설적인

018 **preparation** ★

n 준비

ex Producers control the **preparation** of a play.
제작자들은 연극의 준비과정을 관리한다.

He studied formulas in his exam **preparation** book.
그는 시험 준비 책에 있는 공식들을 공부했다.

참고 **prepare** v. 준비하다

019 ★

commonly

adv **흔히, 보통**

ex Hamburgers are **commonly** known as unhealthy food.
햄버거는 흔히 건강하지 않은 음식으로 알려져 있다.

020

upon

prep **~에, ~을**

ex This card is evidence of your legal stay and is required **upon** departure.
이 카드는 당신의 합법적 체류의 증거이며 출발 시 필요합니다.

021

yogurt

n **요거트**

ex Do you sell frozen **yogurt**?
얼린 요거트를 파니?

He wanted to make cream, **yogurt**, and cheese.
그는 크림, 요거트, 치즈를 만들고 싶어 했다.

022

zone

n **지역[지구/구역]**

ex When was the last time you entered the **zone**?
그 구역에 가장 최근에 들어간 게 언제인가?

Canada has six different time **zones**.
캐나다는 6개의 다른 시간대가 있다.

㊌ **area** 지역

023

notebook

n **공책 / 노트북**

ex She takes good care of her **notebooks**.
그녀는 그녀의 공책들을 잘 관리한다.

I really want to buy that pink **notebook**.
나는 저 분홍색 노트북을 사기를 원한다.

024

salt

n **소금**

ex Add **salt** and anything else you would like.
소금과 네가 넣고 싶은 것 아무거나 넣어라.

It is a working **salt** mine.
이것은 가용 중인 소금 광산이다.

참고 **pepper** 후추

DAY 63

★ 표시는 출제 빈도를 나타냅니다.

025

pineapple

n 파인애플

ex Today, people call pizza with **pineapple** "Hawaiian."
오늘날, 사람들은 파인애플 피자를 "하와이안"이라고 부른다.

The secret is on a can of **pineapple** slices.
그 비밀은 파인애플 조각 통조림에 있다.

026

vanilla

n 바닐라 adj 바닐라 맛의

ex The **vanilla** is my personal favorite, actually.
바닐라는 사실 개인적으로 가장 좋아한다.

Finally, put **vanilla** extract to add scent.
마지막으로, 향을 입히기 위해 바닐라 추출액을 넣어라.

027

animation

n 만화 영화

ex Walt Disney is known as the father of **animation**.
Walt Disney는 만화 영화의 아버지로 알려져 있다.

I really enjoyed the **animation** version of the movie.
나는 그 영화의 만화 영화 버전을 정말 즐겁게 봤다.

참고
v. animate
생기를 불어넣다

028

mart

n 시장, 마트

ex X-**mart** will be closing in 20 minutes.
X-마트는 20분 안에 폐장할 것이다.

My father buys my favorite ice cream in that **mart**.
나의 아버지는 마트에서 내가 가장 좋아하는 아이스크림을 산다.

029

mummy

n 미라

ex Sodium carbonate is the material that was once used to make an Egyptian **mummy**.
탄산나트륨은 이집트 미라를 만들기 위해 한때 이용되었던 물질이다.

030

pointer

n 충고 / 신호

ex Here are some **pointers** on how to start writing your essay for the first time.
네가 어떻게 처음으로 에세이를 써야 하는지에 대한 충고가 여기 있다.

Practice

1. 다음 단어들을 올바르게 연결하세요.

(1) commonly	(a) 장비
(2) animation	(b) 정부
(3) specially	(c) 손잡이
(4) recently	(d) 최근에
(5) Roman	(e) 로마의
(6) doorknob	(f) 특히
(7) government	(g) 흔히, 보통
(8) equipment	(h) 만화 영화

2. 우리말 뜻에 맞게 빈칸에 알맞은 단어를 보기에서 찾아 쓰세요.

preparation　　pottery　　trainer　　precise

(1) **Producers control the ________ of a play.**
제작자들은 연극의 준비과정을 관리한다.

(2) **I am a certified dog ________ and also a dog owner.**
나는 인증된 강아지 훈련사이며 강아지 주인이다.

(3) **Despite the tight deadline, her work was ________.**
빠듯한 마감일에도, 그녀의 일은 정확했다.

(4) **An archaeologist studied a collection of old ________.**
한 고고학자는 오래된 도자기 수집품을 연구하였다.

SELF TEST

01	mummy		16		최근에
02		위통, 복통	17	yogurt	
03	mart		18		로마의
04		장비	19	upon	
05	animation		20		광고
06		파인애플	21	commonly	
07	pointer		22		특히
08		축하	23	tuck	
09	vanilla		24		준비
10		정부	25	destructive	
11	notebook		26		도자기
12		손잡이	27	comfortable	
13	salt		28		훈련시키는 사람
14		동반자, 파트너	29	babble	
15	zone		30		정확한

TOSEL 실전문제 9

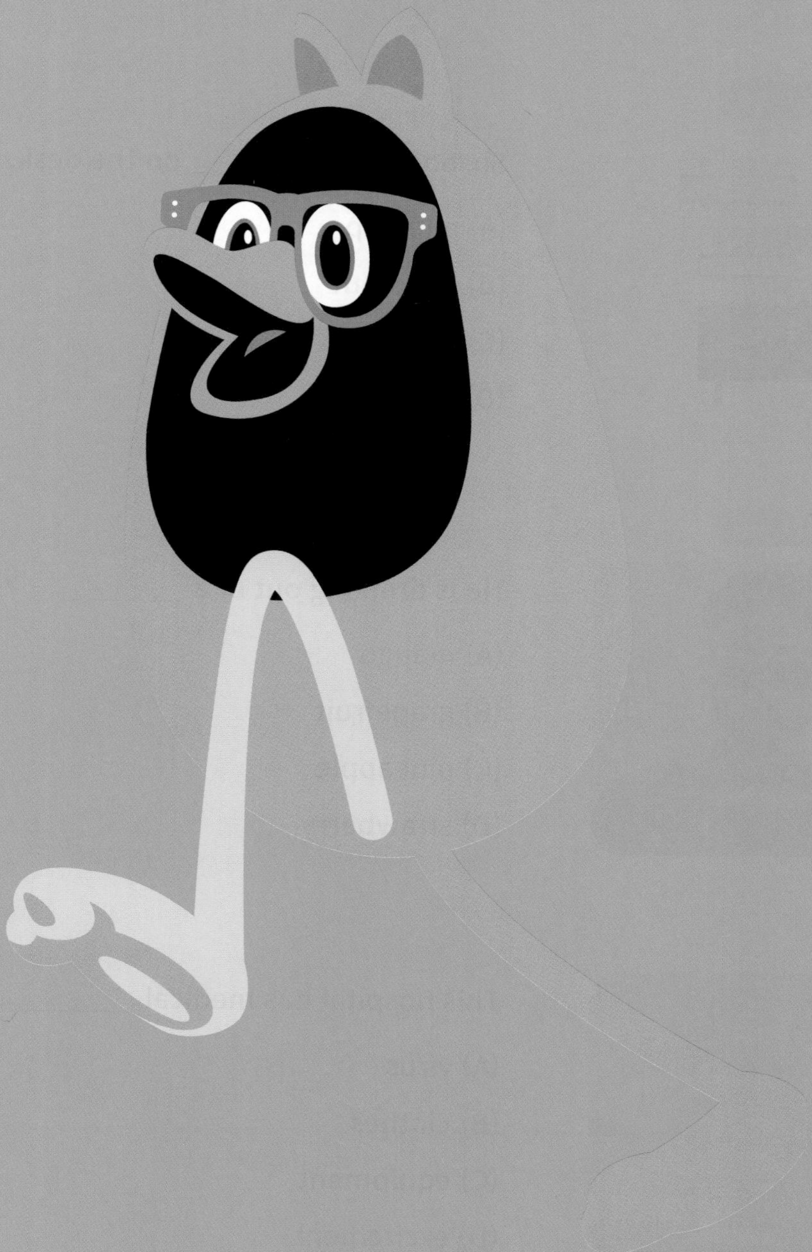

SECTION II. Reading and Writing

PART B. Situational Writing

DIRECTIONS: For questions 1 to 6, look at the pictures and complete the sentences. Choose the option that BEST completes each sentence.

지시 사항: 1번부터 6번까지는 그림을 보고 문장을 완성하는 문제입니다. 가장 알맞은 답을 고르세요.

1. • 2020 TOSEL 기출

Six books are ________ on the desk.

(A) piled up

(B) filled out

(C) ripped up

(D) spread out

2. • 2019 TOSEL 기출

He is drinking out of a ________.

(A) mango

(B) grapefruit

(C) pineapple

(D) strawberry

3.

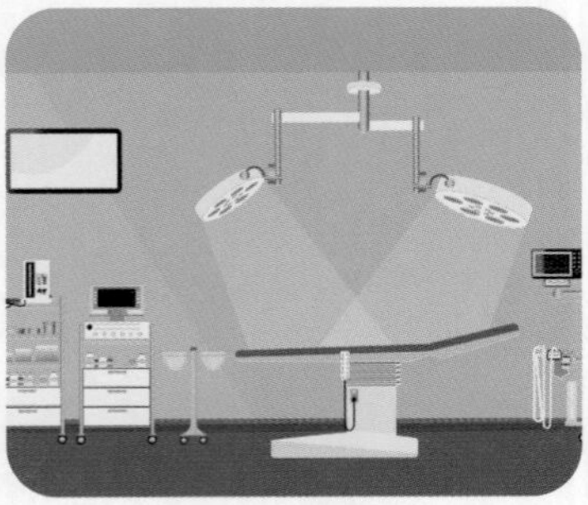

This hospital has medical ________.

(A) virus

(B) clothes

(C) equipment

(D) excitement

4.

I want to visit a ________ area for refreshment.

(A) rural

(B) urban

(C) weird

(D) skillful

5.

The man is ________ to make the path.

(A) striding

(B) serving

(C) swelling

(D) shoveling

6.

The man is in the ________ stage of making pizza.

(A) preparation

(B) explanation

(C) replacement

(D) separation

CHAPTER 10

DAY 64

색상으로 8품사 구분하기

n	**명사**	noun	pron	**대명사**	pronoun
v	**동사**	verb	adj	**형용사**	adjective
adv	**부사**	adverb	conj	**접속사**	conjunction
prep	**전치사**	preposition	int	**감탄사**	interjection

n	exhibition	v	infer	n	medium
n	nut	n	bronze	n	painter
n	dumpling	adv	perhaps	adv	physically
n	seat belt	n	strand	n	moment
n	toothbrush	n	convenience	adj	dishonest
n	firewood	n	gel	n	modeling
int	nope	n	goldfish	n	junior
n	hose	v	start	adj	sunny
n	library	n	ketchup	n	pancake
prep	till	v	want	n	bubble

DAY 64

★ 표시는 출제 빈도를 나타냅니다.

001 ★★★★

exhibition

n 전시

ex They have a special **exhibition** for Gustav Klimt.
그들은 Gustav Klimt 특별 전시회를 연다.

There will be a photo **exhibition** next month.
다음 달에 사진 전시회가 있을 것이다.

참고 **exhibit** v. 전시하다

002 ★★★★

infer

v 추론하다, 암시하다

ex **Inferring** meaning from context is a key ability in reading comprehension.
문맥에서 의미를 추론하는 것이 독해에서 중요한 능력이다.

참고 **inference** n. 추론

003 ★★★★

medium

n 매체[수단] adj 중간의

ex Whatever the **medium** is, you have to have a good narrative.
수단이 무엇이든지, 너는 좋은 이야기를 가지고 있어야 한다.

참고 **media** pl. 매체

004 ★★★★

nut

n 견과류 / 너트

ex I'd like some crushed **nuts** on top of my ice cream.
나는 아이스크림 위에 으깨진 견과류를 올려주세요.

I'm allergic to **nuts**.
나는 견과류에 알러지가 있다.

005 ★★★

bronze

n 청동 adj 구릿빛의

ex I heard you won a **bronze** medal!
네가 동메달을 땄다는 소식을 들었어!

The statue's **bronze** color has faded away.
조각상의 구릿빛이 바래졌다.

006 ★★★

painter

n 화가

ex Nobody realized that he was not a real **painter**.
아무도 그가 진짜 화가가 아니라는 것을 깨닫지 못했다.

Car **painters** used this product to paint cars.
자동차 도장공들은 이 제품을 이용해 자동차를 칠했다.

007 ★★★

dumpling

n 만두

ex Do you like vegetable **dumplings**?
너는 야채 만두를 좋아하니?

Can I order extra **dumplings**?
만두를 추가로 시켜도 될까?

---

008 ★★★

perhaps

adv 아마, 어쩌면

ex That was **perhaps** the most embarrassing moment in my life.
그것은 아마도 내 인생에서 가장 난처한 순간이었다.

---

009 ★★★

physically

adv 신체[육체]적으로, 물리적으로

ex If **physically** possible, I will join the team.
신체적으로 가능하다면, 내가 팀에 합류하겠다.

I don't like **physically** demanding work.
나는 신체적으로 힘든 일을 좋아하지 않는다.

참고
physical
adj. 육체의, 물질의

---

010 ★★

seat belt

n 안전벨트

ex You should fasten your **seat belts** before take-off.
너는 이륙 전에 안전벨트를 매야 한다.

We have to wear our **seat belts** in the car.
우리는 차를 탈 때 안전벨트를 꼭 해야 한다.

---

011 ★★

strand

n 가닥 v 발을 묶다

ex One single **strand** of hair can hold up to 100g.
하나의 머리카락 가닥은 100g까지 들어 올릴 수 있다.

Many tourists were **stranded** at the airport.
많은 관광객들이 공항에 발이 묶여있었다.

---

012 ★

moment

n 순간, 잠깐, 잠시

ex The News showed the **moment** of the jump.
뉴스는 그 점프의 순간을 보여줬다.

Only a **moment** ago.
조금 전에.

DAY 64

★ 표시는 출제 빈도를 나타냅니다.

013 ★

toothbrush

n 칫솔

ex Wash your **toothbrush** after using it.
사용하고 난 뒤 칫솔을 씻어라.

Put the **toothbrush** and toothpaste back in place.
칫솔과 치약을 제자리에 놓아라.

참고 **toothpaste** 치약

---

014 ★

convenience

n 편의

ex We have to go to the **convenience** store for snacks.
우리는 간식을 사기 위해 편의점에 가야 한다.

Our hotel provides **convenience** for our guests.
우리 호텔은 투숙객을 위해 편의를 제공한다.

참고 **convenient** adj. 편리한

---

015 ★

dishonest

adj 정직하지 못한

ex He always used **dishonest** methods of earning money.
그는 돈을 벌기 위해 항상 부정한 방법을 사용했다.

What you are doing is considered **dishonest**!
네가 지금 하고 있는 것은 정직하지 못하게 여겨지는 거야!

반 **honest** 정직한

---

016 ★

firewood

n 장작

ex My mom ordered me to chop logs for **firewood**.
엄마가 나에게 장작으로 쓸 통나무를 베라고 지시했다.

Let's gather up some **firewood** to build a fire!
불을 피우기 위해 장작을 모아보자!

---

017 ★

gel

n (특히 머리나 피부에 바르는) 젤

ex Do you prefer **gel** type or spray type?
젤로 된 것과 스프레이로 된 것 중 어떤 것을 선호하니?

This hair **gel** is designed for children.
이 헤어 젤은 아이들을 위해 고안된 것이다.

---

018 ★

modeling

n 모형 제작

ex 3D **modeling** became a promising field in engineering.
3D 모델링은 공학에서 촉망받는 분야가 되었다.

This **modeling** is done with clay.
이 모형 제작은 찰흙으로 되었다.

참고 **model** n. 모형, 모델

019 ★

nope

int **아니**

ex **Nope.** I've got class tonight.
아니. 나 오늘 저녁에 수업이 있어.

Nope. I had already finished half when I realized it.
아니. 나는 그것을 깨달았을 때 반쯤 끝냈어.

020 ★

goldfish

n **금붕어**

ex I feed my **goldfish** every morning.
나는 매일 아침 내 금붕어에게 먹이를 준다.

There were many **goldfish** in the pond.
연못에 금붕어가 많이 있었다.

021

junior

n **아랫사람** adj **하급의, 부하의**

ex Since she is many years my **junior**, I try to help her whenever she is in trouble.
그녀가 나의 한참 아랫사람이기 때문에, 나는 그녀에게 문제가 생길 때마다 돕기 위해 노력한다.

022

hose

n **호스** v **호스로 물을 뿌리다**

ex Use the garden **hose** to water the flowers.
정원 호스를 이용해 꽃에 물을 주어라.

Do not use this **hose** unless there is fire.
불이 나지 않는 한 이 호스를 이용하지 마라.

023

start

v **시작하다** n **시작**

ex The workers **started** to push the baggage.
인부들은 수하물을 밀기 시작했다.

Our history class will **start** soon.
우리의 역사 수업은 곧 시작할 것이다.

㊒ **set about** ~을 시작하다

024

sunny

adj **화창한**

ex It is fun to play soccer outside on a **sunny** day.
화창한 날 밖에서 축구하는 것은 즐겁다.

Hot **sunny** days make me thirsty.
덥고 화창한 날들은 나를 목마르게 만든다.

㊗ **gloomy** 흐린

DAY 64

★ 표시는 출제 빈도를 나타냅니다.

025 **library**

n **도서관**

ex Students should not be noisy inside the **library**.
학생들은 도서관 안에서 시끄럽게 굴면 안 된다.

Be sure to have your **library** card before entering.
출입 전에 도서관 카드를 반드시 가지고 있도록 해라.

---

026 **ketchup**

n **케첩**

ex **Ketchup** is made with tomatoes.
케첩은 토마토로 만들어진다.

Don't forget to get **ketchup** for fries!
감자튀김을 위해 케첩 가져오는 것을 잊지마!

---

027 **pancake**

n **팬케이크**

ex We had **pancakes** for breakfast.
우리는 아침으로 팬케이크를 먹었다.

You need flour to make **pancakes**.
너는 팬케이크를 만들기 위해 밀가루가 필요하다.

참고 **flour** 밀가루

---

028 **till**

prep **…까지(줄곧)** conj **(…할 때)까지**

ex He did not come **till** ten o'clock.
그는 10시까지 오지 않았다.

I can wait **till** you get home.
네가 집에 도착할 때까지 기다릴 수 있다.

---

029 **want**

v **원하다, 필요하다**

ex I don't **want** any more soldiers dying on a battlefield.
나는 더 이상 전장에서 군인들이 죽어가는 것을 원치 않는다.

Many voters **wanted** a new president.
많은 유권자들은 새로운 대통령을 원했다.

유 **wish for** …을 바라다

---

030 **bubble**

n **거품** v **거품이 일다**

ex Some kids are making **bubbles**.
몇몇 아이들이 거품을 만들고 있다.

It is not easy to make a soap **bubble**.
비누 거품을 만드는 것은 쉬운 일이 아니다.

Practice

1. 다음 단어들을 올바르게 연결하세요.

(1) dumpling	(a) 정직하지 못한
(2) infer	(b) 편의
(3) exhibition	(c) 신체[육체]적으로
(4) want	(d) 거품, 거품이 일다
(5) bubble	(e) 원하다
(6) physically	(f) 전시
(7) convenience	(g) 추론하다
(8) dishonest	(h) 만두

2. 다음 영어 뜻에 맞게 알맞은 단어를 보기에서 찾아 쓰세요.

firewood library medium start

(1) a building that has a collection of book for people to read or borrow

(2) wood that has been cut into pieces so that it can be burned on a fire

(3) to begin doing something

(4) a means of effecting or conveying something

SELF TEST

01		전시	16	library	
02	junior		17		도구, 중간의
03		장작	18	sunny	
04	hose		19		추론하다
05		편의	20	start	
06	nope		21		견과류, 너트
07		순간, 잠깐	22	till	
08	goldfish		23		청동, 구릿빛의
09		칫솔	24	pancake	
10	modeling		25		만두
11		가닥, 발을 묶다	26	ketchup	
12	gel		27		화가
13		신체[육체]적으로	28	bubble	
14	dishonest		29		아마, 어쩌면
15		안전벨트	30	want	

DAY 65

색상으로 8품사 구분하기

n	**명사**	noun	pron	**대명사**	pronoun
v	**동사**	verb	adj	**형용사**	adjective
adv	**부사**	adverb	conj	**접속사**	conjunction
prep	**전치사**	preposition	int	**감탄사**	interjection

adv	extremely	adj	international	n	magician
pron	none	n	power	n	registration
adj	selfish	n	principal	n	setting
n	inventor	n	hairstyle	n	bamboo
adj	excellent	n	mint	n	oat
n	planner	adj	robotic	v	squash
adj	exhausted	adj	unfair	n	rat
n	glasses	n	police	n	grandparents
n	clarinet	n	advantage	n	chain
v	desire	n	error	n	folk

DAY 65

★ 표시는 출제 빈도를 나타냅니다.

001 ★★★★

extremely

adv 극도로, 극히

ex Bears can be **extremely** dangerous to humans.
곰은 사람에게 극도로 위험할 수 있다.

One **extremely** influential design is Bauhaus.
하나의 극도로 영향력 있는 디자인은 Bauhaus이다.

참고
extreme
n. 극단
adj. 극도의

002 ★★★★

international

adj 국제적인

ex He achieved **international** fame.
그는 국제적 명성을 얻었다.

I decided to join the **International** Student Union.
나는 유학생회에 가입하기로 결정했다.

참고
international student
유학생

003 ★★★★

magician

n 마술사

ex The **magician** changed the rose into a scarf.
그 마술사는 장미꽃을 스카프로 바꿨다.

He is practicing many tricks to become a **magician**.
그는 마술사가 되기 위해 많은 속임수를 연습중이다.

004 ★★★★

none

pron 아무[하나]도 (…않다[없다])

ex **None** of these clues helped me to solve this crime.
이 단서 중 아무것도 내가 이 범죄를 해결하는 것을 돕지 않았다.

None of the students failed the exam.
학생들 중 아무도 시험에 낙제하지 않았다.

005 ★★★

power

n 힘, 권력 v 작동시키다

ex People always crave **power**.
사람들은 언제나 권력을 갈망한다.

We have the **power** to do both good and evil.
우리는 선과 악 모두를 행할 수 있는 힘을 가졌다.

006 ★★★

registration

n 등록

ex Please fill out this **registration** form with this pen.
등록 서류를 이 펜으로 기입해주세요.

When does **registration** for the kids' run begin?
아이들 달리기 등록은 언제 시작하니?

007 ★★★

selfish

adj **이기적인**

ex He regretted his **selfish** act.
그는 그의 이기적인 행동을 후회했다.

Being **selfish** makes everyone hate you.
이기적으로 구는 것은 모든 사람이 당신을 싫어하게 만든다.

유 **egoistic** 자기중심의

---

008 ★★★

principal

n **학장, 교장** adj **주요한**

ex Our school **principal** is a wonderful person.
우리의 교장선생님은 훌륭한 사람이다.

The **principal** theory was suggested by two scientists.
주요 이론은 두 명의 과학자에 의해 제안되었다.

유 **main** 주요한

---

009 ★★★

setting

n **배경 / 설정**

ex The music and the church **setting** are breathtaking.
음악과 교회 배경은 숨이 막힐 정도로 멋있다.

Who changed the **setting** of this computer?
누가 이 컴퓨터의 설정을 바꿨니?

---

010 ★★

inventor

n **발명가**

ex Do you know who the **inventor** of the telescope is?
너는 망원경의 발명가를 알고 있니?

An **inventor** tested a parachute by himself.
한 발명가는 혼자 낙하산을 실험했다.

참고 **invent** v. 발명하다

---

011 ★★

hairstyle

n **머리 모양**

ex I absolutely love your new **hairstyle**.
나는 너의 새로운 헤어스타일을 정말 좋아해.

To change my **hairstyle**, I will go to a hair salon.
머리 모양을 바꾸기 위해, 나는 미장원에 갈 것이다.

참고 **hair salon** 미장원

---

012 ★

bamboo

n **대나무**

ex Giant pandas mainly feed on **bamboo**.
대왕 판다는 주로 대나무를 먹는다.

Bamboo grows up to 35 meters tall.
대나무는 35미터까지 자란다.

DAY 65

★ 표시는 출제 빈도를 나타냅니다.

013 **excellent** ★

adj **훌륭한**

ex Your poem is **excellent** in rhyme.
너의 시는 운율에서 훌륭하다.

I got the award for **excellent** performance in running.
나는 달리기에서 훌륭한 성과로 그 상을 받았다.

014 **mint** ★

n **박하**

ex Do you have any more of those **mint** candies?
너는 그 박하 사탕 조금 더 가지고 있니?

Is the **mint** frozen yogurt good here?
여기 얼린 박하 요거트가 괜찮나요?

015 **oat** ★

n **귀리** adj **귀리로 만든**

ex They like to eat plants like grass, wheat, and **oats**.
그들은 풀, 밀, 그리고 귀리와 같은 식물을 먹는 것을 좋아한다.

016 **planner** ★

n **설계자 / 일정 계획표**

ex She has been designated as the event **planner** at work.
그녀는 직장에서 이벤트 설계자로 지정되었다.

I marked that day in my **planner**.
나는 그 날을 일정 계획표에 표시했다.

017 **robotic** ★

adj **로봇 같은**

ex I'm working on a prototype for a **robotic** hand with a sensor.
나는 센서가 달린 로봇 팔 원형을 개발 중이다.

018 **squash** ★

v **짓누르다, 으깨다** n **스쿼시**

ex **Squash** the tomatoes before throwing them.
토마토를 던지기 전에 으깨라.

Nowadays I am practicing tennis and **squash**.
요즘 나는 테니스와 스쿼시를 연습 중이다.

019 ★

exhausted

adj **기진맥진한**

ex I always make time for meals even when **exhausted**.
나는 피곤할 때에도 항상 식사 시간을 낸다.

Babysitting makes me feel completely **exhausted**.
아기 돌보기는 나를 기진맥진하게 만든다.

---

020 ★

unfair

adj **불공평한**

ex It is **unfair** to throw the computer away because the rest of the family uses it.
나머지 가족들이 이용하기 때문에 컴퓨터를 버리는 것은 불공평하다.

반 **fair** 공평한

021

rat

n **쥐**

ex Racoons eat frogs, fish, and **rats**.
너구리는 개구리, 물고기 그리고 쥐를 먹는다.

Thanks to him, the culprit is a **rat** in a trap.
그 덕분에, 범인은 독 안에 든 쥐이다.

참고 **a rat in a trap** 독 안에 든 쥐

022

glasses

n **안경**

ex He is wearing **glasses** with a red frame.
그는 빨간 테두리의 안경을 쓰고 있다.

I put my **glasses** somewhere in the house.
나는 내 안경을 집안 어딘가에 두었다.

참고 **glass** 유리

023

police

n **경찰**

ex The **police** caught the thief.
경찰은 도둑을 잡았다.

He asked the **police** to help locate his lost dog.
그는 경찰에게 그의 잃어버린 강아지를 찾아달라고 요청했다.

024

grandparents

n **조부모**

ex We're going to visit my **grandparents** tomorrow.
우리 가족은 조부모님을 내일 방문할 것이다.

My **grandparents** own some antique furniture.
나의 조부모님은 골동품 가구 몇을 소유하고 있다.

★ 표시는 출제 빈도를 나타냅니다.

025 **clarinet**

n 클라리넷

ex She is studying how to play the **clarinet**.
그녀는 어떻게 클라리넷을 연주하는지 공부 중이다.

You should clean your **clarinet** often.
너는 너의 클라리넷을 자주 청소해야 한다.

026 **advantage**

n 이점

ex This machine has many **advantages**.
이 기계는 많은 이점이 있다.

Take full **advantage** of this amazing opportunity.
이 놀라운 기회를 완전히 이용해라.

유 **benefit** 이익

참고 **take advantage of** ~를 이용하다

027 **chain**

n 사슬 v (사슬로) 묶다[매다]

ex He made a magical **chain** with six special materials.
그는 6개의 특별한 재료로 마법 사슬을 만들었다.

The woodsmen dragged the heavy log by a **chain**.
나무꾼들은 무거운 통나무를 사슬로 끌었다.

028 **desire**

v 바라다, 원하다 n 욕구

ex We all **desire** success.
우리는 모두 성공을 바란다.

The production left something to be **desired**.
그 연출은 아쉬움을 남겼다.

유 **long for** 열망하다

참고 **leave … to be desired** 아쉬움을 남기다

029 **error**

n 실수

ex It looks like the **error** didn't get fixed.
그 실수가 고쳐지지 않은 것 같다.

We are sorry about the **error**.
그 오류에 대해서 사과드립니다.

030 **folk**

n 사람들 / 여러분, 얘들아 adj 민속의, 전통적인

ex **Folks**, we will take a break for 10 minutes here.
얘들아, 우리는 여기서 10분을 쉴 거야.

This story is one of the popular **folk** tales.
이 이야기는 유명한 민간 설화 중 하나이다.

Practice

1. 다음 단어들을 올바르게 연결하세요.

(1) advantage	(a) 이기적인
(2) chain	(b) 기진맥진한
(3) folk	(c) (사슬로) 묶다
(4) unfair	(d) 사람들, 민속의
(5) exhausted	(e) 불공평한
(6) selfish	(f) 극도로, 극히
(7) extremely	(g) 설계자, 일정계획표
(8) planner	(h) 이점

2. 우리말 뜻에 맞게 빈칸에 알맞은 단어를 보기에서 찾아 쓰세요.

inventor　　principal　　registration　　power

(1) **An ________ tested a parachute by himself.**
한 발명가는 혼자 낙하산을 실험했다.

(2) **Our school ________ is a wonderful person.**
우리의 교장선생님은 훌륭한 사람이다.

(3) **Please fill out this ________ form with this pen.**
등록 서류를 이 펜으로 기입해주세요.

(4) **We have the ________ to do both good and evil.**
우리는 선과 악 모두를 행할 수 있는 힘을 가졌다.

SELF TEST

01	folk		16		배경, 설정
02		국제적인	17	glasses	
03	error		18		학장, 주요한
04		극도로, 극히	19	exhausted	
05	desire		20		발명가
06		아무[하나]도	21	unfair	
07	chain		22		머리 모양
08		마술사	23	rat	
09	advantage		24		대나무
10		힘, 작동시키다	25	robotic	
11	grandparents		26		훌륭한
12		이기적인	27	squash	
13	clarinet		28		박하
14		등록	29	planner	
15	police		30		귀리

DAY 66

색상으로 8품사 구분하기

n	**명사**	noun	pron	**대명사**	pronoun
v	**동사**	verb	adj	**형용사**	adjective
adv	**부사**	adverb	conj	**접속사**	conjunction
prep	**전치사**	preposition	int	**감탄사**	interjection

n	microscope	adv	particularly	adv	rather
pref	semi	n	region	n	upgrade
adj	successful	v	squeeze	adv	surprisingly
n	therapy	n	microphone	v	analyze
adj	Celsius	v	darn	n	barney
adj	educational	n	caramel	adj	European
n	guitarist	n	Hollywood	n	admiral
n	horizon	n	election	n	pulse
n	republic	n	affair	n	scholar
n	slave	n	burden	adj	precious

DAY 66

★ 표시는 출제 빈도를 나타냅니다.

001 ★★★★

microscope

n 현미경

ex With the **microscope**, he could figure out the shape of the virus.
현미경으로, 그는 바이러스의 모양을 알아낼 수 있었다.

002 ★★★★

particularly

adv 특히

ex What was **particularly** impressive?
무엇이 특히 인상 깊었니?

This cafe isn't a **particularly** special place.
이 카페는 특히 특별한 장소는 아니다.

003 ★★★★

rather

adv 꽤, 오히려

ex However, many of the metals in use today are not pure metals, but **rather** alloys.
그러나 오늘날 사용되는 많은 금속들은 순수한 금속이 아닌 합금이다.

참고
rather than
~보다는[대신에]

004 ★★★★

semi

pref 반, 어느 정도의

ex Four teams will compete in the **semi**-finals.
네 개의 팀이 준결승에서 경쟁할 것이다.

The shape of the moon is bigger than a **semi**circle.
달의 모양이 반원보다는 크다.

005 ★★★★

region

n 지역, 지방

ex There are **regions** in Africa where hunting is forbidden.
아프리카에는 사냥이 금지된 지역들이 있다.

006 ★★★

upgrade

n 개선 v 개선하다

ex I need a fashion **upgrade**, but I'm horrible with style.
나는 패션에 개선이 필요하지만 스타일을 잘 알지 못한다.

You can **upgrade** your software to the most recent one.
너는 너의 소프트웨어를 가장 최근 것으로 업그레이드할 수 있다.

007 ★★★

successful

adj **성공적인**

ex Apple is a very **successful** company founded by Steve Jobs.
Apple은 Steve Jobs에 의해 설립된 성공적인 회사이다.

008 ★★★

squeeze

v **짜다[쥐다]** n **짜기[쥐기]**

ex We **squeeze** the lemons on top of the oyster.
우리는 굴 위에 레몬을 짠다.

You should hold the tube and **squeeze**.
너는 튜브를 잡고 짜야 해.

009 ★★★

surprisingly

adv **놀랄 만큼, 의외로**

ex **Surprisingly**, movies are actually a very recent invention.
놀랍게도, 영화는 사실 매우 최근의 발명품이다.

010 ★★★

therapy

n **치료, 요법**

ex There is not much information about the latest **therapy** for stomach cancer.
위암의 최신 치료법에 대한 정보가 별로 없다.

011 ★★

stiffness

n **단단함, 빳빳함**

ex You should do yoga to get rid of body **stiffness**.
너는 몸 경직을 없애기 위해 요가를 해야 한다.

012 ★

analysis

v **분석**

ex Scientists conducted a detailed **analysis** on climate change.
과학자들은 기후 변화에 대한 자세한 분석을 진행했다.

참고
analysis
n. 분석

DAY 66

★ 표시는 출제 빈도를 나타냅니다.

013 ★

Celsius

adj **섭씨의**

ex Most 3D pens work around 200 degrees **Celsius**.
대부분의 3D 펜은 약 섭씨 200도에서 작동한다.

By evening, it will be -4 degrees **Celsius**.
저녁이 되면 섭씨 영하 4도가 될 것이다.

참고 **Farenheit** 화씨의

014 ★

darn

v **꿰매다** n **(옷의) 꿰맨[기운] 자리**

ex I have to **darn** holes in my socks.
나는 양말의 구멍을 꿰매야 한다.

She earned money by **darning** others' stockings.
그녀는 다른 사람들의 양말을 꿰매며 돈을 벌었다.

015 ★

barney

n **언쟁, 말다툼**

ex I really dislike his style of conversation because it always leads to **barney**.
그의 대화 방식이 항상 언쟁으로 나아가기 때문에 나는 그의 대화 방식이 싫다.

016 ★

educational

adj **교육적인**

ex The girl expects this trip to be **educational**.
그 소녀는 이 여행이 교육적이기를 기대한다.

Her parents only allowed to watch **educational** TV shows.
그녀의 부모님은 오로지 교육적 방송만 보게 허락했다.

참고 **academic** 대학의

017

caramel

n **캐러멜**

ex Jack makes delicious **caramel** popcorn.
Jack은 맛있는 캐러멜 팝콘을 만든다.

My favorite snack is the **caramel** candy.
내가 좋아하는 간식은 캐러멜 사탕이다.

018

European

adj **유럽의** n **유럽인**

ex **European** opera attained great popularity.
유럽의 오페라는 사람들 사이에서 엄청난 인기를 얻었다.

019 ★

guitarist

n **기타 연주자**

ex Jack fell in love with the **guitarist** he saw last night.
Jack은 지난 밤 본 기타 연주자와 사랑에 빠졌다.

It is important for **guitarists** to tune their instrument.
기타 연주자들이 그들의 악기를 조율하는 것은 중요하다.

020 ★

Hollywood

n **할리우드**

ex My dream job is to work for a **Hollywood** studio.
내 꿈의 직장은 할리우드 스튜디오에서 일하는 것이다.

Many celebrities live in **Hollywood**.
할리우드에 많은 유명 인사들이 산다.

021

admiral

n **해군 장성, 제독**

ex My role model is **Admiral** Yi Sun-shin.
내 롤 모델은 이순신 해군 제독이다.

It is the day that our **admiral** retires.
우리의 해군 제독이 은퇴하시는 날이다.

022

horizon

n **수평선**

ex The moon is rising above the **horizon**.
달은 수평선 위로 떠오르고 있다.

The missing ship finally appeared on the **horizon**.
실종된 배가 마침내 수평선 위로 나타났다.

참고 **horizontal** adj. 수평의

023

election

n **선거**

ex **Election** policy should be taught in schools to prepare students for voting.
선거 정책은 학생들이 투표를 준비할 수 있도록 학교에서 가르쳐야 한다.

참고 **elect** v. 선출하다

024

pulse

n **맥박**

ex His **pulse** is so high that he needs to see a doctor.
그의 맥박이 너무 높아서 병원에 가볼 필요가 있다.

There's a woman lying on the ground with no **pulse**!
맥박 없이 땅에 누워 있는 여자가 있어!

★ 표시는 출제 빈도를 나타냅니다.

025 **republic**

n **공화국**

ex South Korea is also called as **Republic** of Korea.
남한은 대한민국으로도 불린다.

The queen finally established a new **republic**.
여왕은 마침내 새로운 공화국을 설립했다.

026 **affair**

n **(공적으로 중요하거나 관심사가 되는) 일[문제]**

ex He is handling all the international **affairs**.
그는 모든 국제 업무를 담당하고 있다.

I can't go to the party because I have a family **affair**.
나는 가족 일이 있어서 파티에 갈 수 없다.

유 matter 문제, 일

027 **scholar**

n **학자**

ex He is anything but a **scholar**.
그가 학자라니 말도 안되는 소리이다.

She is a well-known **scholar** in chemistry.
그녀는 화학 분야에서 잘 알려진 학자이다.

028 **slave**

n **노예**

ex I don't want to work like a **slave**.
나는 노예처럼 일하고 싶지 않다.

Never treat employees like a **slave**.
직원들을 절대 노예처럼 대하지 말아라.

029 **burden**

n **부담, 짐** v **부담[짐]을 지우다**

ex I don't want you to have any **burden** on this.
이것에 대해 너가 부담을 느끼지 않기를 바란다.

This has **burdened** him a lot since last year.
이것이 작년부터 그에게 많은 부담이 되었다.

반 unburden (걱정 등을) 털어 놓다

030 **precious**

adj **귀중한, 값비싼**

ex Where is my **precious** little girl?
나의 귀중한 작은 소녀가 어디 있니?

These **precious** artworks lasted centuries.
이 귀중한 예술품들은 수세기 동안 존속했다.

Practice

1. 다음 단어들을 올바르게 연결하세요.

(1) Hollywood	(a) 특히
(2) republic	(b) 꽤, 오히려
(3) burden	(c) 반, 어느 정도
(4) precious	(d) 개선, 개선하다
(5) upgrade	(e) 할리우드
(6) semi	(f) 공화국
(7) rather	(g) 부담, 짐
(8) particularly	(h) 귀중한, 값비싼

2. 다음 영어 뜻에 맞게 알맞은 단어를 보기에서 찾아 쓰세요.

horizon squeeze therapy scholar

(1) to exert pressure

(2) the line where the sky seems to meet the land or the sea

(3) a person who studies an academic subject and knows a lot about it

(4) the treatment of someone with mental illness

SELF TEST

01	particularly		16		수평선
02		현미경	17	election	
03	region		18		공화국
04		반, 어느 정도의	19	burden	
05	squeeze		20		노예
06		성공적인	21	precious	
07	darn		22		꽤, 오히려
08		치료, 요법	23	scholar	
09	stiffness		24		개선, 개선하다
10		섭씨의	25	pulse	
11	Hollywood		26		놀랄 만큼, 의외로
12		교육적인	27	admiral	
13	caramel		28		분석
14		기타 연주자	29	European	
15	affair		30		언쟁, 말다툼

DAY 67

색상으로 8품사 구분하기

n	**명사**	noun	pron	**대명사**	pronoun
v	**동사**	verb	adj	**형용사**	adjective
adv	**부사**	adverb	conj	**접속사**	conjunction
prep	**전치사**	preposition	int	**감탄사**	interjection

n	warrior	v	reserve	n	presentation
n	ray	adj	upright	n	sandal
n	reminder	n	stain	n	text
adv	totally	n	avocado	n	raincoat
n	skateboard	adj	unable	n	Vietnam
n	swimsuit	n	terrace	adv	angrily
n	coal	n	scar	n	resource
n	praise	n	column	n	dialogue
n	universe	n	triumph	n	edge
n	halt	n	trace	adj	anxious

DAY 67

★ 표시는 출제 빈도를 나타냅니다.

001 ★★★★

warrior

n 전사

ex She was a wise and strong **warrior**.
그녀는 현명하고 강한 전사였다.

The **warrior** admitted his defeat.
그 전사는 자신의 패배를 인정했다.

002 ★★★★

reserve

v 예약하다

ex You should call her to **reserve** a tennis court.
테니스 코트를 예약하려면 그녀에게 전화해야 한다.

This is a **reserved** area for disabled people.
이것은 장애인들을 위한 지정석이다.

참고 **reservation** n. 예약

003 ★★★★

presentation

n 발표

ex Students must give a **presentation** about their chosen topic.
학생들은 그들이 고른 주제에 대해 발표를 해야 한다.

004 ★★★★

ray

n 광선

ex The **rays** of the sun went through the dark cloud.
태양 광선은 먹구름을 통과했다.

Protect your eyes from harmful **rays**.
유해 광선으로부터 너의 눈을 보호해라.

005 ★★★★

upright

adj (자세가) 똑바른

ex The doctor told me to sit **upright** in the chair.
의사는 내게 의자에 똑바로 앉아있으라고 했다.

Jane told him to keep the box **upright**.
Jane은 그에게 상자를 똑바로 세워놓으라고 말했다.

006 ★★★

sandal

n 샌들

ex My **sandals** keep getting sand in them.
내 샌들 안에 모래가 계속 들어온다.

She wore shorts, a T-shirt, and **sandals**.
그녀는 반바지, 티셔츠, 그리고 샌들을 착용했다.

007 ★★★

reminder

n 상기시키는 것

ex As a **reminder**, classes end early on May 20th.
상기시키자면, 5월 20일에 수업은 일찍 끝난다.

This is a **reminder** that even little cats are hunters.
이것은 새끼 고양이 역시도 사냥꾼이라는 것을 상기시켜 준다.

참고 **remind**
v. 상기시키다

---

008 ★★★

stain

n 얼룩 v 얼룩지게 하다

ex I found a **stain** on the fabric.
나는 천에서 얼룩을 발견했다.

I don't know if a juice **stain** will come out.
나는 주스 얼룩이 없어질지 잘 모르겠다.

---

009 ★★★

text

n 본문, 글 v 문자를 보내다

ex The images are nice, but the **text** is hard to read.
그 그림들은 좋은데, 글이 읽기 힘들다.

I think it's too late at night to **text** her now.
나는 그녀에게 문자를 보내기엔 너무 시간이 늦었다고 생각해.

---

010 ★★★

totally

adv 완전히

ex He did not bring his work because he **totally** forgot what the teacher said.
그는 선생님이 말한 것을 완전히 까먹었기 때문에 그의 과제를 가져오지 않았다.

㊒ **completely**
완전히

---

011 ★★

avocado

n 아보카도

ex How can you choose a good **avocado**?
어떻게 좋은 아보카도를 고를 수 있니?

Now you can make a delicious **avocado** smoothie.
이제 당신은 맛있는 아보카도 스무디를 만들 수 있다.

---

012 ★

raincoat

n 우비

ex You might need your **raincoat** today.
너는 오늘 우비가 필요할 수도 있어.

Look how cute she is in her yellow **raincoat**!
노란 우비를 입은 그녀가 얼마나 귀여운지 봐봐!

DAY 67

★ 표시는 출제 빈도를 나타냅니다.

013 **skateboard** ★

n **스케이트 보드**

ex As soon as he steps on the **skateboard**, he falls off.
그가 스케이트 보드를 밟자마자, 그는 떨어졌다.

Do you **skateboard** to school?
너는 학교에 스케이트 보드를 타고 가니?

014 **unable** ★

adj **…할 수 없는**

ex She is **unable** to get out of the house.
그녀는 집 밖으로 나올 수 없다.

He is **unable** to attend a baby's first birthday party.
그는 아기의 돌잔치에 참석할 수 없다.

반 **able** …할 수 있는

015 **Vietnam** ★

n **베트남**

ex I've always wanted to go to **Vietnam**!
나는 항상 베트남에 가고 싶었어!

Hanoi is the capital city of **Vietnam**.
하노이는 베트남의 수도이다.

016 **swimsuit** ★

n **수영복**

ex There are more rules about **swimsuit** material.
수영복 소재에 대한 규칙이 더 많이 있다.

New technology is used to invent high-tech **swimsuits**.
새로운 기술은 첨단 수영복을 만들기 위해 사용된다.

017 **terrace** ★

n **테라스**

ex Let's have lunch on the **terrace**.
테라스에서 점심을 먹자.

I prefer the **terrace** facing south.
나는 테라스가 남쪽을 향해있는 걸 선호한다.

018 **angrily** ★

adv **노하여, 성나서**

ex He shouted **angrily** when he figured it out.
그가 그것을 알아냈을 때 노하며 소리쳤다.

Mr. Vincent looked **angrily** at his son.
Vincent씨는 그의 아들을 성나서 노려보았다.

참고 **angry** adj. 화난, 성난

019

coal

n 석탄

ex There was so much **coal** in the mine.
광산에 석탄이 아주 많았다.

My mom told me to put **coal** in the grill.
나의 엄마는 나에게 그릴에 석탄을 넣으라고 말했다.

020

scar

n (피부에 생긴) 흉터 v 흉터를 남기다

ex This is a **scar** from a dog bite.
이것은 개에게 물린 흉터이다.

The surgery left a **scar** on her face.
그 수술은 그녀의 얼굴에 흉터를 남겼다.

㊒ injury 부상

021

resource

n 자원

ex Volcanoes can be used as a **resource**.
화산은 천연 자원으로 이용될 수 있다.

Historical **resources** were covered in water.
역사적 자원은 물에 덮여 있었다.

022

praise

n 칭찬 v 칭찬하다

ex He deserves a lot of **praise**.
그는 많은 찬사를 받을 자격이 있다.

The critics **praised** the music highly.
비평가들은 그 음악을 높게 칭찬했다.

023

column

n 기둥 / 세로줄

ex A temple is supported by many **columns**.
사원은 많은 기둥에 의해 지지된다.

Add up the total points in each **column**.
각 세로줄의 점수를 모두 더해라.

024

dialogue

n 대화

ex We overheard the **dialogue** between them.
우리는 우연히 두 사람의 대화를 들었다.

One **dialogue** was so long that I failed to understand.
한 대화가 너무 길어서 이해하지 못했다.

★ 표시는 출제 빈도를 나타냅니다.

025 **universe**

n **우주, 세계**

ex He learned that Earth isn't the center of the **universe**.
그는 지구가 우주의 중심이 아니라는 것을 배웠다.

Life is probably quite common in the **universe**.
생명체는 아마 우주에 꽤 흔할 것이다.

---

026 **triumph**

n **(큰) 업적[승리], 대성공**

ex The judgment was a **triumph** of justice.
그 심판은 정의의 승리였다.

The building was a big **triumph** of technology.
그 빌딩은 기술의 큰 업적이었다.

---

027 **edge**

n **끝, 가장자리, 모서리**

ex Are you just going to sit on the **edge**?
너는 가장자리에 앉을 거니?

Women gathered at the **edge** of the river.
여자들은 강 가장자리로 모였다.

---

028 **halt**

n **중단** v **멈추다, 서다**

ex Because the machine broke down for a day, urgent work came to a **halt**.
기계가 하루 동안 고장났기 때문에, 긴급한 일이 중단되었다.

---

029 **trace**

n **흔적** v **추적하다, (추적하여) 찾아내다**

ex Airplanes disappeared without a **trace**.
비행기는 흔적도 없이 사라졌다.

The police tried to **trace** him.
경찰은 그를 찾아내려고 노력했다.

---

030 **anxious**

adj **불안해하는**

ex He is **anxious** he will not be able to vote.
그는 투표를 하지 못할까봐 불안해한다.

Being **anxious** about his health, I sent him to a hospital.
그의 건강이 걱정되어서, 나는 그를 병원으로 보냈다.

Practice

1. 다음 단어들을 올바르게 연결하세요.

(1) swimsuit •	• (a) (큰)업적[승리]
(2) dialogue •	• (b) 우주, 세계
(3) universe •	• (c) 대화
(4) triumph •	• (d) 수영복
(5) resource •	• (e) 자원
(6) upright •	• (f) 상기시키는 것
(7) ray •	• (g) (자세가)똑바른
(8) reminder •	• (h) 광선

2. 우리말 뜻에 맞게 빈칸에 알맞은 단어를 보기에서 찾아 쓰세요.

rays　anxious　edge　unable

(1) He is ______ he will not be able to vote.
그는 투표를 하지 못할까봐 불안해한다.

(2) The ______ of the sun went through the dark cloud.
태양 광선은 먹구름을 통과했다.

(3) She is ______ to get out of the house.
그녀는 집 밖으로 나올 수 없다.

(4) Women gathered at the ______ of the river.
여자들은 강 가장자리로 모였다.

SELF TEST

01	trace		16	praise	
02		전사	17		상기시키는 것
03	anxious		18	scar	
04		발표	19		본문, 글
05	halt		20	resource	
06		예약하다	21		아보카도
07	edge		22	coal	
08		광선	23		완전히
09	triumph		24	terrace	
10		샌들	25		스케이트 보드
11	universe		26	angrily	
12		(자세가) 똑바른	27		우비
13	dialogue		28	swimsuit	
14		얼룩	29		…할 수 없는
15	column		30	Vietnam	

DAY 68

색상으로 8품사 구분하기

n	명사	noun	pron	대명사	pronoun
v	동사	verb	adj	형용사	adjective
adv	부사	adverb	conj	접속사	conjunction
prep	전치사	preposition	int	감탄사	interjection

n	search	n	refund	v	replace
adj	underground	adj	western	n	reservation
n	sneakers	n	spray	adj	Canadian
n	kitten	adv	somehow	n	competitor
n	grandchild	n	kebab	n	silk
n	voyage	n	affection	n	secretary
n	debt	n	electricity	n	fault
n	gesture	adj	hollow	n	funeral
n	merchant	n	oath	n	limit
n	load	n	rein	n	saw

DAY 68

★ 표시는 출제 빈도를 나타냅니다.

001 ★★★★

search

n 찾기 v 찾아보다

ex The best way to start a job **search** is to find job listings.
구직을 시작하는 가장 좋은 방법은 구인 목록을 찾아보는 것이다.

They jumped into the water in **search** of the fish.
그들은 물고기를 찾기 위해 물로 뛰어들었다.

002 ★★★★

refund

n 환불 v 환불하다

ex Does that **refund** also apply to bus tickets?
그 환불이 버스 표에도 적용되는가?

Is it possible to get a **refund** online?
온라인으로 환불받는 것이 가능하니?

003 ★★★★

replace

v 대신[대체]하다

ex I think e-books will **replace** paper ones.
나는 전자책이 종이책을 대체할 거라고 생각해.

Can you **replace** my backpack zipper?
내 가방 지퍼 좀 교체해 줄 수 있니?

㊲ **change** 바꾸다

004 ★★★★

underground

adj 지하의

ex Scientists have recently discovered an **underground** cave near Ruby Falls.
과학자들은 최근에 Ruby 폭포 근처에서 지하 동굴을 발견했다.

005 ★★★★

western

adj 서부의, 서양의

ex I prefer eastern food to **western** food.
나는 서양 음식보다 동양 음식이 좋아.

My family lives in the **western** part of the city.
우리 가족은 도시의 서쪽에 산다.

참고 **west** n. 서쪽, 서양

006 ★★★

reservation

n 예약

ex Please provide the date of **reservation** for verification.
확인을 위해 예약 날짜를 알려주세요.

Can you check my **reservation**?
내 예약 좀 확인해 줄 수 있니?

007 ★★★

sneakers

n 운동화

ex Do you know how to clean dirty **sneakers**?
더러운 운동화를 어떻게 청소하는지 아니?

How much are these **sneakers**?
이 운동화 얼마야?

008 ★★★

spray

n 스프레이 v 뿌리다

ex Use **spray** hair products to look better.
더 나아 보이기 위해 스프레이 헤어 제품을 이용해라.

She **sprayed** water on the plants in the garden.
그녀는 정원의 식물에 물을 뿌렸다.

009 ★★★

Canadian

adj 캐나다의 n 캐나다 사람

ex My English teacher is a **Canadian**.
나의 영어선생님은 캐나다 사람이야.

He escaped twice from a **Canadian** prison.
그는 캐나다 감옥에서 두 번 탈출했다.

참고
Canada
n. 캐나다

010 ★★★

kitten

n 새끼 고양이

ex I fed a stray **kitten** the other day.
나는 저번에 길을 잃은 새끼 고양이에게 밥을 줬다.

Last time I saw her she was just a **kitten**!
저번에 봤을 땐 새끼 고양이였는데!

011 ★★

somehow

adv 왠지 / 어떻게든

ex It is **somehow** perfectly sweet, sour, and spicy.
이것은 왠지 완벽히 달고, 시고 또 매워.

Somehow this movie transformed the book's tone.
어떻게든 이 영화는 책의 분위기를 바꿨다.

012 ★

competitor

n 경쟁자, 참가자

ex He was the last **competitor** in the Olympics.
그는 올림픽의 마지막 참가자였다.

She tried to defeat her prime **competitor**.
그녀는 그녀의 주요 경쟁자를 이기기 위해 노력했다.

참고
compete
v. 경쟁하다

DAY 68

★ 표시는 출제 빈도를 나타냅니다.

013 ★

grandchild

n 손주

ex Many of the hippos in American zoos today are Billy's **grandchildren**.
오늘날 미국 동물원의 하마 중 다수는 Billy의 손주들이다.

참고
grandchildren
pl. 손주

014 ★

kebab

n **케밥, 꼬치구이**

ex David enjoys eating lamb **kebabs**.
David는 양고기 케밥 먹는 것을 즐긴다.

We made **kebabs** for the holiday.
우리는 휴일에 케밥을 만들었다.

015

silk

n **비단**

ex My favorite piece of clothing is the **silk** dress.
내가 가장 좋아하는 옷은 비단 원피스이다.

I don't know whether it is **silk** or not.
나는 그것이 비단인지 아닌지 모르겠어.

016

voyage

n **여행**

ex I think life is a **voyage** of discovery.
나는 인생이 발견의 여행이라고 생각해.

One day I wish to **voyage** all around the world.
언젠가 나는 전 세계를 여행하고 싶다.

㊒
journey 여행
trip 여행

017

affection

n **애착, 애정**

ex I have a strong **affection** for my mother.
나는 엄마에게 강한 애착이 있다.

We have to take care of babies with **affection**.
우리는 아이들을 애정으로 돌봐야 한다.

018

secretary

n **비서**

ex Ask the **secretary** if you have a problem.
문제가 생기면 비서에게 물어봐라.

Book your appointment through my **secretary**.
내 비서를 통해서 약속을 잡아라.

019

debt

n **빚**

ex Students, avoid a lifetime **debt**.
학생들이여, 평생의 빚을 피하라.

War is very expensive and it can lead to **debt**.
전쟁은 돈이 많이 들고 빚으로 이어질 수 있다.

020

electricity

n **전기**

ex That power plant supplies them with **electricity**.
그 발전소는 그들에게 전기를 공급한다.

The internet will not work without **electricity**.
전기 없이는 인터넷은 작동하지 않을 것이다.

021

fault

n **잘못, 책임**

ex The guy in the blue car is at **fault**.
파란 차에 있는 남자가 잘못했다.

His misbehavior is not his parents' **fault**.
그의 버릇없음은 그의 부모의 잘못이 아니다.

022

gesture

n **몸짓**

ex Using a timely **gesture** leads to better communication.
시기적절한 몸짓을 사용하는 것은 더 나은 의사소통으로 이어진다.

She prefers to communicate by **gesture**.
그녀는 몸짓을 이용해 소통하는 것을 선호한다.

023

hollow

adj **(속이) 빈**

ex The inside of that tree is **hollow**.
저 나무의 안은 비어 있다.

Hollow trees are not that dangerous.
빈 나무는 그렇게 위험하지 않다.

㊜
empty
비어있는

024

funeral

n **장례식**

ex Her grandmother's **funeral** will begin soon.
그녀의 할머니 장례식이 곧 시작할 것이다.

Many celebrities attended his **funeral**.
많은 유명 인사들이 그의 장례식에 참여했다.

DAY 68

★ 표시는 출제 빈도를 나타냅니다.

025 **merchant**

n **상인**

ex There was a **merchant** who had a daughter named Beauty.
Beauty라는 이름의 딸을 가진 상인이 있었다.

---

026 **oath**

n **맹세, 서약**

ex He was prepared to give evidence on **oath**.
그는 선서하고 증언할 준비가 되어 있었다.

Doctors take the Hippocratic **oath** before graduation.
의사들은 졸업 전에 히포크라테스 선서를 한다.

---

027 **limit**

n **한계(점)** v **제한하다**

ex The time **limit** to answer is only 15 seconds.
대답할 제한 시간은 딱 15초이다.

Technological advances **limit** athletes' skills.
기술적 진보는 선수들의 기술을 제한한다.

유 **restrain** 제한하다

---

028 **load**

n **짐[화물]** v **~에 싣다**

ex You have to lighten your **load** before departure.
너는 출발 전에 짐을 가볍게 해야 한다.

That airplane **loads** up to 500 people.
그 비행기는 500명까지 태울 수 있다.

유 **cargo** 화물

---

029 **rein**

n **고삐**

ex He needs to change the **rein**.
그는 고삐를 바꿔야 한다.

Please keep a loose **rein** for the animal.
동물을 위해 고삐를 느슨하게 잡아주세요.

---

030 **saw**

n **톱**

ex I used a **saw** to cut down a tree.
나는 나무를 자르기 위해 톱을 이용했다.

The blade of this **saw** got blunt.
이 톱의 날이 무뎌졌다.

참고 **saw** v. see의 과거형

Practice

1. 다음 단어들을 올바르게 연결하세요.

(1) reservation •	• (a) 애정
(2) secretary •	• (b) 왠지
(3) merchant •	• (c) (속이) 빈
(4) funeral •	• (d) 장례식
(5) rein •	• (e) 고삐
(6) hollow •	• (f) 비서
(7) affection •	• (g) 예약
(8) somehow •	• (h) 상인

2. 다음 영어 뜻에 맞게 알맞은 단어를 보기에서 찾아 쓰세요.

voyage   spray   saw   replace

(1) a hand tool or a machine used to cut hard material

(2) a long journey involving travel by other than land routes

(3) apply to something in the form of a shower of tiny drops

(4) take the place of

SELF TEST

01	voyage		16		캐나다의
02		환불, 환불하다	17	hollow	
03	replace		18		왠지
04		애정	19	gesture	
05	underground		20		새끼 고양이
06		비서	21	fault	
07	western		22		경쟁자, 참가자
08		빚	23	limit	
09	electricity		24		손주
10		예약	25	rein	
11	oath		26		케밥
12		운동화	27	load	
13	merchant		28		비단
14		장례식	29	saw	
15	spray		30		찾기

DAY 69

색상으로 8품사 구분하기

n	명사	noun	pron	대명사	pronoun
v	동사	verb	adj	형용사	adjective
adv	부사	adverb	conj	접속사	conjunction
prep	전치사	preposition	int	감탄사	interjection

n	recording	adj	proper	n	researcher
n	saving	v	wrap	v	starve
n	technique	v	shoot	v	rewarm
adj	sandy	n	injury	n	championship
adj	effective	n	Halloween	v	arrest
adj	formal	adj	charming	adj	moral
adj	useless	n	defeat	v	insist
v	admire	n	thigh	conj	unless
v	consist	v	bury	v	declare
v	associate	v	command	v	behave

DAY 69

★ 표시는 출제 빈도를 나타냅니다.

001 ★★★★

recording

n 녹음 / 기록

ex The first **recording** included Gershwin's Rhapsody.
최초의 녹음물은 Gershwin의 랩소디를 포함했다.

Tell her when the **recording** starts.
그녀에게 녹음이 언제 시작하는지 말해줘.

참고 **record** n. 기록 v. 기록하다

002 ★★★★

proper

adj 적절한, 올바른

ex Students need **proper** exercise to stay healthy.
학생들은 건강하기 위해 적절한 운동이 필요하다.

I want to have a **proper** birthday celebration this year.
올해는 제대로 된 생일 축하를 받았으면 좋겠다.

반 **improper** 부적절한

003 ★★★★

researcher

n 연구원, 조사원

ex He worked as a **researcher** and professor.
그는 연구원과 교수로 일했다.

This **researcher** saw polar bears eating grass and birds.
이 연구원은 북극곰들이 풀과 새를 먹는 것을 보았다.

004 ★★★★

saving

n 절약 / 예금

ex They have enough balance in the **saving** account.
그들은 저축 계좌에 충분한 잔고가 있다.

My parents used their **savings** to pay for my education.
나의 부모님은 그들의 예금을 이용해 내 교육비를 지불했다.

참고 **saving account** 예금 계좌

005 ★★★★

wrap

v 싸다, 포장하다 n 포장

ex She **wrapped** the baby in her towel.
그녀는 아이를 수건으로 감쌌다.

This coupon is used for free **wrapping**.
이 쿠폰은 무료 포장을 위해 사용된다.

유 **cover** 덮다, 싸다

006 ★★★★

starve

v 굶주리다

ex I skipped breakfast, and now I am **starving**.
아침을 굶었더니 나는 지금 매우 배가 고프다.

He stole a loaf of bread for his **starving** nephews.
그는 빵 한 덩이를 굶주리는 조카들을 위해 훔쳤다.

반 **full** 가득 찬, 배부른

007 ★★★★

technique

n **기법, 기술**

ex It is important to follow the tips for healthier walking **technique**.
더 건강한 걷기 기술을 위해 팁을 따르는 것이 중요하다.

유 **method** 방법, 방식

008 ★★★

shoot

v **쏘다 / 촬영하다**

ex Try **shooting** the ball through the ring many times.
링을 통과하도록 공을 여러 번 쏘아봐라.

The movie team was **shooting** a police scene.
영화 팀은 경찰 장면을 촬영하고 있었다.

009 ★★★

rewarm

v **재가온하다**

ex A critical mistake is **rewarming** the body when the person is still outside in the cold.
사람이 아직 추운 밖에 있을 때 몸을 다시 녹이는 것이 치명적인 실수이다.

010 ★★★

sandy

adj **모래로 뒤덮인**

ex The car was **sandy** after they visited the beach.
해변을 방문한 후, 차가 모래로 뒤덮였다.

A cactus grows well in the **sandy** desert.
선인장은 모래로 뒤덮인 사막에서 잘 자란다.

011 ★★

injury

n **부상, 상처**

ex Running without stretching increases the risk of **injury**.
스트레칭 없이 하는 달리기는 부상의 위험을 높인다.

I have suffered from a foot **injury**.
나는 발 부상으로 인해 고생해왔다.

012 ★

championship

n **선수권 대회**

ex This year's **championship** was so competitive that there was high tension.
올해 선수권 대회는 너무 경쟁이 심해서 높은 긴장감이 있었다.

★ 표시는 출제 빈도를 나타냅니다.

013 ★

effective

adj 효과적인 / 시행[발효]되는

ex This medicine is the most **effective** for a migraine.
이 약은 편두통에 가장 효과적이다.

New rules will be **effective** from next month.
새로운 규칙들은 다음 달부터 시행될 것이다.

014 ★

Halloween

n 핼러윈

ex **Halloween** party is held on October 31st.
핼러윈 파티는 10월 31일에 열린다.

I don't know what to wear for **Halloween.**
핼러윈에 무엇을 입어야 할지 모르겠어.

015

arrest

v 체포하다

ex They were **arrested** for their dangerous jump.
그들은 위험한 점프로 인해 체포되었다.

Gary was seriously hurt while **arresting** the criminals.
Gary는 범인들을 체포하다가 심각하게 다쳤다.

016

formal

adj 격식을 차린, 공식적인

ex There was a **formal** ceremony on the king's birthday.
왕의 생일에 격식 있는 의식이 있었다.

Students don't have many **formal** clothes.
학생들은 격식 있는 옷을 많이 가지고 있지 않다.

반 **informal** 형식을 따지지 않는

017

charming

adj 매력적인, 멋진

ex I find him sweet and **charming.**
나는 그가 다정하고 매력적이라고 생각한다.

The boy has a **charming** face with bright blue eyes.
그 소년은 밝은 파란 눈과 매력적인 얼굴을 가졌다.

유 **attractive** 매력적인

018

moral

adj 도덕적인

ex A better **moral** sense is required for doctors.
의사들에게는 더 나은 도덕성이 요구된다.

The man lived a very **moral** life.
그 남자는 매우 도덕적인 삶을 살았다.

참고 **morality** n. 도덕성

019 ★

useless

adj **쓸모없는**

ex The scholar thought this book was **useless**.
그 학자는 이 책이 쓸모없다고 생각했다.

There's no such thing as **useless** experience.
쓸모없는 경험이라는 것은 없다.

020 ★

defeat

n **패배** v **패배시키다**

ex It was hard for them to admit **defeat**.
그들이 패배를 인정하는 것은 어려웠다.

The army **defeated** the enemy.
그 군대는 적을 물리쳤다.

021

insist

v **(…해야 한다고) 주장하다**

ex He strongly **insisted** on opening the store.
그는 가게를 열자고 강력하게 주장했다.

They **insist** on turning off the music late at night.
그들은 늦은 밤 음악을 끄는 것을 주장한다.

유 **demand** 요구하다

022

admire

v **존경하다, 칭찬하다**

ex I just wanted to tell you how much I **admire** your work.
나는 그저 내가 얼마나 당신의 일을 존경하는지 말하고 싶었을 뿐이다.

023

thigh

n **넓적다리, 허벅지**

ex You can use this tool to develop muscles in both inner and outer **thighs**.
당신은 안쪽과 바깥쪽 허벅지 근육 모두 발달시키기 위해 이 도구를 사용할 수 있다.

024

unless

conj **…하지 않는 한**

ex You'll miss the bus **unless** you walk more quickly.
네가 빠르게 걷지 않으면 버스를 놓칠 거야.

I will stay home **unless** the rain stops.
나는 비가 그치지 않는 한 집에 있을 거야.

DAY 69

★ 표시는 출제 빈도를 나타냅니다.

025

consist

v (부분·요소로) 되어 있다

ex The country **consists** of more than 1000 islands.
그 나라는 1000개가 넘는 섬으로 되어 있다.

This book **consists** of 15 chapters.
이 책은 15개의 챕터로 구성되어 있다.

유
be made up of
~로 구성되다

026

bury

v 묻다

ex She **buried** the poor dog outside the castle.
그녀는 성 밖에 불쌍한 강아지를 묻어주었다.

It is better to **bury** the truth for everyone's sake.
모두를 위해 진실을 묻는 것이 낫다.

027

declare

v 선언하다 / 신고하다

ex The mayor **declared** the festival open.
시장은 그 축제가 개막했음을 선언했다.

You need to **declare** any taxable goods.
과세물품은 신고해야 한다.

028

associate

v 연관 짓다 n 동료

ex There are many concerns **associated** with technology.
기술과 관련된 많은 걱정들이 있다.

One of my **associates** invited me to dinner.
내 동료들 중 한 명이 나를 저녁식사에 초대했다.

029

command

v 명령하다 n 명령

ex Isaac **commanded** his army to advance toward the base camp of the enemy.
Isaac은 그의 군대에게 적진의 베이스캠프까지 진격할 것을 명령했다.

참고
commander
n. 지휘관

030

behave

v 행동하다

ex You should **behave** yourself in front of the elders.
너는 어른들 앞에서 예의 있게 해야 한다.

They **behaved** like wild animals.
그들은 마치 야생동물처럼 행동했다.

Practice

1. 다음 단어들을 올바르게 연결하세요.

(1) behave	(a) 명령, 명령하다
(2) arrest	(b) 행동하다
(3) insist	(c) 부상, 상처
(4) injury	(d) 절약, 예금
(5) admire	(e) 굶주리다
(6) saving	(f) 존경하다
(7) starve	(g) 주장하다
(8) command	(h) 체포하다

2. 우리말 뜻에 맞게 빈칸에 알맞은 단어를 보기에서 찾아 쓰세요.

defeat   declare   consists   unless

(1) **This book ________ of 15 chapters.**
이 책은 15개의 챕터로 구성되어 있다.

(2) **It was hard for them to admit ________.**
그들이 패배를 인정하는 것은 어려웠다.

(3) **You need to ________ any taxable goods.**
과세물품은 신고해야 한다.

(4) **You'll miss the bus ________ you walk more quickly.**
네가 빠르게 걷지 않으면 버스를 놓칠 거야.

SELF TEST

01		부상, 상처	16		효과적인
02	consist		17	command	
03		선언하다	18		체포하다
04	sandy		19	shoot	
05		기법, 기술	20		도덕적인
06	defeat		21	recording	
07		굶주리다	22		쓸모없는
08	charming		23	wrap	
09		절약, 예금	24		행동하다
10	thigh		25	insist	
11		연구원, 조사원	26		묻다
12	admire		27	unless	
13		적절한, 올바른	28		핼러윈
14	formal		29	associate	
15		재가온하다	30		선수권 대회

DAY 70

색상으로 8품사 구분하기

n	**명사**	noun	pron	**대명사**	pronoun
v	**동사**	verb	adj	**형용사**	adjective
adv	**부사**	adverb	conj	**접속사**	conjunction
prep	**전치사**	preposition	int	**감탄사**	interjection

n	seaweed	n	sheet	adj	simple
n	speech	n	task	n	total
n	tray	v	understand	adj	stable
adj	sticky	n	statement	n	liar
adj	mid	adv	newly	n	grace
n	license	n	mankind	n	port
n	relay	n	sight	n	thumb
n	riddle	n	solution	n	appetite
n	bedside	n	pill	n	mass
n	clue	n	poverty	n	thread

★ 표시는 출제 빈도를 나타냅니다.

001 ★★★★

seaweed

n 해초

ex Put rice on top of the **seaweed**.
김 위에 밥을 올려라.

He enjoys eating different kinds of **seaweed**.
그는 다양한 종류의 해초를 먹는 것을 즐긴다.

002 ★★★★

sheet

n 한 장, 시트

ex Could you pass me a **sheet** of paper for printing?
인쇄를 위해 종이 한 장을 건네주겠니?

A baking **sheet** is required to bake a cake.
구이 판은 케이크 굽는 것에 필요하다.

003 ★★★★

simple

adj 간단한, 단순한

ex Some are very **simple**, but others are very professional.
몇몇은 간단하지만, 다른 것들은 매우 전문적이다.

Make yourself clear by using **simple** speech.
간결한 화법을 통해 네 말을 확실하게 해라.

반 **fancy** 화려한

004 ★★★★

speech

n 연설, 담화

ex I was satisfied with my **speech**.
나는 내 연설에 만족했다.

Giving a **speech** in front of your class can be scary.
학급 친구들 앞에서 연설 하는 것은 무서울 수 있다.

005 ★★★★

task

n 일, 과제

ex The least fun **task** was to clean the cage.
가장 재미없는 일은 새장을 청소하는 것이었다.

One **task** was to take pictures of the cats.
한 가지 일은 고양이들의 사진을 찍는 것이었다.

유 **duty** 임무

006 ★★★★

total

n 합계, 총수 adj 전체의

ex A **total** of sixty people have won this award.
총 60명이 이 상을 수상했다.

The **total** loss is estimated to be 5,000 USD.
전체 손실은 5000 달러로 추정된다.

007 ★★★★

tray

n 쟁반

ex Can you please put up your **tray**?
쟁반을 올려주시겠습니까?

The boy is holding a **tray** with food on it.
그 소년은 음식이 올려진 쟁반을 들고 있다.

008 ★★★★

understand

v 이해하다

ex Biology can help us to **understand** humans better.
생물학은 인간을 더 잘 이해하게 도울 수 있다.

Students cannot **understand** the material well.
학생들은 그 자료를 잘 이해하지 못한다.

009 ★★★★

stable

adj 안정적인 n 마구간

ex Jan likes the **stable** balance of her scooter.
Jan은 그녀의 스쿠터의 안정된 균형을 좋아한다.

The dog was chased out of the **stable**.
그 강아지는 마구간으로부터 쫓겨났다.

010 ★★★

sticky

adj 끈적거리는

ex Why is the table so **sticky**?
책상이 왜 이렇게 끈적거리니?

The outside doors to our apartment are a bit **sticky**.
우리 아파트의 바깥쪽 문은 약간 끈적거린다.

011 ★★★

statement

n 진술, 진술서

ex It's a vague **statement**.
그것은 애매한 진술이다.

Your **statement** can be the proof that solves this case.
너의 진술은 사건을 푸는 증거가 될 수 있다.

012 ★

liar

n 거짓말쟁이

ex Looking at his face, he is not a good **liar**.
그의 얼굴을 보니, 그는 거짓말을 잘 못한다.

I found that she was a bad **liar**.
나는 그녀가 거짓말을 못한다는 것을 알았다.

DAY 70

★ 표시는 **출제 빈도**를 나타냅니다.

013 ★

mid

adj **중간의**

ex From the **mid**-1860s, the art of Europe was influenced by concepts of Japanese art.
1860년대 중반부터, 유럽의 미술은 일본 미술의 이념에 영향을 받았었다.

014 ★

newly

adv **최근에, 새로**

ex I like the **newly** updated interior.
나는 새롭게 최신화된 실내를 좋아해.

This advertisement is for **newly** married couples.
이 광고는 신혼 부부들을 위한 것이다.

015

grace

n **우아함, 품위**

ex Rachel never loses her **grace** at any time.
Rachel은 어느 때나 그녀의 품위를 잃지 않는다.

His work represents a queenly **grace**.
그의 작품은 여왕과 같은 우아함을 표현한다.

016

license

n **면허**

ex What is the minimum age to obtain a driver's **license**?
운전면허증을 취득할 수 있는 최소 연령은 몇 살인가?

She was finally got a **license**.
그녀는 마침내 면허를 얻었다.

017

mankind

n **인류**

ex The happiness of **mankind** is our wish.
인류의 행복은 우리의 소망이다.

Oceans provide many resources to **mankind**.
해양은 인류에게 많은 자원을 제공한다.

018

port

n **항구**

ex Many nations wanted to control valuable **ports**.
많은 나라는 귀중한 항구들을 통제하기를 원했다.

People waved hands as the ship departed the **port**.
배가 항구에서 떠나자 사람들은 손을 흔들었다.

019
relay

n 릴레이 경주 v 전달하다, 중계하다

ex I was the last runner in the **relay**.
나는 릴레이 경주의 마지막 주자였다.

She will **relay** the message to you.
그녀가 메시지를 너에게 전달해 줄 거야.

020
sight

n 시력, 보기

ex With their keen **sight**, tigers are natural hunters.
예리한 시력으로, 호랑이는 타고난 사냥꾼이다.

He woke up to a strange **sight**.
그는 이상한 광경을 보며 잠에서 깼다.

021
thumb

n 엄지손가락

ex How did the man hurt his **thumb**?
어떻게 그 남자는 엄지손가락을 다쳤니?

You must use your **thumb** to pick cherries.
너는 체리를 따기 위해 엄지손가락을 이용해야만 한다.

022
riddle

n 수수께끼

ex Let me repeat the **riddle**.
내가 수수께끼를 다시 말해볼게.

He solved a mysterious **riddle**.
그가 불가사의한 수수께끼를 풀었다.

023
solution

n 해결책, 정답 / 용액

ex You need to think of an easy **solution**.
너는 쉬운 해결책을 생각해 낼 필요가 있어.

I think I have a better **solution**.
나에게 더 좋은 해결책이 있는 것 같아.

㊒
key
비결[열쇠/실마리]

024
appetite

n 식욕

ex I lost my **appetite** due to the heat.
나는 더위 때문에 식욕을 잃었다.

DAY 70

★ 표시는 출제 빈도를 나타냅니다.

025

bedside

n 침대 옆

ex He fixed the telephone by the **bedside**.
그는 침대 옆에 있는 전화기를 고쳤다.

He has been at her **bedside** all day long.
그는 하루 종일 그녀의 침대 옆에 있었다.

026

pill

n 알약

ex Can you imagine a sugar **pill** as medicine?
설탕 알약이 약이라는 것을 상상할 수 있니?

Thanks to those **pill**, he got much better.
알약 덕분에, 그는 많이 나아졌다.

027

mass

n 덩어리, 군중 adj 대량의

ex Walking builds less muscle **mass** than running.
걷기는 뛰기보다 더 적은 근육을 만든다.

His speech appealed to the **mass**.
그의 연설은 군중에게 흥미를 일으켰다.

028

clue

n 단서, 실마리

ex A good mystery story provides all the **clues** to readers.
좋은 추리 이야기는 독자들에게 모든 단서를 제공한다.

I have absolutely no **clue** what to do.
나는 어떻게 해야 할지 전혀 모르겠다.

유 **hint** 힌트, 암시

029

poverty

n 가난, 빈곤

ex Many people in the world live in **poverty**.
전 세계의 많은 사람들은 가난 속에 산다.

She ended her life in **poverty**.
그녀는 가난 속에 삶을 끝마쳤다.

030

thread

n 실, 가닥 v 꿰다[엮다]

ex You can sew up the hole in the dress with a needle and a **thread**.
당신은 바늘과 실로 드레스의 구멍을 꿰맬 수 있다.

Practice

1. 다음 단어들을 올바르게 연결하세요.

(1) simple •	• (a) 인류
(2) speech •	• (b) 거짓말쟁이
(3) understand •	• (c) 식욕
(4) liar •	• (d) 연설, 담화
(5) newly •	• (e) 이해하다
(6) mankind •	• (f) 간단한, 단순한
(7) solution •	• (g) 최근에
(8) appetite •	• (h) 해결책, 정답

2. 다음 영어 뜻에 맞게 알맞은 단어를 보기에서 찾아 쓰세요.

port　　poverty　　thread　　clue

(1) a state of being extremely poor

(2) something that helps you to find the answer to the problem

(3) a long very thin piece of a material

(4) a harbor area where ships load and unload goods or passengers

SELF TEST

01	solution		16		엄지손가락
02		쟁반	17	port	
03	appetite		18		이해하다
04		안정적인, 마구간	19	sticky	
05	mass		20		수수께끼
06		우아함, 품위	21	mid	
07	license		22		알약
08		시력, 보기	23	relay	
09	speech		24		간단한, 단순한
10		최근에	25	statement	
11	task		26		가난, 빈곤
12		거짓말쟁이	27	sheet	
13	mankind		28		단서, 실마리
14		해초	29	thread	
15	bedside		30		합계, 총수

TOSEL 실전문제 10

SECTION II. Reading and Writing

PART B. Situational writing

DIRECTIONS: For questions 1 to 6, look at the pictures and complete the sentences. Choose the option that BEST completes the picture.

지시 사항: 1번부터 6번까지는 그림을 보고 문장을 완성하는 문제입니다. 가장 알맞은 답을 고르세요.

1. • 2020 TOSEL 기출

We are ________ holiday gifts.

(A) buying

(B) ordering

(C) choosing

(D) wrapping

2. • 2019 TOSEL 기출

The man is ________ the girl's height.

(A) stopping

(B) guessing

(C) recording

(D) imagining

3.

Minsu won the ________ medal.

(A) silver

(B) white

(C) black

(D) bronze

4.

There's a small temple in the ________ forest.

(A) cedar

(B) maple

(C) bamboo

(D) evergreen

5.

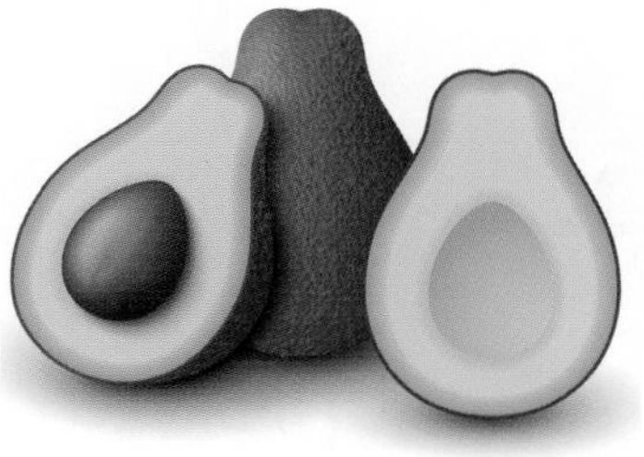

Take out the seed from the ________.

(A) walnut

(B) eggplant

(C) avocado

(D) cucumber

6.

The man and the woman are doing a ________.

(A) solution

(B) registration

(C) presentation

(D) congratulation

Appendix

Appendix

a

Appendix

Appendix

Appendix

Appendix

Appendix

Appendix

Appendix

Appendix

Appendix

지도 (대륙,바다)

Pacific Ocean 태평양

The Mediterranean 지중해

Atlantic Ocean 대서양

equator 적도

The Indian Ocean 인도양

latitude 위도

Antarctic 남극

longitude 경도

Arctic 북극

Okhotsk Sea 오호츠크해

Appendix

과목/전공

Psychology
심리학

Economics
경제학

Public Administration
행정학

English Language and Literature
영어영문학과

Materials Science and Engineering
재료공학과

Industrial and Management Engineering
산업경영공학과

Business Administration
경영학

Civil, Environment and Architectural Engineering
건설사회환경공학과

Cyber Defense
사이버국방학과

Political Science and International Relations
정치외교학과

세계문화(음식)

Sushi
초밥

Nasi goreng
나시고랭(인도네시아)

Kebob
케밥(터키)

Risotto
리조또(이탈리아)

Paella
파에야(스페인)

Dimsum
딤섬(중국)

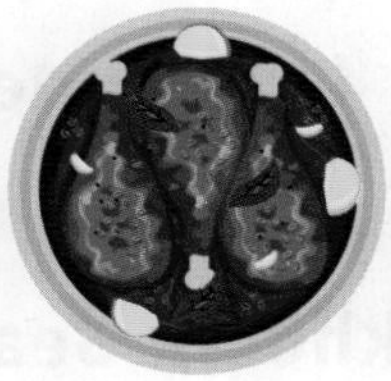

Adobo
아도브(필리핀)

Taco
타코(멕시코)

Fondu
퐁듀(스위스)

Pretzel
프레첼(독일)

음식

mandarin
귤

peach
복숭아

pear
배

pomegranate
석류

plum
자두

grapefruit
자몽

apricot
살구

fig
무화과

persimmon
감

raspberry
산딸기

질병

asthma 천식	**Alzheimer's disease** 치매
pneumonia 폐렴	**hypertension** 고혈압
astigmatism 난시	**hyperhidrosis** 다한증
atherosclerosis 동맥경화	**tuberculosis** 결핵
cancer 암	**insomnia** 불면증

Appendix

심리

schema 도식, 패턴

acrophobia 고소공포증

assimilation 동화

hallucination 환각

melancholia 우울증

dyslexia 난독증

schizophrenia 조현병

dysphoria 불쾌감

amnesia 기억 상실

euphoria 행복감, 희열

경제

sunk cost 매몰 비용

trade off 상충 관계

chicken game 담력 겨루기

zero-sum 각각의 이득과 손실의 합이 제로

tariff 관세

scarcity 희소성

liability 부채

equilibrium 균형

mortgage 담보 대출

Gross Domestic Product GDP, 국내 총생산

수도

Bern
베른(스위스)

Amsterdam
암스테르담(네덜란드)

Cairo
카이로(이집트)

Vienna
비엔나(오스트리아)

Teheran
테헤란(이란)

Canberra
캔버라(호주)

Ottawa
오타와(캐나다)

Hanoi
하노이(베트남)

Jerusalem
예루살렘(이스라엘)

Santiago
산티아고(칠레)

Appendix

화학 용어

oxygen	산소
carbon dioxide	이산화탄소
nitrogen	질소
hydrogen	수소
solvent	용매
saturate	포화시키다
nucleus	원자핵
neutron	중성자
immiscible	혼합되지 않는
concentration	농도

인체 용어

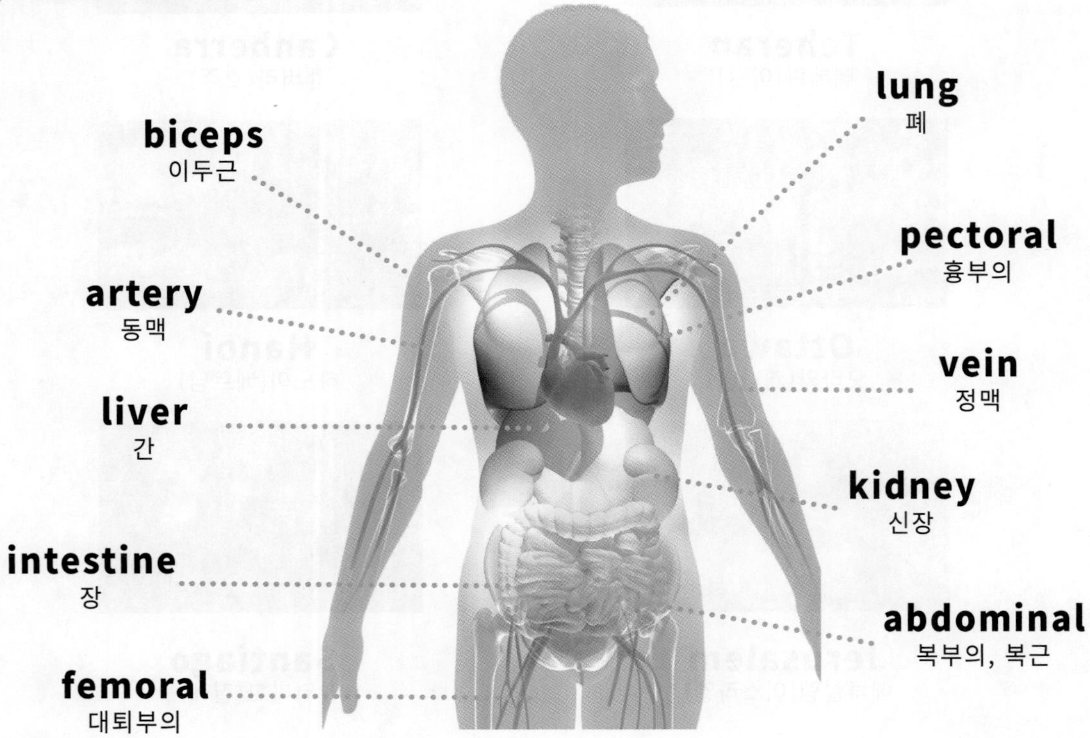

Answers

Short Answers

CHAPTER 6

DAY 36 p.23 Practice	1.(1) g (2) h (3) d (4) b (5) f (6) a (7) e (8) c
	2.(1) needy (2) produce (3) advertise (4) bumpy
Self Test p.24	(1) 완전히 (2) gentleman (3) 회의 (4) herbivore (5) 동료 (6) crispy (7) 지루한 (8) bumpy (9) 경계 (10) futuristic
	(11) 허락하다 (12) sting (13) 광고하다 (14) punch (15) 속이다 (16) unusual (17) 대답 (18) versus (19) 최근에 (20) produce
	(21) 고리 (22) scientific (23) 어려운 (24) wind (25) 으깨다 (26) apart (27) 이해하다 (28) vinegar (29) 내부 (30) sculpture
DAY 37 p.31 Practice	1.(1) g (2) c (3) d (4) f (5) a (6) b (7) e (8) h
	2.(1) package (2) illegal (3) warrant (4) Careful
Self Test p.32	(1) 축복을 빌다 (2) speed (3) 쓰다듬다 (4) visitor (5) (이름을 모르는 남자에 대한 경칭) (6) aluminum (7) 요구 (8) yard (9) 기대하는 (10) bend
	(11) 찬성하다 (12) compete (13) 채용 (14) package (15) 갈등 (16) nightmare (17) 노를 젓다 (18) imagine (19) 횡단보도 (20) marry
	(21) 영장 (22) sever (23) 강사 (24) architecture (25) 신중한 (26) cheetah (27) 불법적인 (28) detective (29) 정원사 (30) bitter
DAY 38 p.39 Practice	1.(1) g (2) e (3) c (4) f (5) h (6) d (7) a (8) b
	2.(1) considerate (2) indifferent (3) generation (4) shame
Self Test p.40	(1) 무관심한 (2) bookcase (3) 수치심 (4) face (5) 사려 깊은 (6) characterize (7) 눈물 (8) retire (9) 기뻐하는 (10) auditorium
	(11) 화 (12) fairly (13) 그만두다 (14) exactly (15) 손해 (16) maintain (17) 위협 (18) Rome (19) 나타내다 (20) spread
	(21) 털다 (22) scary (23) 지휘자 (24) billion (25) 이민자 (26) cabinet (27) 세대 (28) apply (29) 대충의 (30) stomach
DAY 39 p.47 Practice	1.(1) g (2) h (3) f (4) e (5) d (6) c (7) b (8) a
	2.(1) update (2) overweight (3) upstairs (4) pit
Self Test p.48	(1) sewage (2) 파괴 (3) rib (4) 종교 (5) promise (6) 업데이트 (7) overweight (8) 편리한 (9) length (10) 통로
	(11) trophy (12) 거미줄 (13) passport (14) 하품 (15) upstair (16) 골목 (17) valley (18) 평론 (19) measurement (20) 격려
	(21) terminal (22) 개발하다 (23) geography (24) 먼지 (25) pit (26) 공급 (27) warehouse (28) 입김 (29) unplug (30) 썰다
DAY 40 p.55 Practice	1.(1) b (2) c (3) d (4) h (5) g (6) f (7) e (8) a
	2.(1) evaluation (2) latest (3) impressive (4) historical
Self Test p.56	(1) 조각가 (2) residence (3) 눈이 먼 (4) sensor (5) 땀 (6) historical (7) 가려운 (8) occur (9) 질식 (10) fit
	(11) 평가 (12) drawing (13) 지연 (14) communicate (15) 상품 (16) purse (17) 수은 (18) impressive (19) 태양의 (20) freezer
	(21) 최신의 (22) association (23) 지도력 (24) chirp (25) 위험에 빠뜨리다 (26) diversify (27) 면접 (28) fisherman (29) 창작 (30) hardness
DAY 41 p.63 Practice	1.(1) g (2) b (3) h (4) f (5) e (6) a (7) d (8) c
	2.(1) correct (2) confidence (3) wine (4) extinct
Self Test p.64	(1) 세균 (2) fillet (3) 토하다 (4) dealer (5) 굽다 (6) analyze (7) 건강검진 (8) cyclist (9) 포도주 (10) extinct
	(11) 눈썹 (12) layer (13) 퍼지 (14) found (15) 복용량 (16) infographic (17) 위험한 (18) lastly (19) 개선되다 (20) confidence
	(21) 집에서 만든 (22) necessary (23) 도토리 (24) opening (25) 난방기 (26) flu (27) 장소 (28) difference (29) 맞는 (30) criminal
DAY 42 p.71 Practice	1.(1) h (2) d (3) b (4) c (5) a (6) f (7) e (8) g
	2.(1) quarter (2) career (3) quarantine (4) advise
Self Test p.72	(1) 조수 (2) consume (3) 별난 (4) orchestra (5) 담배 (6) housewarming (7) 자격을 얻다 (8) global (9) 찢다 (10) journalist
	(11) 도전적인 (12) although (13) 고전적인 (14) bunch (15) 방어 (16) distance (17) 그리스인 (18) ceramic (19) 격리 (20) advise
	(21) 직업 (22) quarter (23) 남용 (24) mixture (25) 천문학 (26) flamingo (27) 예의 바른 (28) definition (29) 많이 (30) especially
TOSEL 실전문제 6	1. (D) 2. (B) 3. (C) 4. (D) 5. (A) 6. (A)

CHAPTER 7

p.46

DAY 43 p.83

Practice

1.(1) g (2) d (3) b (4) c (5) f (6) a (7) e (8) h

2.(1) spirits (2) ruins (3) grand (4) blend

Self Test p.84

(1) 응결 (2) follicle (3) 중요한 (4) grand (5) 아래층 (6) pure (7) 나르는 사람 (8) rich (9) 이의 (10) character

(11) 입체 음향 (12) blend (13) 섞다 (14) transpiration (15) 몰락 (16) audition (17) 베테랑 (18) decision (19) 사적인 (20) scene

(21) 특산물 (22) applicant (23) 수건 (24) stool (25) 다시 체험하다 (26) grant (27) 정신 (28) recital (29) 울먹이는 (30) sailor

DAY 44 p.91

Practice

1.(1) b (2) d (3) c (4) g (5) h (6) f (7) e (8) a

2.(1) absent (2) obvious (3) exploration (4) idle

Self Test p.92

(1) 결석한 (2) forward (3) 목재 (4) health (5) 찬장 (6) introduce (7) (만약) ..면 (8) comparison (9) 마라톤 (10) virus

(11) 헬리콥터 (12) upside (13) 튀다 (14) switch (15) ..씨(남자) (16) recharge (17) ..부인 (18) obvious (19) ..한 무엇 (20) exploration

(21) 핸드백 (22) flatten (23) 게으른 (24) meanwhile (25) 가려운 (26) pouch (27) 순환 (28) grateful (29) 전달자 (30) receipt

DAY 45 p.99

Practice

1.(1) b (2) d (3) a (4) e (5) c (6) g (7) h (8) f

2.(1) steep (2) safety (3) Participants (4) extreme

Self Test p.100

(1) 서리 (2) sleeve (3) 운하 (4) relief (5) 드럼 (6) cleanser (7) 무서워하는 (8) accessory (9) 관심 있어 하는 (10) safety

(11) 더 나쁜 (12) television (13) 놀라움 (14) rapid (15) 코코넛 (16) participant (17) 삼키다 (18) inconvenience (19) 닮다 (20) awake

(21) 극도의 (22) extraction (23) 경사지 (24) single (25) 가파른 (26) origin (27) 스릴러물 (28) deadly (29) 수반하다 (30) remind

DAY 46 p.107

Practice

1.(1) b (2) a (3) f (4) g (5) h (6) e (7) c (8) d

2.(1) cardinal (2) description (3) nearby (4) roughly

Self Test p.108

(1) 죄수 (2) surround (3) 아주 넓은 (4) rider (5) 위로하다 (6) hide-and-seek (7) 더하기 (8) creativity (9) 보안관 (10) apologize

(11) 추기경 (12) description (13) 추측하다 (14) excitement (15) 십대의 (16) chili (17) 부츠 (18) attitude (19) 천천히 (20) visa

(21) 핀/클립 (22) wed (23) 좌우명 (24) nearby (25) 대략 (26) strategy (27) 콘센트 (28) mostly (29) 임대 (30) laboratory

DAY 47 p.115

Practice

1.(1) h (2) e (3) a (4) g (5) d (6) f (7) c (8) b

2.(1) explorers (2) garage (3) vision (4) appearance

Self Test p.116

(1) handful (2) 중간의 (3) pepperoni (4) 다운로드하다 (5) closely (6) 정비공 (7) split (8) 시력 (9) alternative (10) 용의자

(11) accord (12) 자정 (13) eyeball (14) 지지하다 (15) furthest (16) 용서하다 (17) appearance (18) 탐험가 (19) lace (20) 절하다

(21) additional (22) 존경하다 (23) mattress (24) 천사 (25) garage (26) 환자 (27) blade (28) 오븐 (29) fascinating (30) 움직임

DAY 48 p.123

Practice

1.(1) e (2) c (3) b (4) a (5) h (6) d (7) g (8) f

2.(1) stack (2) vaccine (3) available (4) container

Self Test p.124

(1) minimum (2) 핵 뒤집다 (3) tractor (4) 그릇 (5) solo (6) 분명히 (7) greatly (8) 백신 (9) stack (10) ..쪽으로

(11) splash (12) 돌기 (13) aspirin (14) 거의 (15) blockbuster (16) 충전기 (17) elf (18) 살구 (19) protection (20) 총알

(21) gazelle (22) 제공하다 (23) bonfire (24) 시간이 있는 (25) astronomer (26) 승합차 (27) completely (28) 도예가 (29) phoenix (30) 토성

DAY 49 p.131

Practice

1.(1) d (2) e (3) f (4) g (5) a (6) h (7) b (8) c

2.(1) merry-go-round (2) Unfortunately (3) neither (4) confused

Self Test p.132

(1) resident (2) 불행하게도 (3) socialize (4) 어느것도 ..아니다 (5) vampire (6) 임금 (7) solid (8) 개관 (9) costly (10) 선택하다

(11) standard (12) 규정 (13) confused (14) 팽팽해지다 (15) amazing (16) 청소기 (17) numerous (18) 다양한 (19) fertilizer (20) 못

(21) loud (22) 회전목마 (23) cacao (24) 해외로 (25) silverware (26) 전자레인지 (27) streak (28) 로맨틱한 (29) claw (30) 막다

TOSEL 실전문제 7 1. (D) 2. (C) 3. (B) 4. (B) 5. (C) 6. (B)

CHAPTER 8

DAY 50 p.143

Practice

1.(1) h (2) g (3) d (4) f (5) b (6) e (7) a (8) c

2.(1) magnificent (2) gratitude (3) respectively (4) usual

Self Test p.144

(1) 주요 도시 (2) replacement (3) 위쪽을 향한 (4) grizzly (5) 훌륭한 (6) bull (7) 파도타기 하는 사람 (8) respectively (9) 협조 (10) announcer

(11) 궤도 (12) upper (13) 감사 (14) turning (15) 쾅 닫다 (16) millionaire (17) 조사 (18) recommend (19) 전문적인 (20) warm-blooded

(21) 전환 (22) sudden (23) 후회 (24) wrist (25) 순전한 (26) gentle (27) 전채 (28) entire (29) 숙취 (30) usual

DAY 51 p.151

Practice

1.(1) b (2) d (3) a (4) g (5) h (6) c (7) e (8) f

2.(1) seedlings (2) senior (3) vibrations (4) subtotal

Self Test p.152

(1) telephone (2) 금속의 (3) midterm (4) 아무데도 (5) vibration (6) 지역의 (7) seedling (8) 나중에 (9) weapon (10) 허락

(11) shortly (12) 깊이 (13) silicon (14) 이동하다 (15) subtotal (16) 복합체 (17) well-known (18) 철사 (19) intensive (20) 자치주

(21) cloth (22) 소형의 (23) shut (24) 엄격한 (25) compose (26) 뒤쪽 (27) walnut (28) 연장자 (29) backward (30) 고무

DAY 52 p.159

Practice

1.(1) g (2) f (3) e (4) d (5) a (6) c (7) h (8) b

2.(1) promotion (2) damage (3) device (4) individually

Self Test p.160

(1) priority (2) 그럼에도 불구하고 (3) snap (4) 햇빛 (5) promotion (6) 개별적인 (7) outstanding (8) 순위 (9) properly (10) 악취가 나는

(11)microphone (12)많은 (13)pharmacy (14)세제 (15)originally (16)북극의 (17)Antarctic (18) ..을 만드는 사람 (19) crossroad (20) 옷

(21) fashion (22) 옷 (23) damage (24) 장치 (25) against (26) 도자기 (27) tend (28) 사탕수수 (29) several (30) 마녀

DAY 53 p.167 Practice	1.(1) c (2) b (3) a (4) h (5) d (6) e (7) f (8) g
	2.(1) janitor (2) miners (3) differ (4) consumption
Self Test p.168	(1) consumption (2) 조용히 (3) series (4) 랩 (5) wonderful (6) 화산의 (7) actress (8) 전형적인 (9) sour (10) 햇볕에 심하게 탐
	(11) opossum (12) 현수막 (13) masterpiece (14) 붐비는 (15) aerobics (16) 어설픈 (17) miner (18) 다르다 (19) rug (20) 돈
	(21) sponge (22) 사람이 만든 (23) seasonal (24) 문지기 (25) headquarters (26) 국가의 (27) principle (28) 신선한 (29) uncommon (30) 정찰하다
DAY 54 p.175 Practice	1.(1) c (2) a (3) b (4) d (5) f (6) g (7) e (8) h
	2.(1) pale (2) harmless (3) reward (4) ability
Self Test p.176	(1) 긁다 (2) sunbathe (3) 단풍나무 (4) serious (5) 부화하다 (6) weakness (7) 짐승 (8) lend (9) 곱슬곱슬하다 (10) pale
	(11) 무해한 (12) riverboat (13) 덮개 (14) manual (15) 새끼 (16) moreover (17) 바퀴벌레 (18) photography (19) 소프트볼 (20) reward
	(21) 끄덕임 (22) ability (23) 거르다 (24) sidewalk (25) 다시 채우다 (26) violet (27) 보통(은) (28) similar (29) 아내 (30) dedication
DAY 55 p.183 Practice	1.(1) b (2) a (3) e (4) c (5) d (6) g (7) h (8) f
	2.(1) promoted (2) housework (3) widely (4) appreciate
Self Test p.184	(1) surgery (2) 포니테일 (3) novelist (4) 제공하다 (5) happening (6) 임의로 (7) widely (8) 촉진하다 (9) violent (10) 감독관
	(11) uneasy (12) 코 (13) outgoing (14) 속 (15) lemonade (16) 감사하다 (17) useful (18) 싹 (19) seawater (20) 끈
	(21) expert (22) 강가 (23) photographer (24) 동료 (25) sharp (26) 가사 (27) seesaw (28) 대형 트럭 (29) bun (30) 물소
DAY 56 p.191 Practice	1.(1) a (2) h (3) c (4) b (5) e (6) d (7) g (8) f
	2.(1) bathe (2) howl (3) rarely (4) advance
Self Test p.192	(1) 씻다 (2) track (3) 삐다 (4) golden (5) 두 사람 (6) campfire (7) 선글라스 (8) advance (9) 무엇 (10) favorite
	(11) 전시 (12) wax (13) 울다 (14) motorbike (15) 롤러블레이드 (16) psychology (17) 피아니스트 (18) pleasant (19) 별이총총한 (20) reflection
	(21) 렌즈 (22) scope (23) 업로드 (24) clearly (25) 종류 (26) adventurous (27) 십대 (28) hearing (29) 드물게 (30) sunray
TOSEL 실전문제 8	1. (C) 2. (C) 3. (B) 4. (A) 5. (D) 6. (B)

CHAPTER 9

DAY 57 p.203 Practice	1.(1) g (2) f (3) e (4) d (5) h (6) c (7) a (8) b
	2.(1) reduce (2) softly (3) youth (4) statues
Self Test p.204	(1) 기자 (2) purchase (3) 이해 (4) skeleton (5) 자외선 차단제 (6) youth (7) 사랑스러운 (8) prove (9) 시골 지역 (10) softly
	(11) 연애 (12) wheat (13) 뾰족뾰족한 (14) daisy (15) 시골의 (16) somewhat (17) 토핑 (18) themselves (19) 살인자 (20) carnation
	(21) 줄이다 (22) firefighter (23) 좀비 (24) weekday (25) 레슬링 선수 (26) carol (27) 균형 (28) firefly (29) 조각상 (30) rake
DAY 58 p.211 Practice	1.(1) c (2) d (3) e (4) f (5) a (6) b (7) g (8) h
	2.(1) shoot (2) appliance (3) active (4) source
Self Test p.212	(1) source (2) (눈에) 보이는 (3) weird (4) 사용할 준비가 갖춰진 (5) active (6) 기기 (7) skillful (8) 인구 (9) saltwater (10) 사려 깊은
	(11) bedtime (12) 부정확한 (13) earphone (14) 부드러워지다 (15) southern (16) 예상 밖의 (17) beetle (18) 쏘다 (19) greenfield (20) …외에
	(21) mill (22) 모임 (23) raspberry (24) 기초 (25) refundable (26) 더미 (27) obtain (28) 앞으로 (29) tournament (30) 재고
DAY 59 p.219 Practice	1.(1) g (2) c (3) a (4) b (5) e (6) h (7) d (8) f
	2.(1) odor (2) worst (3) waterproof (4) loose
Self Test p.220	(1) 블루베리 (2) strength (3) 깡충 뛰기 (4) cooler (5) 머핀 (6) annual (7) 안개 (8) copper (9) 손수건 (10) bruise
	(11) 소설 (12) discovery (13) 책임이 있는 (14) paintbrush (15) 풀린 (16) shovel (17) 나무의 몸통 (18) odor (19) 온실 (20) worst
	(21) 지퍼 (22) sadly (23) 맞춤법 (24) covering (25) 방아쇠 (26) prescription (27) 스팸메일 (28) sincerely (29) 방수의 (30) toothache
DAY 60 p.227 Practice	1.(1) b (2) f (3) g (4) c (5) d (6) e (7) h (8) a
	2.(1) fountain (2) skyscraper (3) aquarium (4) issue
Self Test p.228	(1) 치다 (2) schoolwork (3) 타법 (4) lunchtime (5) 분수 (6) assign (7) 주제 (8) happiness (9) 경영 (10) journey
	(11) 수족관 (12) chromium (13) 목재의 (14) dough (15) 운동장 (16) safely (17) 보석류 (18) secondary (19) 고층건물 (20) swelling
	(21) 완전히 (22) throughout (23) 저녁시간 (24) unhealthy (25) …할 때마다 (26) quietly (27) 구독하다 (28) stressful (29) 털 (30) propose
DAY 61 p.235 Practice	1.(1) c (2) a (3) d (4) b (5) f (6) g (7) e (8) h
	2.(1) plentiful (2) worldwide (3) Everybody (4) waterside
Self Test p.236	(1) 볼트 (2) supermarket (3) 삼림지대 (4) audience (5) 불면의 (6) charity (7) 보호자 (8) trumpet (9) 전 세계적인 (10) decrease
	(11) 생기에 찬 (12) simply (13) 혜택 (14) explanation (15) 거리 (16) smelly (17) 누구든지 (18) waterside (19) 공작 (20) swamp
	(21) 프레첼 (22) organization (23) 해산물 (24) sponsor (25) 대답 (26) slippery (27) 레슬링 (28) pudding (29) 바다 갈매기 (30) plentiful

DAY 62 p.243 Practice		1.(1) b (2) a (3) d (4) e (5) c (6) g (7) h (8) f
		2.(1) underwater (2) shelter (3) suppose (4) professor
Self Test p.244		(1) 생각하다 (2) rink (3) 대단한 (4) neat (5) 완전한 (6) backyard (7) 성장 (8) law (9) 결말 (10) classwork
		(11) 호흡하다 (12) x-ray (13) 행동 (14) eggplant (15) 헤어스프레이 (16) makeup (17) 주거지 (18) cracker (19) 1인분 (20) everywhere
		(21) 교수 (22) widespread (23) 자르기 (24) overhear (25) 여행자 (26) wherever (27) 갈다 (28) underwater (29) 관중 (30) truly
DAY 63 p.251 Practice		1.(1) g (2) h (3) f (4) d (5) e (6) c (7) b (8) a
		2.(1) preparation (2) trainer (3) precise (4) pottery
Self Test p.252		(1) 미라 (2) stomachache (3) 마트 (4) equipment (5) 만화 영화 (6) pineapple (7) 충고 (8) congratulation (9) 바닐라 (10) government
		(11) 공책 (12) doorknob (13) 소금 (14) partner (15) 지역 (16) recently (17) 요거트 (18) Roman (19) ~에 (20) advertisement
		(21) 흔히 (22) specially (23) 밀어 넣다 (24) preparation (25) 파괴적인 (26) pottery (27) 편안한 (28) trainer (29) 왁자지껄 (30) precise
TOSEL 실전문제 9		1. (A) 2. (C) 3. (C) 4. (A) 5. (D) 6. (A)

CHAPTER 10

DAY 64 p.263 Practice		1.(1) h (2) g (3) f (4) e (5) d (6) c (7) b (8) a
		2.(1) library (2) firewood (3) start (4) medium
Self Test p.264		(1) exhibition (2) 하급의 (3) firewood (4) 호스 (5) convenience (6) 아니 (7) moment (8) 금붕어 (9) toothbrush (10) 모형 제작
		(11) strand (12) 젤 (13) physically (14) 정직하지 못한 (15) seat belt (16) 도서관 (17) medium (18) 화창한 (19) infer (20) 시작
		(21) nut (22) ...까지 (23) bronze (24) 팬케이크 (25) dumpling (26) 케첩 (27) painter (28) 거품 (29) perhaps (30) 원하다
DAY 65 p.271 Practice		1.(1) h (2) c (3) d (4) e (5) b (6) a (7) f (8) g
		2.(1) inventor (2) principal (3) registration (4) power
Self Test p.272		(1) 민속의 (2) international (3) 실수 (4) extremely (5) 욕구 (6) none (7) 사슬 (8) magician (9) 이점 (10) power
		(11) 조부모 (12) selfish (13) 클라리넷 (14) registration (15) 경찰 (16) setting (17) 안경 (18) principal (19) 기진맥진한 (20) inventor
		(21) 불공평한 (22) hairstyle (23) 쥐 (24) bamboo (25) 로봇 같은 (26) excellent (27) 스쿼시 (28) mint (29) 설계자 (30) oat
DAY 66 p.279 Practice		1.(1) e (2) f (3) g (4) h (5) d (6) c (7) b (8) a
		2.(1) squeeze (2) horizon (3) scholar (4) therapy
Self Test p.280		(1) 특히 (2) microscope (3) 지방 (4) semi (5) 짜다 (6) successful (7) 꿰매다 (8) therapy (9) 단단함 (10) Celsius
		(11) 할리우드 (12) educational (13) 캐러멜 (14) guitarist (15) 일 (16) horizon (17) 선거 (18) republic (19) 부담 (20) slave
		(21) 귀중한 (22) rather (23) 학자 (24) upgrade (25) 맥박 (26) surprisingly (27) 해군 장성 (28) analysis (29) 유럽인 (30) barney
DAY 67 p.287 Practice		1.(1) d (2) c (3) b (4) a (5) e (6) g (7) h (8) f
		2.(1) anxious (2) rays (3) unable (4) edge
Self Test p.288		(1) 흔적 (2) warrior (3) 불안해하는 (4) presentation (5) 중단 (6) reserve (7) 끝 (8) ray (9) 업적 (10) sandal
		(11) 우주 (12) upright (13) 대화 (14) stain (15) 기둥 (16) 칭찬 (17) reminder (18) 흉터 (19) text (20) 자원
		(21) avocado (22) 석탄 (23) totally (24) 테라스 (25) skateboard (26) 노하여 (27) raincoat (28) 수영복 (29) unable (30) 베트남
DAY 68 p.295 Practice		1.(1) g (2) f (3) h (4) d (5) e (6) c (7) a (8) b
		2.(1) saw (2) voyage (3) spray (4) replace
Self Test p.296		(1) 여행 (2) refund (3) 대신하다 (4) affection (5) 지하의 (6) secretary (7) 서부의 (8) debt (9) 전기 (10) reservation
		(11) 맹세 (12) sneakers (13) 상인 (14) funeral (15) 스프레이 (16) Canadian (17) (속이) 빈 (18) somehow (19) 몸짓 (20) kitten
		(21) 잘못 (22) competitor (23) 한계 (24) grandchild (25) 고삐 (26) kebab (27) 짐[화물] (28) silk (29) 톱 (30) search
DAY 69 p.303 Practice		1.(1) b (2) h (3) g (4) c (5) f (6) d (7) e (8) a
		2.(1) consists (2) defeat (3) declare (4) unless
Self Test p.304		(1) injury (2) 되어 있다 (3) declare (4) 모래로 뒤덮인 (5) technique (6) 패배 (7) starve (8) 매력적인 (9) saving (10) 넓적다리
		(11) researcher (12) 존경하다 (13) proper (14) 공식적인 (15) rewarm (16) effective (17) 명령 (18) arrest (19) 쏘다 (20) moral
		(21) 녹음 (22) useless (23) 싸다 (24) behave (25) 주장하다 (26) bury (27) …하지 않는 한 (28) Halloween (29) 동료 (30) championship
DAY 70 p.311 Practice		1.(1) f (2) d (3) e (4) b (5) g (6) a (7) h (8) c
		2.(1) poverty (2) clue (3) thread (4) port
Self Test p.312		(1) 해결책 (2) tray (3) 식욕 (4) stable (5) 덩어리 (6) grace (7) 면허 (8) sight (9) 연설 (10) newly
		(11) 일 (12) liar (13) 인류 (14) seaweed (15) 침대 옆 (16) thumb (17) 항구 (18) understand (19) 끈적거리는 (20) riddle
		(21) 중간의 (22) pill (23) 전달하다 (24) simple (25) 진술 (26) poverty (27) 한 장 (28) clue (29) 실 (30) total
TOSEL 실전문제 10		1. (D) 2. (C) 3. (D) 4. (C) 5. (C) 6. (C)

Chapter 06

Day 36

[Practice]

Exercise 1. p.23

(1) (g) (2) (h) (3) (d) (4) (b)
(5) (f) (6) (a) (7) (e) (8) (c)

Exercise 2. p.23

(1) needy (2) produce (3) advertise (4) bumpy

Day 37

[Practice]

Exercise 1. p.31

(1) (g) (2) (c) (3) (d) (4) (f)
(5) (a) (6) (b) (7) (e) (8) (h)

Exercise 2. p.31

(1) package (2) illegal (3) warrant (4) Careful

Day 36. Self Test p.24

1. 완전히, 모두 합쳐	16. unusual
2. gentleman	17. 대답, 응답
3. 회의, 의회	18. versus
4. herbivore	19. 최근에
5. 동료	20. produce
6. crispy	21. 고리, 감다, 휘감다
7. 지루한	22. scientific
8. bumpy	23. 어려운, 궁핍한
9. 경계	24. wind
10. futuristic	25. 으깨다
11. 허락하다, 허가증	26. apart
12. sting	27. 이해하다
13. 광고하다	28. vinegar
14. punch	29. 내부
15. 속이다	30. sculpture

Day 37. Self Test p.32

1. (신의) 가호[축복]를 빌다	16. nightmare
2. speed	17. 노,라켓,노를 젓다
3. 쓰다듬다, 쓰다듬기	18. imagine
4. visitor	19. 횡단보도
5. 이름을 모르는 남자에 대한 경칭	20. marry
6. aluminum	21. 영장
7. 요구, 수요, 요구하다	22. sever
8. yard	23. 강사, 교사
9. 희망에 찬, 기대하는	24. architecture
10. bend	25. 조심스러운, 신중한
11. 찬성하다, 승인하다	26. cheetah
12. compete	27. 불법적인
13. 신규 모집, 채용	28. detective
14. package	29. 정원사
15. 갈등	30. bitter

Day 38

[Practice]

Exercise 1. p.39

(1) (g) (2) (e) (3) (c) (4) (f)
(5) (h) (6) (d) (7) (a) (8) (b)

Exercise 2. p.39

(1) considerate (2) indifferent (3) generation (4) shame

Day 38. Self Test p.40

1. 무관심한	16. maintain
2. bookcase	17. 위협
3. 수치심	18. Rome
4. face	19. 나타내다
5. 사려 깊은	20. spread
6. characterize	21. 털다[도둑질하다]
7. 눈물, 찢다	22. scary
8. retire	23. 지휘자, 안내원
9. 기뻐하는	24. billion
10. auditorium	25. 이민자
11. 화, 분노, 화나게 하다	26. cabinet
12. fairly	27. 세대
13. 그만두다, 그만하다	28. apply
14. exactly	29. 미가공의, 대충의
15. 손해, 해	30. stomach

Day 39

[Practice]

Exercise 1. p.47

(1) (g) (2) (h) (3) (f) (4) (e)
(5) (d) (6) (c) (7) (b) (8) (a)

Exercise 2. p.47

(1) update (2) overweight (3) upstairs (4) pit

Day 39. Self Test p.48

1. sewage	16. 골목
2. 파괴	17. valley
3. rib	18. 평론
4. 종교	19. measurement
5. promise	20. 격려, 부양책, 증가, 신장시키다
6. 업데이트, 갱신하다	21. terminal
7. overweight	22. 개발하다
8. 편리한	23. geography
9. length	24. 먼지
10. 통로, 관, 통과, 지문	25. pit
11. trophy	26. 공급, 공급하다
12. 거미줄, 웹	27. warehouse
13. passport	28. 입김, 숨
14. 하품, 하품하다	29. unplug
15. upstair	30. 썰다, 자르다

Day 40

[Practice]

Exercise 1. p.55

(1) (b) (2) (c) (3) (d) (4) (h)
(5) (g) (6) (f) (7) (e) (8) (a)

Exercise 2. p.55

(1) evaluation (2) latest (3) impressive (4) historical

Day 41

[Practice]

Exercise 1. p.63

(1) (g) (2) (b) (3) (h) (4) (f)
(5) (e) (6) (a) (7) (d) (8) (c)

Exercise 2. p.63

(1) correct (2) confidence (3) wine (4) extinct

Unit 40. Self Test p.56

1. 조각가	16. purse
2. residence	17. 수은, 수성
3. 눈이 먼	18. impressive
4. sensor	19. 태양의
5. 땀, 땀을 흘리다	20. freezer
6. historical	21. 최신의
7. 가려운	22. association
8. occur	23. 지도력
9. 질식	24. chirp
10. fit	25. 위험에 빠뜨리다
11. 평가	26. diversify
12. drawing	27. 면접, 면접을 보다
13. 지연, 연기하다	28. fisherman
14. communicate	29. 창작, 창작품
15. 상품	30. hardness

Unit 41. Self Test p.64

1. 세균	16. infographic
2. fillet	17. 위험한
3. 토하다	18. lastly
4. dealer	19. 개선되다, 나아지다
5. 굽다	20. confidence
6. analyze	21. 집에서 만든
7. 건강검진	22. necessary
8. cyclist	23. 도토리
9. 와인, 포도주	24. opening
10. extinct	25. 난방기
11. 눈썹	26. flu
12. layer	27. 장소, 위치
13. 퍼지, 얼버무리다	28. difference
14. found	29. 맞는, 정확한
15. 복용량, 양	30. criminal

Day 42

[Practice]

Exercise 1. p.71

(1) (h) (2) (d) (3) (b) (4) (c)
(5) (a) (6) (f) (7) (e) (8) (g)

Exercise 2. p.71

(1) quarter (2) career (3) quarantine (4) advise

Unit 42. Self Test p.72

1. 조수	16. distance
2. consume	17. 그리스인, 그리스어
3. 사실 같지 않은, 별난	18. ceramic
4. orchestra	19. 격리, 격리하다
5. 담배	20. advise
6. housewarming	21. 직업, 경력
7. 자격을 얻다	22. quarter
8. global	23. 남용, 오용, 남용하다
9. 찢다, 찢어진 곳	24. mixture
10. journalist	25. 천문학
11. 도전적인	26. flamingo
12. although	27. 예의 바른
13. 고전적인, 고전주의의	28. definition
14. bunch	29. 많이, 충분한 양
15. 방어, 방어시설	30. especially

TOSEL 실전문제 6

Section II. Reading and Writing

1. **(D)**

해석 After waking up from a long nap, Mr. Turtle is still yawning.
긴 낮잠에서 깨어난 후에, Turtle씨는 여전히 하품을 하는 중이다.
(A) sitting 앉아 있는 중 (B) eating 먹는 중
(C) running 뛰는 중 (D) yawning 하품을 하는 중
풀이 그림 속 거북이가 하품을 하고 있으므로 (D)가 정답이다.
관련 어휘 yawn 하품, 하품하다 (Day 39)

2. **(B)**

해석 I have mosquito bites. Now my arm is itchy.
나는 모기에 물린 자국이 있다. 지금 나의 팔은 가렵다.
(A) icy 얼음같이 찬 (B) itchy 가려운
(C) sandy 모래로 뒤덮인 (D) smelly 냄새나는
풀이 그림 속 여자가 팔과 다리의 모기 물린 자국 위를 긁고 있으므로 (B)가 정답이다.
관련 어휘 itchy 가려운 (Day 40) smelly 냄새나는 (Day 61)
sandy 모래로 뒤덮인 (Day 69)

3. **(C)**

해석 The guy with red hair lives apart from his grandparents.
빨간 머리의 그 남자는 그의 조부모님과 떨어져 산다.
(A) by 옆에 (B) with ...와 함께
(C) apart 떨어져 (D) between 사이에
풀이 빨간 머리의 남자는 혼자 살고 있고, 그의 집 건너편에 할머니와 할아버지가 계시므로 (C)가 정답이다.
관련 어휘 apart 떨어져, 따로 (day 36)

4. **(D)**

해석 This architecture is the leaning tower of Pisa in Italy.
이 건축물은 이탈리아에 있는 피사의 사탑이다.
(A) auditorium 강당 (B) generation 세대
(C) destruction 파괴 (D) architecture 건축물
풀이 피사의 사탑이라는 건축물을 설명하고 있으므로 (D)가 정답이다.
관련 어휘 destruction 파괴 (Day 39) architecture 건축학 (Day 37)

5. **(A)**

해석 My uncle caught the flu.
나의 삼촌은 독감에 걸리셨다.
(A) caught the flu 독감에 걸렸다. (B) get the advice 충고를 얻다.
(C) had a checkup 진찰을 받았다. (D) make the distance 거리를 둔다.
풀이 그림 속 남자는 얼굴에 열이 오른 채로 체온계를 입에 물고 있고, 그의 옆에는 약들이 놓여 있으므로 (A)가 정답이다.
관련 어휘 checkup 건강검진 (Day 41) distance 거리 (Day 42)

6. **(A)**

해석 The family with the virus are kept in quarantine.
바이러스에 감염된 가족은 격리된다.
(A) quarantine 격리 (B) evaluation 평가
(C) geography 지리 (D) recruitment 채용
풀이 그림 속 가족들은 다른 사람들과 함께 있지 않고 가족들끼리만 집 안에 있으므로 (A)가 정답이다.
관련 어휘 quarantine 격리 (Day 42) evaluation 평가 (Day 40)
geography 지리학 (Day 39) recruitment 채용 (Day 37)

Chapter 07

Day 43

[Practice]

Exercise 1. p.83

(1) (g) (2) (d) (3) (b) (4) (c)
(5) (f) (6) (a) (7) (e) (8) (h)

Exercise 2. p.83

(1) spirits (2) ruins (3) grand (4) blend

Day 43. Self Test p.84

1. 응결, 압축	16. audition
2. follicle	17. 베테랑, 참전용사
3. 중요한	18. decision
4. grand	19. 사적인, 사유의
5. 아래층, 아래층으로	20. scene
6. pure	21. 전문 음식, 특산물
7. 나르는 사람, 항공 모함	22. applicant
8. rich	23. 수건, 타월
9. 이의, 치과의	24. stool
10. character	25. 다시 체험하다
11. 입체 음향, 스테레오	26. grant
12. blend	27. 정신, 영혼
13. 발을 끌며 걷다, 섞다	28. recital
14. transpiration	29. 울먹이는
15. 폐허로 만들다, 몰락	30. sailor

Day 44

[Practice]

Exercise 1. p.91

(1) (b) (2) (d) (3) (c) (4) (g)
(5) (h) (6) (f) (7) (e) (8) (a)

Exercise 2. p.91

(1) absent (2) obvious (3) exploration (4) idle

Day 44. Self Test p.92

1. 결석한	16. recharge
2. forward	17. ..부인
3. 목재, 재목	18. obvious
4. health	19. ..한 무엇
5. 찬장, 벽장	20. exploration
6. introduce	21. 핸드백, 손가방
7. (만약) ..면	22. flatten
8. comparison	23. 가동되지 않는, 게으른
9. 마라톤	24. meanwhile
10. virus	25. 가려운, 지직거리는
11. 헬리콥터	26. pouch
12. upside	27. 순환, 유통
13. 튀다	28. grateful
14. switch	29. 전달자, 메신저
15. ..씨(남자)	30. receipt

Day 45

[Practice]

Exercise 1. p.99

(1) (b) (2) (d) (3) (a) (4) (e)
(5) (c) (6) (g) (7) (h) (8) (f)

Exercise 2. p.99

(1) steep (2) safety (3) Participants (4) extreme

Day 45. Self Test p.100

1. 서리, 성에	16. participant
2. sleeve	17. 삼키다
3. 운하	18. inconvenience
4. relief	19. 닮다, 비슷하다
5. 드럼, 북	20. awake
6. cleanser	21. 극도의, 지나친, 극단
7. 무서워하는	22. extraction
8. accessory	23. 경사지, 비탈면
9. 관심 있어 하는	24. single
10. safety	25. 가파른, 급격한
11. 더 나쁜	26. origin
12. television	27. 스릴러물
13. 놀라움, 놀라게 하다	28. deadly
14. rapid	29. 수반하다, 관련시키다
15. 코코넛	30. remind

Day 46

[Practice]

Exercise 1. p.107

(1) (b) (2) (a) (3) (f) (4) (g)
(5) (h) (6) (e) (7) (c) (8) (d)

Exercise 2. p.107

(1) cardinal (2) description (3) nearby (4) roughly

Day 46. Self Test p.108

1. 죄수	16. chili
2. surround	17. 부츠
3. 아주 넓은	18. attitude
4. rider	19. 천천히
5. 위로하다	20. visa
6. hide-and-seek	21. 핀/클립, 클립으로 고정하다
7. 플러스, 더하기, ..뿐만 아니라	22. wed
8. creativity	23. 좌우명
9. 보안관, 원수	24. nearby
10. apologize	25. 대략, 거의
11. 추기경(로마 교황의 최고 고문)	26. strategy
12. description	27. 콘센트, 할인점
13. 추측하다	28. mostly
14. excitement	29. 임대, 대여
15. 십대의	30. laboratory

Day 47

[Practice]

Exercise 1. p.115

(1) (h) (2) (e) (3) (a) (4) (g)
(5) (d) (6) (f) (7) (c) (8) (b)

Exercise 2. p.115

(1) explorers (2) garage (3) vision (4) appearance

Day 48

[Practice]

Exercise 1. p.123

(1) (e) (2) (c) (3) (b) (4) (a)
(5) (h) (6) (d) (7) (g) (8) (f)

Exercise 2. p.123

(1) stack (2) vaccine (3) available (4) container

Unit 47. Self Test p.116

1. handful	16. 용서하다
2. 중간의 / 중급의	17. appearance
3. pepperoni	18. 탐험가
4. 다운로드하다	19. lace
5. closely	20. 절하다, 절, 인사, 활
6. 정비공	21. additional
7. split	22. 존경하다, 존중하다
8. 시력	23. mattress
9. alternative	24. 천사
10. 용의자, 의심하다	25. garage
11. accord	26. 환자, 참을성 있는
12. 자정	27. blade
13. eyeball	28. 오븐
14. 지지하다, 지원하다, 지지, 지원	29. fascinating
15. furthest	30. 움직임

Unit 48. Self Test p.124

1. minimum	16. 충전기
2. 홱 뒤집다	17. elf
3. tractor	18. 살구
4. 그릇, 용기	19. protection
5. solo	20. 총알
6. 분명히	21. gazelle
7. greatly	22. 제공[공급]하다
8. 백신	23. bonfire
9. stack	24. 시간이 있는, 이용할 수 있는
10. ..쪽으로	25. astronomer
11. splash	26. 승합차
12. 돌기, 돌다, 거미집을 짓다	27. completely
13. aspirin	28. 도예가
14. 거의	29. phoenix
15. blockbuster	30. 토성

Day 49

[Practice]

Exercise 1. p.131

(1) (d) (2) (e) (3) (f) (4) (g)
(5) (a) (6) (h) (7) (b) (8) (c)

Exercise 2. p.131

(1) merry-go-round (2) Unfortunately
(3) neither (4) confused

Unit 49. Self Test p.132

1. resident	16. 청소기, 세탁소
2. 불행하게도	17. numerous
3. socialize	18. 다양한
4. 어느 것도 ..아니다	19. fertilizer
5. vampire	20. 못, 뾰족한 것, 급증
6. 임금	21. loud
7. solid	22. 회전목마, 정신없이 돌아감
8. 개관, 개요	23. cacao
9. costly	24. 해외로
10. 선택하다	25. silverware
11. standard	26. 전자레인지, 마이크로파
12. 규정, 규제	27. streak
13. confused	28. 로맨틱한
14. 팽팽해지다, 조이다	29. claw
15. amazing	30. 막다

TOSEL 실전문제 7

Section II. Reading and Writing

1. **(D)**

해석 The man was surrounded by sharks.
그 남자는 상어들에 의해 둘러싸였다.
(A) eaten 먹힌 (B) flattened 납작해진
(C) delighted 아주 기뻐하는 (D) surrounded 둘러싸인
풀이 그림 속 남자 주위에 상어들의 등지느러미가 있으므로 (D)가 정답이다.
관련 어휘 flatten 납작해지다 (Day 44) surround 둘러 싸다 (Day 46)

2. **(C)**

해석 Joe's green tractor can pull a lot of hay.
Joe의 초록색 트랙터는 많은 건초를 끌 수 있다.
(A) mixer 혼합기 (B) boxer 권투 선수
(C) tractor 트랙터 (D) barrow 수레
풀이 그림에서 건초더미는 트랙터 위에 놓여 있으므로 (C)가 정답이다.
관련 어휘 tractor 트랙터 (Day 48)

3. **(B)**

해석 Add lemon, orange and grapefruit, and blend well.
레몬, 오렌지, 그리고 자몽을 추가하고, 잘 섞어라.
(A) blow 불다 (B) blend 섞다
(C) provide 제공하다 (D) prevent 막다
풀이 그림 속에서 레몬, 오렌지, 그레이프프루트가 믹서기 안에서 섞이고 있으므로 (B)가 정답이다.
관련 어휘 blend 섞다 (Day 43) provide 제공하다 (Day 48)

4. **(B)**

해석 The hyena looks happy in comparison to the monkey.
그 하이에나는 그 원숭이에 비해서 행복해 보인다.
(A) on the forward 앞으로 (B) in comparison to ...에 비해서
(C) in the meanwhile 그동안에
(D) on the excitement of ...의 신남에
풀이 그림 속 원숭이는 울고 있는 반면, 하이에나는 웃고 있으므로 (B)가 정답이다.
관련 어휘 comparison 비교 (Day 44) excitement 흥분, 신남 (Day 46)

5. **(C)**

해석 We have science class at the laboratory.
우리는 실험실에서 과학 수업이 있다.
(A) laundry 세탁소 (B) audition 오디션
(C) laboratory 실험실 (D) blockbuster 블록버스터
풀이 그림 속에서 과학 수업이 이루어지고 있는 장소가 실험 기구들이 있는 실험실이므로 (C)가 정답이다.
관련 어휘 audition 오디션 (Day 43) laboratory 실험실 (Day 46)

6. **(B)**

해석 There are various products in the convenience store.
그 편의점에 다양한 제품들이 있다.
(A) same 같은 (B) various 다양한
(C) occasional 가끔의 (D) fascinating 매력적인
풀이 그림 속 편의점의 진열대에는 서로 다른 크기, 모양, 색깔의 제품들이 있으므로 (B)가 정답이다.
관련 어휘 various 다양한 (Day 49)

Chapter 08

Day 50

[Practice]

Exercise 1. p.143

(1) (h) (2) (g) (3) (d) (4) (f)
(5) (b) (6) (e) (7) (a) (8) (c)

Exercise 2. p.143

(1) magnificent (2) gratitude (3) respectively (4) usual

Unit 50. Self Test p.144

1. 주요 도시	16. millionaire
2. replacement	17. 조사, 검사
3. 위쪽을 향한, (양·가격이) 증가하고 있는	18. recommend
4. grizzly	19. 전문적인, 전문직 종사자
5. 훌륭한	20. warm-blooded
6. bull	21. 전환, 개종
7. 파도타기 하는 사람, 서퍼	22. sudden
8. respectively	23. 후회, 후회하다
9. 협조	24. wrist
10. announcer	25. 순전한, 완전한
11. 궤도, 궤도를 돌다	26. gentle
12. upper	27. 전채
13. 감사, 고마움	28. entire
14. turning	29. 숙취
15. 쾅 닫다, 탕 하고 닫기	30. usual

Day 51

[Practice]

Exercise 1. p.151

(1) (b) (2) (d) (3) (a) (4) (g)
(5) (h) (6) (c) (7) (e) (8) (f)

Exercise 2. p.151

(1) seedlings (2) senior (3) vibrations (4) subtotal

Unit 51. Self Test p.152

1. telephone	16. 복합체, 화합물
2. 금속의	17. well-known
3. midterm	18. 철사, 전선
4. 아무데도[어디에도]	19. intensive
5. vibration	20. 자치주
6. 지역의	21. cloth
7. seedling	22. 아주 작은, 소형의
8. 나중에, 그 뒤에	23. shut
9. weapon	24. 엄격한
10. 허락	25. compose
11. shortly	26. 뒤쪽, 뒤쪽의
12. 깊이	27. walnut
13. silicon	28. 연장자, 고위의
14. 이동하다,옮기다, 갈아타다	29. backward
15. subtotal	30. 고무

Day 52

[Practice]

Exercise 1. p.159

(1) (g) (2) (f) (3) (e) (4) (d)
(5) (a) (6) (c) (7) (h) (8) (b)

Exercise 2. p.159

(1) promotion (2) damage (3) device (4) individually

Day 53

[Practice]

Exercise 1. p.167

(1) (c) (2) (b) (3) (a) (4) (h)
(5) (d) (6) (e) (7) (f) (8) (g)

Exercise 2. p.167

(1) janitor (2) miners (3) differ (4) consumption

Unit 52. Self Test p.160

1. priority	16. 북극의
2. 그럼에도 불구하고	17. Antarctic
3. snap	18. ..을 만드는 사람 [회사/기계]
4. 햇빛	19. crossroad
5. promotion	20. 옷
6. 개별적인	21. fashion
7. outstanding	22. 옷
8. 순위, 평가	23. damage
9. properly	24. 장치, 방법
10. 악취가 나는	25. against
11. microphone	26. 도자기
12. 많은, 다수의	27. tend
13. pharmacy	28. 사탕수수
14. 세제	29. several
15. originally	30. 마녀

Unit 53. Self Test p.168

1. consumption	16. 어설픈, 서투른
2. 조용히, 잠자코	17. miner
3. series	18. 다르다
4. 랩, ..를 똑똑 두드리다	19. rug
5. wonderful	20. 돈, 비용
6. 화산의	21. sponge
7. actress	22. 사람이 만든
8. 전형적인, 대표적인	23. seasonal
9. sour	24. 문지기, 관리인
10. 햇볕에 심하게 탐	25. headquarters
11. opossum	26. 국가의
12. 플래카드, 현수막	27. principle
13. masterpiece	28. 신선한, 상쾌하게 하는
14. 붐비는, ...이 가득한	29. uncommon
15. aerobics	30. 스카우트, 정찰하다

Day 54

[Practice]

Exercise 1. p.175

(1) (c) (2) (a) (3) (b) (4) (d)
(5) (f) (6) (g) (7) (e) (8) (h)

Exercise 2. p.175

(1) pale (2) harmless (3) reward (4) ability

Day 55

[Practice]

Exercise 1. p.183

(1) (b) (2) (a) (3) (e) (4) (c)
(5) (d) (6) (g) (7) (h) (8) (f)

Exercise 2. p.183

(1) promoted (2) housework (3) widely (4) appreciate

Unit 54. Self Test p.176

1. 긁힌 자국, 긁다	16. moreover
2. sunbathe	17. 바퀴벌레
3. 단풍나무	18. photography
4. serious	19. 소프트볼
5. 부화하다	20. reward
6. weakness	21. (고개를) 끄덕이다, (고개를) 끄덕임
7. 짐승, 야수	22. ability
8. lend	23. (일을) 거르다, 건너뛰다
9. 곱슬곱슬한 머리카락, 곱슬곱슬하다	24. sidewalk
10. pale	25. 다시 채우다, 리필 제품
11. 해가 없는, 무해한	26. violet
12. riverboat	27. 보통(은)
13. 덮개, 퍼덕거림, 퍼덕거리다	28. similar
14. manual	29. 아내
15. (곰, 사자 등의) 새끼	30. dedication

Unit 55. Self Test p.184

1. surgery	16. 감사하다, 인정하다
2. 포니테일 (말총 모양으로 묶은 머리)	17. useful
3. novelist	18. 싹, 꽃봉오리, 싹을 틔우다
4. 제공하다	19. seawater
5. happening	20. 끈, 줄, 묶다
6. 무작위로, 임의로	21. expert
7. widely	22. 강가, 강변
8. 촉진하다,홍보하다, 승진시키다	23. photographer
9. violent	24. 동료, 짝의 한쪽, 배우자
10. 감독관, 관리자	25. sharp
11. uneasy	26. 가사, 집안일
12. (동물의) 코, 주둥이	27. seesaw
13. outgoing	28. 대형 트럭, 트럭으로 운반하다
14. 속, 중심부, 핵심적인	29. bun
15. lemonade	30. 물소

Day 56

[Practice]

Exercise 1. p.191

(1) (a) (2) (h) (3) (c) (4) (b)
(5) (e) (6) (d) (7) (g) (8) (f)

Exercise 2. p.191

(1) bathe (2) howl (3) rarely (4) advance

Unit 56. Self Test p.192

1. (몸을) 씻다, 세척하다	16. psychology
2. track	17. 피아니스트
3. (특히 팔목·발목을) 삐다	18. pleasant
4. golden	19. 별이 총총한
5. 두 사람[개], 몇 명[개]의, 커플	20. reflection
6. campfire	21. 렌즈
7. 선글라스	22. scope
8. advance	23. 업로드하다, 업로드
9. 어떤 것, 무엇	24. clearly
10. favorite	25. 종류, 부류, 분류하다
11. 전시, 진열, 전시[진열]하다	26. adventurous
12. wax	27. 십대
13. 울다[울부짖다], 길게 짖는 소리	28. hearing
14. motorbike	29. 드물게, 좀처럼 …하지 않는
15. 롤러블레이드, 롤러블레이드를 타다	30. sunray

TOSEL 실전문제 8

Section II. Reading and Writing

1. **(C)**
해석 This fresh milk was made of walnut.
이 신선한 우유는 호두로 만들어졌다.
(A) kiwi 키위 (B) spike 못
(C) walnut 호두 (D) broccoli 브로콜리
풀이 그림 속 우유와 함께 호두가 있으므로 우유가 호두로 만들어졌음을 알 수 있으므로 (C)가 정답이다.
관련 어휘 spike 못, 뾰족한 것 / 급증 (Day 49) walnut 호두 (Day 51)

2. **(C)**
해석 I am running my own pharmacy.
나는 개인 약국을 운영하는 중이다.
(A) gallery 미술관 (B) stadium 경기장
(C) pharmacy 약국 (D) shopping mall 쇼핑몰
풀이 그림 속 여자가 하얀 가운을 입고 있고, 뒤에는 여러 약들이 진열되어 있으므로 (C)가 정답이다.
관련 어휘 pharmacy 약국 (Day 52)

3. **(B)**
해석 The doctor performed surgery on her stomach.
그 의사는 그녀의 배를 수술했다.
(A) expert of ...의 전문가 (B) surgery on ...을 수술
(C) display with ...와 함께 전시 (D) tournament of ...의 토너먼트
풀이 그림 속에서 여자는 수술대 위에 있고 남자는 손에 의료기기를 들고 있으므로 (B)가 정답이다.
관련 어휘 expert 전문가, surgery 수술 (Day 55) display 전시 (Day 56)

4. **(A)**
해석 The woman drinks only water and skips dinner.
그 여자는 물만 마시고 저녁 식사를 건너뛴다.
(A) skip 건너뛰다 (B) sort 분류하다
(C) tend 돌보다 (D) lend 빌려주다
풀이 그림 속 여자의 일일 계획표를 보면 저녁 시간에는 물만 그려져 있고 다른 음식은 없으므로 (A)가 정답이다.
관련 어휘 skip 거르다, lend 빌리다 (Day 54) sort 종류 (Day 56)

5. **(D)**
해석 Their hairstyles are straight and braided, respectively.
그들의 머리 모양은 각각 생머리와 땋은 머리이다.
(A) finally 마침내 (B) closely 밀접하게
(C) completely 완전히 (D) respectively 각각
풀이 그림 속 여자들은 생머리와 땋은 머리로 나누어지므로 (D)가 정답이다.
관련 어휘 completely 완전히 (Day 48) respectively 각각 (Day 50)

6. **(B)**
해석 The clerk makes customers pleasant.
그 점원은 손님들을 기쁘게 만든다.
(A) gloomy 우울한 (B) pleasant 기쁜
(C) offended 언짢은 (D) surprised 놀란
풀이 그림 속에서 점원 주변의 손님들이 웃고 있으므로 (B)가 정답이다.
관련 어휘 pleasant 즐거운 (Day 56) surprise 놀라게 하다 (Day 45)

Chapter 09

Day 57

[Practice]

Exercise 1. p.203

(1) (g) (2) (f) (3) (e) (4) (d)
(5) (h) (6) (c) (7) (a) (8) (b)

Exercise 2. p.203

(1) reduce (2) softly (3) youth (4) statues

Unit 57. Self Test p.204

1. (보도) 기자	16. somewhat
2. purchase	17. (음식 위에 얹는) 토핑
3. 이해,이해심 있는	18. themselves
4. skeleton	19. 살인자
5. 자외선 차단제	20. carnation
6. youth	21. 줄이다[축소하다]
7. 사랑스러운	22. firefighter
8. prove	23. 좀비
9. 시골 지역	24. weekday
10. softly	25. 레슬링 선수
11. (보통 짧은) 연애, 로맨스	26. carol
12. wheat	27. (몸의) 균형, 잔고
13. 뾰족뾰족한	28. firefly
14. daisy	29. 조각상
15. 시골의, 지방의	30. rake

Day 58

[Practice]

Exercise 1. p.211

(1) (c) (2) (d) (3) (e) (4) (f)
(5) (a) (6) (b) (7) (g) (8) (h)

Exercise 2. p.211

(1) shoot (2) appliance (3) active (4) source

Unit 58. Self Test p.212

1. source	16. 예기치 않은, 예상 밖의
2. (눈에) 보이는	17. beetle
3. weird	18. 영화[사진] 촬영, (총 등을) 쏘다
4. 사용[가동]할 준비가 갖춰진	19. greenfield
5. active	20. … 외에, 게다가, 뿐만 아니라
6. (가정용) 기기	21. mill
7. skillful	22. 모임
8. 인구	23. raspberry
9. saltwater	24. (사물의) 맨 아랫부분, 기초[토대]
10. 사려 깊은, 배려심 있는	25. refundable
11. bedtime	26. 더미, 쌓아 올리다
12. 부정확한	27. obtain
13. earphone	28. (공간·시간상으로) 앞으로, 앞에, 미리
14. 부드러워지다	29. tournament
15. southern	30. (상점의) 재고

Day 59

[Practice]

Exercise 1. p.219

(1) (g)　(2) (c)　(3) (a)　(4) (b)
(5) (e)　(6) (h)　(7) (d)　(8) (f)

Exercise 2. p.219

(1) odor　(2) worst　(3) waterproof　(4) loose

Unit 59. Self Test p.220

1. 블루베리	16. shovel
2. strength	17. 나무의 몸통
3. 깡충깡충 뛰다, 깡충 뛰기	18. odor
4. cooler	19. 온실
5. 머핀	20. worst
6. annual	21. 지퍼
7. 안개	22. sadly
8. copper	23. 맞춤법
9. 손수건	24. covering
10. bruise	25. (총의) 방아쇠, 촉발시키다
11. 이야기, 소설	26. prescription
12. discovery	27. 스팸메일
13. 책임이 있는	28. sincerely
14. paintbrush	29. 방수의
15. 헐거워진, 풀린	30. toothache

Day 60

[Practice]

Exercise 1. p.227

(1) (b)　(2) (f)　(3) (g)　(4) (c)
(5) (d)　(6) (e)　(7) (h)　(8) (a)

Exercise 2. p.227

(1) fountain　(2) skyscraper　(3) aquarium　(4) issue

Unit 60. Self Test p.228

1. 파운드, 치다[두드리다]	16. safely
2. schoolwork	17. 보석류
3. 타법, 치기, 어루만지기	18. secondary
4. lunchtime	19. 고층건물
5. 분수	20. swelling
6. assign	21. 완전히, 완벽하게
7. 주제[안건], 발급하다	22. throughout
8. happiness	23. 저녁시간
9. 경영[운영/관리]	24. unhealthy
10. journey	25. ..할 때는 언제든지, ..할 때마다
11. 수족관	26. quietly
12. chromium	27. 구독하다
13. 나무로 된, 목재의	28. stressful
14. dough	29. 털, 털실, 모직
15. 운동장	30. propose

Day 61

[Practice]

Exercise 1. p.235

(1) (c) (2) (a) (3) (d) (4) (b)
(5) (f) (6) (g) (7) (e) (8) (h)

Exercise 2. p.235

(1) plentiful (2) worldwide (3) Everybody (4) waterside

Day 62

[Practice]

Exercise 1. p.243

(1) (b) (2) (a) (3) (d) (4) (e)
(5) (c) (6) (g) (7) (h) (8) (f)

Exercise 2. p.243

(1) underwater (2) shelter (3) suppose (4) professor

Unit 61. Self Test p.236

1. 볼트	16. smelly
2. supermarket	17. 누구든지
3. 삼림지대	18. waterside
4. audience	19. 공작
5. 불면의	20. swamp
6. charity	21. 프레첼
7. 보호자, 보호물	22. organization
8. trumpet	23. 해산물
9. 전 세계적인	24. sponsor
10. decrease	25. 대답,답장, 대답하다
11. 반짝반짝 빛나는, 생기에 찬	26. slippery
12. simply	27. 레슬링
13. 혜택, 이득, 혜택을 받다	28. pudding
14. explanation	29. 바다 갈매기
15. 거리, ~가	30. plentiful

Unit 62. Self Test p.244

1. (…일 것이라고) 생각하다, 추정[추측]하다	16. makeup
2. rink	17. 주거지, 피신처[대피]
3. 대단한, 굉장히 좋은	18. cracker
4. neat	19. 1인분
5. 완전한, 완료하다	20. everywhere
6. backyard	21. 교수
7. 성장, (신제품의) 개발	22. widespread
8. law	23. (가위로 싹둑) 자르기, 자르다
9. 결말, 종료, 끝	24. overhear
10. classwork	25. 여행자
11. 호흡하다	26. wherever
12. x-ray	27. 갈다, 경작하다, 쟁기
13. 행동, 지휘하다, (특정한 활동을) 하다	28. underwater
14. eggplant	29. 관중
15. 헤어스프레이	30. truly

Day 63

[Practice]

Exercise 1. p.251

(1) (g) (2) (h) (3) (f) (4) (d)
(5) (e) (6) (c) (7) (b) (8) (a)

Exercise 2. p.251

(1) preparation (2) trainer (3) precise (4) pottery

Unit 63. Self Test p.252

1. 미라	16. recently
2. stomachache	17. 요거트
3. 시장, 마트	18. Roman
4. equipment	19. ~에, ~을
5. 만화 영화	20. advertisement
6. pineapple	21. 흔히, 보통
7. 충고, 신호	22. specially
8. congratulation	23. (끝부분을 단정하게) 밀어 넣다[접다]
9. 바닐라, 바닐라 맛의	24. preparation
10. government	25. 파괴적인
11. 공책	26. pottery
12. doorknob	27. 편안한
13. 소금	28. trainer
14. partner	29. 왁자지껄, 옹알이, 횡설수설 하다
15. 지역[지구/구역]	30. precise

TOSEL 실전문제 9

Section II. Reading and Writing

1. **(A)**

해석 Six books are piled up on the desk.
여섯 권의 책들이 그 책상 위에 쌓여있다.
(A) piled up 쌓여있다 (B) filled out 작성되다
(C) ripped up 찢어지다 (D) spread out 흩어지다
풀이 그림 속에서 책상 위에 여섯 권의 책이 쌓여 있으므로 (A)가 정답이다.
관련 어휘 pile 더미, 쌓아 올리다 (Day 58)

2. **(C)**

해석 He is drinking out of a pineapple.
그는 파인애플을 마시는 중이다.
(A) mango 망고 (B) grapefruit 자몽
(C) pineapple 파인애플 (D) strawberry 딸기
풀이 그림 속 남자는 파인애플에 빨대를 꽂아 마시고 있으므로 (C)가 정답이다.
관련 어휘 pineapple 파인애플 (Day 63)

3. **(C)**

해석 This hospital has medical equipment.
이 병원에는 의료 장비가 있다.
(A) virus 바이러스 (B) clothes 옷
(C) equipment 장비 (D) excitement 흥분
풀이 그림 속에 의료 장비 여러 개가 있으므로 (C)가 정답이다.
관련 어휘 equipment 장비 (Day 63)

4. **(A)**

해석 I want to visit a rural area for refreshment.
나는 원기 회복을 위해 시골 지역을 방문하고 싶다.
(A) rural 시골의 (B) urban 도시의
(C) weird 기이한 (D) skillful 숙련된
풀이 그림은 산과 들판으로 둘러싸여 있으므로 (A)가 정답이다.
관련 어휘 rural 시골의 (Day 57) urban 도시의 (Day 14)

5. **(D)**

해석 The man is shoveling to make a path.
그 남자는 길을 만들기 위해 삽질하는 중이다.
(A) striding 성큼성큼 걷는 중 (B) serving 제공하는 중
(C) swelling 부풀어오르는 중 (D) shoveling 삽질하는 중
풀이 그림 속 남자는 삽으로 눈을 치우고 있으므로 (D)가 정답이다.
관련 어휘 swelling (살갗의)부기 (Day 60) shovel 삽질하다 (Day 59)

6. **(A)**

해석 The man is in the preparation stage of making pizza.
그 남자는 피자 만드는 준비 단계에 있다.
(A) preparation 준비 (B) explanation 설명
(C) replacement 교체 (D) separation 분리
풀이 그림 속에서 남자는 화덕에 피자를 넣기 전이므로 (A)가 정답이다.
관련 어휘 preparation 준비 (Day 63) explanation 설명 (Day 61)
replacement 대체 / 후임자 (Day 50)

Chapter 10

Day 64

[Practice]

Exercise 1. p.263

(1) (h) (2) (g) (3) (f) (4) (e)
(5) (d) (6) (c) (7) (b) (8) (a)

Exercise 2. p.263

(1) library (2) firewood (3) start (4) medium

Unit 64. Self Test p.264

1. exhibition	16. 도서관
2. 아랫사람, 하급의, 부하의	17. medium
3. firewood	18. 화창한
4. 호스, 호스로 물을 뿌리다	19. infer
5. convenience	20. 시작하다, 시작
6. 아니	21. nut
7. moment	22. …까지(줄곧), (…할 때)까지 (줄곧)
8. 금붕어	23. bronze
9. toothbrush	24. 팬케이크
10. 모형 제작	25. dumpling
11. strand	26. 케첩
12. (특히 머리나 피부에 바르는) 젤	27. painter
13. physically	28. 거품, 거품이 일다
14. 정직하지 못한	29. perhaps
15. seat belt	30. 원하다, 필요하다

Day 65

[Practice]

Exercise 1. p.271

(1) (h) (2) (c) (3) (d) (4) (e)
(5) (b) (6) (a) (7) (f) (8) (g)

Exercise 2. p.271

(1) inventor (2) principal (3) registration (4) power

Unit 65. Self Test p.272

1. 사람들, 민속의, 전통적인	16. setting
2. international	17. 안경
3. 실수	18. principal
4. extremely	19. 기진맥진한
5. 욕구, 바라다, 원하다	20. inventor
6. none	21. 불공평한
7. 사슬, (사슬로) 묶다[매다]	22. hairstyle
8. magician	23. 쥐
9. 이점, 유리하게 하다	24. bamboo
10. power	25. 로봇 같은
11. 조부모	26. excellent
12. selfish	27. 스쿼시, 짓누르다, 으깨다
13. 클라리넷	28. mint
14. registration	29. 설계자, 일정 계획표
15. 경찰	30. oat

Day 66

[Practice]

Exercise 1. p.279

(1) (e) (2) (f) (3) (g) (4) (h)
(5) (d) (6) (c) (7) (b) (8) (a)

Exercise 2. p.279

(1) squeeze (2) horizon (3) scholar (4) therapy

Unit 66. Self Test p.280

1. 특히	16. horizon
2. microscope	17. 선거
3. 지방, 지역	18. republic
4. semi	19. 부담, 짐
5. 짜다[쥐다], 짜기[쥐기]	20. slave
6. successful	21. 귀중한, 값비싼
7. 꿰매다, 꿰맨 자리	22. rather
8. therapy	23. 학자
9. 단단함, 빳빳함	24. upgrade
10. Celsius	25. 맥박
11. 할리우드	26. surprisingly
12. educational	27. 해군 장성
13. 캐러멜	28. analysis
14. guitarist	29. 유럽인, 유럽의
15. (공적으로 중요하거나 관심사가 되는) 일[문제]	30. barney

Day 67

[Practice]

Exercise 1. p.287

(1) (d) (2) (c) (3) (b) (4) (a)
(5) (e) (6) (g) (7) (h) (8) (f)

Exercise 2. p.287

(1) anxious (2) rays (3) unable (4) edge

Unit 67. Self Test p.288

1. 흔적, 찾아내다	16. 칭찬, 칭찬하다
2. warrior	17. reminder
3. 불안해하는	18. 흉터, 흉터를 남기다
4. presentation	19. text
5. 중단, 멈추다, 서다	20. 자원
6. reserve	21. avocado
7. 끝, 가장자리, 모서리	22. 석탄
8. ray	23. totally
9. 업적[승리], 대성공	24. 테라스
10. sandal	25. skateboard
11. 우주, 세계	26. 노하여, 성나서
12. upright	27. raincoat
13. 대화	28. 수영복
14. stain	29. unable
15. 기둥, 세로줄	30. 베트남

Day 68

[Practice]

Exercise 1. p.295

(1) (g) (2) (f) (3) (h) (4) (d)
(5) (e) (6) (c) (7) (a) (8) (b)

Exercise 2. p.295

(1) saw (2) voyage (3) spray (4) replace

Unit 68. Self Test p.296

1. 여행	16. Canadian
2. refund	17. (속이) 빈
3. 대신[대체]하다	18. somehow
4. affection	19. 몸짓
5. 지하의	20. kitten
6. secretary	21. 잘못, 책임
7. 서부의, 서양의	22. competitor
8. debt	23. 한계(점), 제한하다
9. 전기	24. grandchild
10. reservation	25. 고삐
11. 맹세, 서약	26. kebab
12. sneakers	27. 짐[화물],~에 싣다
13. 상인	28. silk
14. funeral	29. 톱
15. 스프레이, 뿌리다	30. search

Day 69

[Practice]

Exercise 1. p.303

(1) (b) (2) (h) (3) (g) (4) (c)
(5) (f) (6) (d) (7) (e) (8) (a)

Exercise 2. p.303

(1) consists (2) defeat (3) declare (4) unless

Unit 69. Self Test p.304

1. injury	16. effective
2. (부분·요소로) 되어 있다	17. 명령하다,명령
3. declare	18. arrest
4. 모래로 뒤덮인	19. 쏘다, 촬영하다
5. technique	20. moral
6. 패배, 패배시키다	21. 녹음, 기록
7. starve	22. useless
8. 매력적인, 멋진	23. 싸다, 포장하다, 포장
9. saving	24. behave
10. 넓적다리, 허벅지	25. (…해야 한다고) 주장하다
11. researcher	26. bury
12. 존경하다, 칭찬하다	27. …하지 않는 한
13. proper	28. Halloween
14. 격식을 차린, 공식적인	29. 연관 짓다, 동료
15. rewarm	30. championship

Day 70

[Practice]

Exercise 1. p.311

(1) (f) (2) (d) (3) (e) (4) (b)
(5) (g) (6) (a) (7) (h) (8) (c)

Exercise 2. p.311

(1) poverty (2) clue (3) thread (4) port

Unit 70. Self Test p.312

1. 해결책, 정답, 용액	16. thumb
2. tray	17. 항구
3. 식욕	18. understand
4. stable	19. 끈적거리는
5. 덩어리, 군중, 대량의	20. riddle
6. grace	21. 중간의
7. 면허	22. pill
8. sight	23. 릴레이 경주, 전달하다, 중계하다
9. 연설, 담화	24. simple
10. newly	25. 진술, 진술서
11. 일, 과제	26. poverty
12. liar	27. 한 장, 시트
13. 인류	28. clue
14. seaweed	29. 실, 가닥,꿰다[엮다]
15. 침대 옆	30. total

TOSEL 실전문제 10

Section II. Reading and Writing

1. **(D)**

해석 We are wrapping holiday gifts.
우리는 명절 선물들을 포장하는 중이다.
(A) buying 사는 중 (B) ordering 주문하는 중
(C) choosing 고르는 중 (D) wrapping 포장하는 중
풀이 그림 속의 세 명은 선물을 포장지로 감싸고 있으므로 (D)가 정답이다.
관련 어휘 wrap 싸다, 포장하다, 포장 (Day 69)

2. **(C)**

해석 The man is recording the girl's height.
그 남자는 그 소녀의 키를 기록하는 중이다.
(A) stopping 멈추는 중 (B) guessing 추측하는 중
(C) recording 기록하는 중 (D) imagining 상상하는 중
풀이 그림 속 남자는 펜을 가지고 소녀의 키를 기록하고 있으므로 (C)가 정답이다.
관련 어휘 guess 추측하다 (Day 46) recording 녹음 (Day 69)

3. **(D)**

해석 Minsu won the bronze medal.
민수는 동메달을 땄다.
(A) silver 은 (B) white 흰
(C) black 검은 (D) bronze 청동
풀이 그림 속의 남자는 3번째 칸에 서서 동메달을 들고 있으므로 (D)가 답이다.
관련 어휘 bronze 청동, 구릿빛의 (Day 64)

4. **(C)**

해석 There's a small temple in the bamboo forest.
대나무 숲 속에 작은 절이 있다.
(A) cedar 향나무 (B) maple 단풍나무
(C) bamboo 대나무 (D) evergreen 상록수
풀이 그림 속의 절은 대나무들로 둘러싸여 있으므로 (C)가 정답이다.
관련 어휘 maple 단풍나무 (Day 54) bamboo 대나무 (Day 65)

5. **(C)**

해석 Take out the seed from the avocado.
아보카도에서 씨를 제거하라.
(A) walnut 호두 (B) eggplant 가지
(C) avocado 아보카도 (D) cucumber 오이
풀이 그림 속의 씨가 아보카도로부터 제거되었으므로 (C)가 정답이다.
관련 어휘 walnut 호두 (Day 51) eggplant 가지 (Day 62)

6. **(C)**

해석 The man and the woman are doing a presentation.
그 남자와 여자는 발표를 하는 중이다.
(A) solution 해결책 (B) registration 등록
(C) presentation 발표 (D) congratulation 축하
풀이 그림 속 남자와 여자는 그래프를 보이며 발표를 하는 중이므로 (C)가 정답이다.
관련 어휘 solution 해결책, 정답 (Day 70) registration 등록 (Day 65)
presentation 발표 (Day 67) congratulation 축하 (Day 63)

MEMO

MEMO

MEMO